日本民主党内外政策研究

吴寄南◎著

RIBEN MINZHUDANG NEIWAI ZHENGCE YANJIU

时事出版社

目　　录

导　语 …………………………………………………………（1）

第一章　民主党执政三年的简单回顾 ……………………（9）
　第一节　民主党执政是一次真正意义上的政党轮替 ………（9）
　　一、自民党长期执政造成制度性疲劳 ………………………（10）
　　二、民主党为夺取政权进行长期准备 ………………………（13）
　　三、人心思变将民主党推上执政地位 ………………………（16）
　第二节　民主党三任首相各领风骚一年左右 ………………（18）
　　一、鸠山由纪夫：闪亮登场、黯然下台的理想主义者 ……（18）
　　二、菅直人：两大失误造就"跛脚鸭"首相 ………………（22）
　　三、野田佳彦：刚愎自用、作风强势的"泥鳅"首相 ……（25）
　第三节　民主党内部分裂导致政权得而复失 ………………（27）
　　一、民主党内"少壮"派与"元老"派的角逐 ……………（28）
　　二、民主党主流派急于同小泽一郎进行"切割" …………（31）
　　三、野田佳彦及其追随者成为民主党政权掘墓人 …………（36）

第二章　民主党的决策机制及其过程 ……………………（39）
　第一节　民主党决策机制及决策过程 ………………………（39）
　　一、日本传统的决策模式及其利弊 …………………………（40）
　　二、民主党决策机制的特征和演变 …………………………（42）
　　三、民主党决策机制的缺陷及形成原因 ……………………（47）
　第二节　民主党竞选公约的主要内容及演变过程 …………（51）

· 1 ·

一、民主党竞选公约的主要内容及演变过程……………………（51）
　　二、民主党与自民党等政党的竞选公约比较…………………（55）
　第三节　民主党竞选公约的实施及绩效评估………………………（59）
　　一、民主党执政后在实施"Manifesto"中历尽曲折 ………（59）
　　二、日本国内对民主党竞选公约达成度的评估………………（62）

第三章　民主党转变"官僚主导"体制的尝试……………（66）
　第一节　民主党执政严重冲击日本传统官僚体制…………………（66）
　　一、日本的"官僚主导"体制由来已久………………………（66）
　　二、民主党有关"政治主导"的理念及其特征…………………（70）
　　三、民主党执政使"官僚主导"体制受到严重冲击……………（74）
　第二节　民主党的"政治主导"改革逐渐变质………………………（79）
　　一、民主党"政治主导"理念的固有缺陷………………………（79）
　　二、民主党"政治主导"改革遭官僚抵制………………………（82）
　　三、民主党"政治主导"改革逐渐变质…………………………（84）
　第三节　民主党"政治主导"改革失败的深层原因…………………（89）
　　一、民主党缺乏"政治主导"改革的思想与组织准备…………（90）
　　二、民主党的改革受到自民党和利益集团的
　　　　严重掣肘…………………………………………………（92）
　　三、日本政、官博弈的未来走向…………………………………（94）

第四章　民主党推行"地方主权"改革的实践……………（96）
　第一节　日本的地方分权改革进入攻坚阶段………………………（96）
　　一、从中央集权到地方自治的艰难道路…………………………（97）
　　二、自民党政权有关地方分权改革的探索………………………（99）
　　三、日本民众呼唤真正的地方分权改革…………………………（102）
　第二节　民主党推行"地方主权"改革的理念与举措………………（104）
　　一、民主党有关"地方主权"改革的理念………………………（104）
　　二、民主党推行"地方主权"改革的尝试………………………（107）
　　三、日本的"地方主权"改革与道州制构想……………………（111）

目 录

第三节 民主党"地方主权"改革的旗帜逐渐褪色…………(116)
  一、民主党有关"地方主权"改革构想的局限性…………(117)
  二、民主党与地方性政党的合作与竞争…………………(120)
  三、日本中央与地方间的角逐将延续相当长时间…………(124)

第五章 民主党"民生第一"方针受到严峻考验……(127)

第一节 民主党贯彻"民生第一"方针的努力及其动摇……(127)
  一、"民生第一"方针是对自民党金权政治的反省…………(128)
  二、"民生第一"方针在民主党执政后逐渐走样…………(131)
  三、民主党实践"从混凝土到人"的政策及其挫折…………(136)

第二节 "3·11"震灾对"民生第一"方针形成严峻挑战……(141)
  一、菅直人内阁应对"3·11"特大震灾严重失分…………(141)
  二、日本国内围绕要不要继续发展核能的争议……………(144)
  三、野田内阁重启大阪核电站带来严重后遗症……………(146)

第三节 民主党推动消费税增税诱发政治"地震"…………(150)
  一、民主党政权推动消费税增税失信于民…………………(151)
  二、野田内阁推进消费税增税导致民主党分裂……………(154)
  三、是否坚持"民生第一"仍然是朝野角逐的焦点…………(158)

第六章 "平成开国"与围绕 TPP 的论争……………(162)

第一节 鸠山由纪夫有关"东亚共同体"构想的挫折…………(162)
  一、鸠山由纪夫热心推进"东亚共同体"构想………………(163)
  二、日本对"东亚共同体"态度消极的深层原因……………(168)

第二节 菅直人与野田佳彦推动日本加入 TPP 谈判……(172)
  一、菅直人将加入 TPP 定位为"平成开国"…………………(172)
  二、野田佳彦作出日本加入 TPP 的决断……………………(177)

第三节 加入 TPP 和日本经济的结构性改革………………(181)
  一、日本国内围绕 TPP 出现尖锐对立………………………(181)
  二、加入 TPP 能否成为日本经济结构改革的突破口………(186)
  三、日本将在 TPP 和 RCEP 间采取平衡政策………………(189)

第七章 "新国防族"主导下的安全政策调整……(195)
第一节 民主党"新国防族"主导安全政策调整……(195)
一、民主党内围绕安全政策历来存有分歧……(196)
二、民主党"新国防族"比自民党同行走得更远……(200)
三、民主党"新国防族"逐渐掌控安全领域决策权……(205)
第二节 民主党执政后在安全领域的主要举措……(207)
一、民主党版"防卫问题恳谈会报告"……(208)
二、2010年《防卫计划大纲》……(211)
第三节 日本在军事安全领域酝酿新突破……(215)
一、呼之欲出的美日韩三国军事同盟……(215)
二、实质性松动"武器出口三原则"……(219)
三、强化海洋和太空领域的战略态势……(224)

第八章 民主党向"对美一边倒"路线的挑战与回归 …(229)
第一节 鸠山由纪夫挑战日本传统的外交路线……(229)
一、鸠山由纪夫试图建立"对等"的日美关系……(230)
二、鸠山对美外交在普天间基地问题上"搁浅"……(235)
三、鸠山对美外交在内外压力下被迫改弦更张……(237)
第二节 菅直人回归自民党时期的"对美一边倒"路线……(239)
一、菅直人上任后日美关系得到明显改善……(240)
二、"新国防族"根本改变了民主党的对美政策……(243)
三、美国重返亚洲战略与日本扮演的角色……(245)
第三节 野田佳彦有关"深化日美同盟"的理念与实践……(248)
一、野田佳彦"对美一边倒"路线可以媲美自民党……(249)
二、民主党缘何在对美关系上做出重大调整……(253)
三、美国对民主党执政的评价及日美关系未来走向……(257)

第九章 民主党执政后中日关系的调整与挫折……(261)
第一节 中日关系在民主党执政后迎来历史性机遇……(261)

一、民主党与中国的渊源及其对华政策的演变……………………(262)
　二、民主党执政给中日关系带来历史性机遇…………………(266)
第二节　民主党执政后在处理对华关系上的大起大落…………(270)
　一、鸠山由纪夫致力于推进中日关系……………………………(271)
　二、中日关系在菅直人任内风波骤起……………………………(273)
　三、中日关系在野田佳彦任内进入严冬…………………………(277)
第三节　民主党处理钓鱼岛问题失策使中日关系严重倒退……(281)
　一、民主党在处理钓鱼岛问题上的严重失策……………………(281)
　二、民主党执政后对华外交出现摇摆的深层原因………………(287)
　三、民主党执政给中日关系留下负的遗产………………………(291)

结束语　民主党的政治失败意味着什么？……………………(295)

附录：参考文献……………………………………………………(305)

导　语

　　2009 年 9 月 16 日，由民主党代表鸠山由纪夫领衔的联合政权正式启动。此前的半个多世纪里，除 1993 年 8 月至 1994 年 6 月的短暂下野外，自民党垄断日本政坛的局面从来不曾撼动过。从这个意义上说，鸠山新政权的问世标志着战后日本政治发生了具有重大历史意义的变化。

　　民主党从 1996 年成立起一直以夺取政权为目标，进行了大量的思想和组织准备。1999 年 10 月，民主党效法英国在野党设立"影子内阁"的做法，创设了"未来的内阁"（Next Cabinet，简称 NC）。这既是民主党的主要决策机构，也是它准备执政的"预热平台"。

　　2003 年以来，民主党在每次国政选举前都提出有别于执政党的施政公约。它率先发表名为"Manifesto"的竞选公约，受到朝野各政党的仿效。由于民主党长期处于在野党的地位，它那些内外政策的宣示并没有受到国内外的特别关注。但是，这种状况在它走上执政道路后却发生了根本的变化。

　　从 2009 年下半年起，有关民主党内外政策的研究骤然成为一门显学。写进民主党竞选公约（Manifesto）的各种口号，诸如"政治主导"、"民生第一"、"地方主权"乃至"对等的日美关系"等充斥日本的报章杂志的版面和电视报道的黄金时段，而剖析和解读民主党内外政策的论文和专著也纷纷问世。

　　按照政治学的定义，政策（Policy）通常是指国家政权机关、政党组织和其他社会政治集团为了实现自己所代表的阶级、阶层的利益与意志，以权威方式，确定在一定的历史时期内应该达到的目标、遵循的行动原则及采取的步骤和具体措施等。它是一种复杂的政治博弈过程的产物。

在自民党垄断日本政坛的半个多世纪里，虽然每一届内阁的问世多少伴随着内外政策的调整，但由于是同一个政党的不同派系掌控最高权力，其政策总体而言是延续性强而断裂性弱，稳定性大而变异性小。各派系的意见主张，虽然包装不同其实质内容却保持不变，内阁更迭也很少出现以今日之政策替代昨日之政策的局面。

然而，这一次政权轮替却迥然不同。民主党是从自民党手里夺取了政权的，它之所以能站到政治舞台的中央，很大程度上是自民党长期执政所造成的"制度性疲劳"所致，是席卷全日本的人心思变、求新的潮流使然。而民主党在野时期一直猛烈抨击自民党的施政失败也决定了它上台后一定会对日本沿袭多年的内外政策进行一番即便不能说是脱胎换骨但至少也是伤筋动骨的大变革大调整。民主党执政后在内外政策上进行的一系列重大调整，从根本上来说，是日本在进入后工业化时代后，为适应全球化的潮流以及日本经济、政治和社会自身发展要求，对旧观念、旧体制和旧的治理模式进行根本性改造的探索和努力，是人心所向，也是大势所趋，具有一定的必然性和合理性。

事实上，民主党在2009年8月的第45届众议院选举中获得压倒性胜利后，日本各主流媒体纷纷以"雪崩"、"怒涛"和"地壳变动"等字眼来形容日本政坛的这场剧变，尽管当时就有一些有识之士意识到选民只不过是想让自民党下台才投民主党的票的，选民未必都认同民主党的内外政策。应该说，很多人首先是希望发生变化，然后再考虑下面的事情。选择自民党不会发生变化，而民主党在其竞选公约（Manifesto）中揭示的政策多少还是对选民选择投票对象起到一定诱导效果的。

在这次政权轮替后，日本国内陆续出台了一些分析民主党内外政策的论文和专著。就其内容而言，大致可分为两大类型：一种是资深媒体工作者从读者关注的视角，侧重对导致民主党如何上台及民主党内部各种政策集团围绕内外政策的对立与协调作实证性的分析；一种是从学术角度对民主党崛起的的国内外背景及其对日本的内外政策有可能或必须进行哪些调整进行梳理。前者以大下英治的《民主党政权》（畅销书出版社，2009年版）和中原圭介的《鸠山政权如果这样施政就能让日本再铸辉煌》（扶桑社，2009年版）为代表；后者的代表性作品有渡边治等撰写的《新自由主义还是新福利国家——民主党政权下日本的走向》（旬报社，2009年版）、丰下楢彦的《日美安保体制中的"对等性"究竟是怎么一回事》（《世界》月刊，2009年第11期），等等。

  我国学术界对民主党内外政策的研究成果中，首开先河的是新世界出版社在2009年10月推出的、由旅日学者朱建荣等人撰写的《日本变"天"——民主党政权诞生近距离观察》一书。就数量而言，占压倒多数的是论文。其代表性作品有张蕴岭等人撰写的《日本新内阁的内政与外交》（载《日本学刊》2009年第5期）、高洪执笔的《日本民主党联合政权内政外交刍议》（载《国际展望》2009年第3期）、周暄明在《外交评论》2009年第5期上发表的《日本鸠山内阁经济政策及其前景》以及瞿新在《国际问题研究》2009年第6期上发表的《日本民主党对华政策走向探讨》，等等。

  随着时间的推移，日本国内外研究民主党执政后内外政策的文献日益增多。人们很快就发现，民主党执政后对日本内外政策的调整其实是一个不断展开的过程。它推出的三任首相，无论是执政理念、为政风格还是政策偏好都有很大的区别。在他们身上可以找到自民党几乎所有前任首相的影子。民主党执政的这短短三年浓缩了自民党半个多世纪的历史。而且，民主党在其竞选公约（Manifesto）里所揭示的内外政策有两大先天缺陷：一是理想的成分往往多于实际可操作性，这可能是民主党长期在野、缺乏施政实践的结果；二是这些政策——罗列时似乎面面俱到，周详而严密，但彼此缺乏整合性，实际做起来不免"扶了东墙倒西墙"。民主党政策本身的缺陷，再加上党内决策机制的不完备，使其执政不久便出现运作障碍，公开标榜的政策与实际运营的政策间出现较大的偏差，甚至截然相反。民主党在2012年12月失去政权的根本原因，就是它失信于民。

  笔者长期跟踪研究日本政党政治。从民主党1996年问世后一直予以关注，先后采访过菅直人、鸠山由纪夫、冈田克也、前原诚司、海江田万里等历任代表和数十名民主党籍国会议员，积累了不少第一手资料，也得到了日本学者与国内同行的点拨和指点。在浏览大量学术文献后，深感目前无论是在日本还是在国内，对民主党执政后的内外政策研究尚嫌薄弱，尤其是缺乏进行大跨度、大视野分析，从政治、经济、思想文化等各层面深入探讨的学术专著。在各位学术界前辈的鼓励下，笔者萌生了将历史与现实研究融为一体，从战略高度和国际视野对民主党内外政策进行梳理和分析的念头。

2010年6月，国家社科基金批准了笔者提出的申请，将"民主党执政后内外政策的调整及其对中日关系的影响"这一研究课题予以立项（10BGJ011）。在笔者的学术生涯中，承担这一课题无疑是接受了一项艰难的挑战。第一，这一课题涵盖经济、社会、政治、军事和外交等多个领域，门类繁多，政策跨度大，显然不是自己现有的这一点点粗陋的学识所能胜任的；第二，这项课题是与民主党的施政实践同步展开的。有道是"计划赶不上变化大"。同一个政策议题，在民主党的3任首相任内居然会给出不同的破解答案，甚至同一位首相也会出现政策多变、"前言不搭后语"的现象。如何准确把握民主党的政策发展轨迹，难度确实是很大的。

经过三年的艰难苦熬，本书作为这项课题研究的集大成者终于可以与读者见面了。笔者试图在这本书里回答如下3个问题：第一，分析民主党执政的背景，即促使它对迄今为止的内外政策进行重大调整的动因；第二，对民主党执政后在各主要领域的政策调整进行全面、综合的解剖。既肯定其成就，也检讨其不足，特别是对它执政后政策调整失败的原因作客观、冷静的分析；第三，针对民主党执政后中日关系出现的新形势进行深入分析，揭示民主党对华政策严重后退的深层原因，并试图对中日关系未来走向作一个大致的勾勒。

本书由9章构成：其中，第一章和第二章是"总论"，介绍民主党从上台到失去政权的历程、民主党决策机制的概况及其政策演变的过程。

第一章是"民主党执政三年的简单回顾"。这一章首先分析了民主党缘何能从自民党手里夺得政权。自民党垄断日本政坛长达半个多世纪，由于长期缺乏自我改革，不思进取，加上世袭政治横行，出现了日本媒体所称的"制度性疲劳"颓势。民主党取而代之应该说是日本政治生态变化的结果。其次，介绍了民主党执政后的三任首相，即鸠山由纪夫、菅直人和野田佳彦。这三人的执政理念、为政风格和政策偏好都有很大不同。而由于各自所处的内外环境不同，这三届内阁的执政业绩也大相径庭。民主党在其执政三年里，党内围绕政见分歧和权力分配的斗争一直没有停息过，最终由于围绕消费税增税的激烈对立导致民主党发生有史以来的最大分裂，从而给民主党短暂的执政历史画上了句号。

第二章"民主党的决策机制及其过程"。主要是介绍民主党执政前后的决策机制的演变过程及其特征。对民主党这样一个长期在野、严重缺乏政治资源的政党而言，唯有公诸于众的政策才是它"最大的商品"。民主党是日本政坛引进竞选公约（Manifesto）的始作俑者。从2003年起，民主党在每次国政选举前都会推出它的"Manifesto"。总体而言，民主党在经济、财政和地方分权改革等领域表现出比较明显的改革志向，赞成放宽规制，倡导"开放和公正"，尤其是民生问题占有比较突出和显著的位置。这在一定程度上反映了民主党支持基础主要是城市新中产阶层并得到日本工会、市民团体和人权组织认同的这一事实。由于种种主客观条件的限制，民主党在它执政的三年里未能完全兑现它在"Manifesto"中的承诺，失信于民是它在2012年底的众议院选举中遭到空前失败、最终失去政权的根本原因。

从第三章起，转入各主要政策领域的"分论"。这是本书的核心部分。

第三章是"民主党转变'官僚主导'体制的尝试"。民主党执政后，最早受到冲击且被迫进行调整的是日本传统的官僚体制。这不仅在霞关的公务员队伍中引起强烈震撼，也成为一段时期内日本传播媒介津津乐道的焦点新闻。民主党有关用"政治主导"取代"官僚主导"的政治理念由来已久。它执政后立即在日本政坛刮起了一股旨在确立"政治主导"的改革旋风。一是改变传统的政策决定机制，削弱各省厅官僚的话语权；二是实行事业甄别制度，清理各省府的"小金库"；三是突破官僚的阻扰，公开日美间有关核问题的密约。但是，一方面是民主党有关"政治主导"的构想本身存在着一些缺陷，加上官僚系统和自民党等在野党的极力阻扰，民主党掀起的这场改革浪潮很快就低落下去，给后人留下深刻的教训。

第四章"民主党推行'地方主权'改革的实践"。这一章将视线聚焦到地方自治体与中央政府的关系上。这也是民主党执政后调整力度较大的一个领域。民主党将自民党时代就开始试行的地方分权改革上升为"地方主权"改革。虽然只有一字之差,但其内涵更加深刻。"地方主权"强调的是地方本来就有权利也有义务处理与自己相关的问题。这意味着要对明治维新以来中央集权式的统治结构进行彻底的改革。但是,由于既得利益集团的激烈抵抗,也由于民主党缺乏坚韧的改革决心,这场改革在鸠山由纪夫时代闪亮登场,在菅直人时代全面展开,到了野田佳彦时代却成为强弩之末。民主党举起的这面改革旗帜逐渐褪色,再次凸显民主党执政能力的局限。

第五章是"民主党'民生第一'方针受到严峻考验"。"民生第一"的口号既是民主党的执政理念,也是其经济政策的核心。它使日本民众看到了摆脱经济低迷和生活困顿的希望,是民主党得以从自民党手里夺得政权的重要原因。民主党的"民生第一"方针体现在它强调要按照这一方针重新编制预算,将资金投入的重点由"混凝土"转到"人",集中解决儿童抚养和教育、养老金和医疗、振兴地方经济和扩大雇佣上。用菅直人的话来说,就是要建设痛苦最少、幸福最大的社会。然而,在民主党走上执政道路后,由于税收的不足和政策设计的缺陷,民主党的"民生第一"方针逐渐出现扭曲和倒退。特别是在"3·11"特大震灾后,菅直人内阁在处理核泄漏问题上出现重大失误,野田佳彦内阁在重启核电站问题上独断专行,使得民众对民主党究竟有没有能力甚至是不是真心贯彻"民生第一"方针产生严重怀疑。而野田佳彦任内一意孤行地推行消费税增税,既引发了民众对民主党的强烈不信任感,也激化了民主党内的矛盾与对立,导致民主党发生有史以来最大的一次分裂,并在半年后举行的众议院选举中丧失了政权。

第六章是"'平成开国'与围绕TPP的论争"。这一章主要介绍民主党的对外经济政策。民主党3任首相中,鸠山由纪夫上任后热心推进"东亚共同体"构想,但在菅直人继任后却将重点放到了美国主导的"跨太平洋战略经济合作伙伴协定"(TPP)上,甚至将能否加入TPP

上升到"平成开国"的高度。野田佳彦上任后更不顾党内和社会各界的反对意见正式表明了日本将参加 TPP 谈判的意向。促使野田内阁在 TPP 问题上作出决断的动因，除了经济上的考量外，还有深化日美同盟关系的战略考虑。民主党执政三年来，在经济领域基本上没有什么建树。唯一留下足迹的是决定日本加入 TPP 谈判。不过，民主党政权也没有完全封死与东亚国家深化合作的道路。它一面宣布加入 TPP，表现出向美国靠拢的意愿，但同时依然注重与东亚地区各国加强经贸领域的合作，致力于推进东亚的"区域全面经济伙伴关系"(Regional Comprehensive Economic Partnership，简称 RCEP)。民主党政权实行的是一种"两面下注"的策略，目的是使日本处在可进可退、左右逢源的有利态势。

第七章"'新国防族'主导下的安全政策调整"。这一章介绍了民主党执政后对日本安全政策的调整。民主党执政后先后诞生了三位首相，他们在安全领域采取的政策使人们很难想象这三人是出自同一个政党的。鸠山由纪夫上任后，拒绝延长海上自卫队在印度洋为多国部队提供燃油的活动，试图与美国拉开距离，表现出与自民党政权截然不同的反战姿态。从菅直人开始，由于党内的"新国防族"逐渐掌控最高权力，民主党政权的安全政策逐渐与自民党趋同。2010 年年底出台的新《防卫计划大纲》有三大突出变化：一是在评估日本周边安全形势时露骨地渲染所谓的"中国威胁"论；二是用"动态防卫力量"的概念取代沿袭多年的"基础防卫力量构想"；三是在防卫部署上突出岛屿防卫和西南诸岛的重点。野田佳彦任内，在安全保障领域虽然没有推出什么公约、宣言之类的文件，但日本在一些重要的军事安全领域迈出的步伐比自民党时代更大，让所有关心地区和平与稳定的人们感到吃惊。

第八章是"民主党向'对美一边倒'路线的挑战与回归"。民主党的三任首相在处理包括日美关系在内的外交问题上走了一段"之"字形的曲折道路。鸠山由纪夫上任后，曾试图与美国保持一定的距离，密切与亚洲各国的关系。美军驻冲绳的普天间基地转移问题成为日美博弈的焦点。鸠山在内外压力下被迫改弦更张。菅直人、野田佳彦掌控最高权力后，向自民党时期的"对美一边倒"路线回归，其变化幅度之大在战后日本外交史上实属罕见。民主党执政后在重要的外交政策上的摇摆，一定程度上损害了日本的国际形象，也使人们严重怀疑民主党的执政能力。

第九章"民主党执政后中日关系的调整与挫折"。这是本书的收官之章。主要是介绍民主党执政后中日关系出现大起大落的曲折历程及其深层原因。由于历史上民主党与中国交往一直比较密切，人们曾经对民主党掌权后中日关系将迈开新的步伐充满期盼。鸠山由纪夫任内，两国关系确曾迎来前所未有的历史性机遇。继任的菅直人上任后不惜以牺牲中日关系为代价修复日美关系，在处理钓鱼岛撞船事件时违背两国间有关搁置争议的默契，导致中日关系大幅度后退。野田佳彦上任后对钓鱼岛实施所谓的"国有化"，更使中日关系进入了严冬。这恐怕是民主党的创始人始料未及的。

本书在9章后附了一个"结束语"，题目是："民主党的政治失败意味着什么？"日本政坛在2009年9月发生的这场政党轮替留给人们很多深刻的启示。以除弊兴利、重振日本为己任的民主党，刚迈出改革的步伐便遭到传统势力的种种抵制与掣肘，勉强支撑了三年便由内部纷争导致分裂，最终失去了政权。它对自民党沿袭多年的内外政策的调整，堪称一场史无前例的"政治大扫除"，但结果不是回归到自民党时代的旧轨道，就是留下比自民党时代更让人不堪忍受的负资产。其中最突出的就是中日关系跌到了邦交正常化以来的最低点。民主党的政治失败一方面表明这个成立仅仅10多年的政党本身还欠成熟，另一方面也表明日本国内传统势力盘根错节、顽固无比。自民党之所以东山再起，与其说是它比民主党更得人心，不如说民众对民主党彻底失望。自民党领导人如果误读了最近两次国政选举所传递出来的信息，抱残守缺，拒绝改革，甚至倒退到狭隘民族主义和新国家主义的立场上去，等待他们的只能是比民主党更惨重的失败。

限于本人的水平和掌握资料的局限性，虽然本书在付梓前一再推敲斟酌，仍难免有不少粗疏错讹。笔者恳切地希望广大读者和日本研究的前辈和同行们一一点拨，不吝指教。

第一章

民主党执政三年的简单回顾

2009年八九月间，日本政坛发生了一场大"地震"。从1955年起执政半个多世纪的自民党在第45届众议院选举中遭到惨败，被迫将政权交给了诞生仅13年的民主党。

位于东京都中央区永田町的首相官邸迎来了它的新主人——民主党党首鸠山由纪夫。可是，鸠山由纪夫在首相位置上只坐了266天便挂冠走人，菅直人的任期比鸠山多一点，只有452天。野田佳彦作为民主党政权的最后一任首相，482天的任期比他两位前任都长。但是，民主党短暂的执政历史却是在野田佳彦的手里终结的。

那么，民主党究竟是怎样上台，又是如何丢失政权的呢？

第一节 民主党执政是一次真正意义上的政党轮替

在发达国家中，日本一直自诩政局稳定。1955年10月，日本的两大保守政党自由党和民主党合并为自由民主党，简称自民党。这一保守政党除了在1993年8月至1994年6月短暂下野外，垄断日本政坛长达半个多世纪。其间，在野党势力虽曾有过蓬勃发展的势头，但始终未能撼动自民党凭借在国会的多数席位而长期执政的政治格局。但是，这段历史终于在2009年9月划上了句号。自民党的执政地位被民主党所取代，堪称半个多世纪来日本政坛的一次真正意义上的政党轮替。

一、自民党长期执政造成制度性疲劳

自民党成立后的第一任首相是鸠山一郎。从1956年至2009年，自民党先后推出了21位首相，他们分别是：石桥湛山、岸信介、池田勇人、佐藤荣作、田中角荣、三木武夫、福田赳夫、大平正芳、铃木善幸、中曾根康弘、竹下登、宇野宗佑、海部俊树、宫泽喜一、桥本龙太郎、小渊惠三、森喜朗、小泉纯一郎、安倍晋三、福田康夫和麻生太郎。其中，任期最长的是佐藤荣作（2798天），紧随其后的是小泉纯一郎（1980天）和中曾根康弘（1806天）。

自民党长期执政的诀窍在于它推行的是一种利益诱导型的政治。自民党通过对农户、自由职业者特别是大企业提供各种政策优惠，换取它们对自民党的支持。在英国，这种利益换取选票的政治策略称作"pork barrel"①。在日本经济高速增长时期，政府的税收与年俱增，执政党所能动用的资源相当充沛。这种利益诱导政治可以说是很有效果的。

自民党长达半个多世纪的执政，固然使日本从战争废墟中崛起为世界第二经济大国，为日本带来前所未有的和平与繁荣。但正如日本经济研究中心前理事长小岛明所指出的："任何体制一旦长期化便会产生既得利益，而既得利益必定会转变为抗拒改革的抵抗势力。"②

"金权政治"的跋扈是自民党长期执政产生的最大弊端。长期以来，

---

① "pork"指猪肉，而"barrel"是木头制成的圆桶。pork barrel原意是装猪肉的木桶，但近150年来却被用作俚语，指受政府资助的地方产品或者工程项目。国会议员为自己所代表的地区争来福利待遇，以此笼络人心，当地选民用选票来回报。

② （日）小岛明：《日本的选择》，孙晓燕译，东方出版社2010年6月版，第114页。

日本的政治家、官僚和财界相互勾结，权、钱、选票均成为交易对象，形成错综复杂的既得利益链条。著名评论家大前研一在1986年出版的《新国富论》中首次使用"铁三角"一词比喻政治家、官僚和财界的这种利益纽带关系。此后，"铁三角"一词在日本政坛不胫而走，流传至今。近二三十年来，日本政坛政治丑闻一直绵延不绝。其中影响最大的是70年代的"洛克希德事件"、80年代的"利库路特事件"和90年代的"佐川快件公司事件"。每一次丑闻都牵连到不少自民党的政要，甚至首相因此而下台。90年代初的"佐川快件公司事件"更成为自民党在1993年大选中惨败和一度下野的直接导火线。

进入新世纪以后，"金权政治"并未完全销声匿迹。由于推行《政治资金规制法》的缘故，明目张胆的受贿行为收敛了不少。但诸如在政治资金收支报告上作假、浮报开支之类的丑闻在1994年自民党重新执政后依然不绝于耳。在安倍第一任首相任内，就先后有两任农林水产大臣、1名行政改革大臣因涉嫌卷入贪渎丑闻而被更迭。

自民党长期执政的又一大弊端是"世袭议员"现象。在主要发达国家中，子承父业的"世袭议员"现象并不鲜见，但没有哪一个国家像日本这样发展到极致的地步。在1996年10月举行的第41届众议院选举中，父亲或其他直系亲属为前任国会议员的"世袭议员"共有121人，占当选议员总数的24.2%；在4年后举行的第42届众议院选举中，"世袭议员"比例略有下降（22.9%）；但2003年10月和2005年9月举行的第43届、第44届众议院选举中，"世袭议员"比例再次上升，分别为27.9%和26.0%[①]。

与欧美各国相比，日本的"世袭议员"现象从一开始就刻下了日本政治文化信仰的深深烙印。其最大的特色就是血缘性和家族性。"世袭议员"现象是一柄双刃剑，它在体制内部的利益交易和利益共享中，可确保风险最小、成本最低，有利于政坛的稳定和体制的延续。其弊端也非常明显，就是容易陷入保守、僵化的陷阱，导致体制本身的自我更新

---

① 吴寄南：《日本民主党新生代政治家》，时事出版社，2013年版，第237页。

停滞、活力锐减。在自民党执政的半个多世纪里,"世袭议员"现象愈演愈烈,其负面影响也越来越突出。除了强化自民党的利益诱导政治,导致日本与其他发达国家相比各项改革相对滞后外,也造成"世袭议员"在自民党抱团集聚的局面,带来了自民党人才匮乏的危机。

自民党由巅峰跌落,差不多是与日本经济的持续滑坡、贫富差距扩大等社会矛盾日益凸显同步进行的。战后,日本在1956至1973年的经济高速增长时期,年均增长率为9.1%,1974至1990年平均为4.2%,但在1991至2012年间,年均增长率跌至0.9%,低于欧美发达国家的平均水平。其中1993年、1998年、2001年、2008年和2009年日本还是负增长。日本的经济规模在80年代末距离赶超美国只有一步之遥,进入90年代以后却眼睁睁地看着美国将日本远远抛在后头。1995年日本的GDP占全世界17.7%,这是它的巅峰时期。进入新世纪以后,日本的GDP始终处于低速滑翔状态。2001年日本GDP在全球所占份额跌至12.9%,2003年11.0%,2005年10.1%,2006年跌进了一位数,为9.0%,2007年则进一步下降为8.1%,还不到巅峰时的一半[①]。1993年,日本的人均GDP仅次于卢森堡、瑞士,位居世界第三。但是,自从"泡沫经济"破灭后,日本的人均GDP排名逐年下降,2001年被美国反超,2007年更跌至第19位,位居西方七国的末尾。

随着时间的推移,长期执政的自民党渐显疲态,它的支持基础越来越脆弱,国民开始用"脚"投票,日益疏远这个老牌政党。在上一世纪五六十年代,自民党在众议院的议席占有率一直保持在60%左右。最高的是1960年11月举行的第29届众议院选举(池田勇人内阁),为历史最高纪录的63.38%。70年代举行的两次大选,自民党所获议席均跌到了总议席的半数以下。进入80年代后,自民党在第36届众议院选举(1980年,大平正芳内阁)、第37届众议院选举(1983年,中曾根康弘内阁)和第38届众议院选举(1986年,中曾根康弘内阁)中议席占有

---

① (日)总务省统计局:《世界的统计》,2009年版。转引自http://www.pref.ibaraki.jp/bukyoku/kikaku/kikakuka/kikaku1_sougo/sinkeikaku/sumiyoi/sumi_01/file/04/04_3data.pdf。

率分别为 55.57%、48.92% 和 58.59%。从第 39 届众议院选举（1990年，海部俊树内阁，53.7%）起，除了 2005 年第 44 届众议院选举（小泉纯一郎内阁）有过 61.7% 的纪录外一直未过半数。其中，第 40 届众议院选举（1993 年，宫泽喜一内阁）是 43.6%；第 41 届众议院选举（1996 年，桥本龙太郎内阁）47.8%；第 42 届众议院选举（2000 年，森喜朗内阁）48.5%；第 43 届众议院选举（2003 年，小泉纯一郎内阁）是 49.4%。在 2009 年 8 月举行的第 45 届众议院选举（麻生太郎内阁）中，自民党的议席占有率跌至 24.8%，在垄断日本政坛半个多世纪后不得不灰溜溜地下台[①]。

二、民主党为夺取政权进行长期准备

民主党是在 1996 年 9 月 28 日正式诞生的。它的两位创始人鸠山由纪夫、菅直人分别是从自民党、社会民主联合加入到先驱新党的。当时，朝野两大政党分别是在众议院拥有 207 席的自民党和 170 席的新进党。夹在中间的先驱新党和社会党分别拥有 63 席、70 席。在即将举行的第 41 届众议院选举中，先驱新党和社会党的选情都不看好。于是，鸠山由纪夫、菅直人就决定率领先驱新党和社会党的一批中坚议员成立名为民主党的新党。

据说，鸠山由纪夫非常执着于民主党的名称，因为他祖父鸠山一郎是上一世纪 50 年代在日本政坛活跃一时的民主党的创始人。菅直人也不反对用这一名称。因为他在 3 年前就倡议建立日本版的民主党—共和党两大政党体制[②]。

在一个月后举行的第 41 届众议院选举中，民主党总共推出 169 名候选人，当选 52 人。恰好超过在国会单独提出议案和取得参众两院副议长席位所必须的 51 席。民主党总算通过了它成立以后的第一次考试。

---

① （日）"众议院选举自民党与第二党的议席占有率"，《东京新闻》，2009 年 8 月 31 日晚报。

② （日）橘民义：《民主党 10 年史》，第一书林出版社，2008 年版，第 37 页。

不过，民主党的一些政治新星如前原诚司、枝野幸男等都是在小选举区落选而在比例代表区复活的。这说明当时民主党的知名度和影响力还是比较低的。

1997年12月，时任新进党党首的小泽一郎突然宣布了解散令。日本最大的在野党一下子分裂为"自由党"、"国民之声"、"新党友爱"、"新党和平"、"黎明俱乐部"和"改革俱乐部"等6个小政党。加上原先就从新进党出走的"五人党"、"太阳党"。日本政坛呈现离合聚散、扑朔迷离的局面。在时任"日本劳动组合总联合会"（简称"联合"）会长鹫尾悦也的斡旋下，1998年1月8日，除"自由党"、共产党和社民党以外的各在野党成立了名为"民主友爱太阳国民联合"（简称"民友联"）的统一会派。4月28日，参加统一会派的4党决定实行合并，继续沿用民主党的名称。菅直人出任新民主党的首任代表。这是一个拥有93名众议员、38名参议员的政坛第二大党，也是最大的在野党。此后，日本政坛自民党与民主党就分别作为朝野两强互相对峙和博弈的局面。

民主党成立后一直念念于兹的就是要从自民党手里夺取政权。

按照日本政坛"数量就是力量"的游戏规则，民主党从一开始就采取积极的扩容战略，不断扩大自身的政治势力。首先，继续合并其他在野党。最典型的是在2003年9月与小泽一郎率领的自由党实行合并。民主党籍的众参两院议员一下子达到204人，大大缩短了与自民党的差距。其次，民主党通过公开募集候选人的方法从社会各界吸纳新鲜血液。每次众参两院选举前，民主党会在全国各地都贴出告示，从有志问政的各界人士中公开招募候选人。这与自民党拘泥于"现职优先"原则、让"世袭议员"充斥党内的做法形成了鲜明的对比。从2000年以后历次众议院选举结果来看，民主党当选议员中，占前三位的分别是：1、地方自治体首长、地方议会议员和议员秘书；2、包括工会在内的团体、政党的职员；3、公司职员。其平均年龄也比较轻。以2009年8月的第45届众议院选举为例，民主党308名当选议员的平均年龄49.4岁，比自民党119名当选议员的平均年龄（56.6岁）低了7岁多。

早期的民主党议员都有各自的政党背景。随着民主党的势力不断扩张，一些没有任何政党经历的新人陆续加盟，成为民主党的主体。例如，在1998年7月举行的第18届参议院选举中，新当选的参议员中有13人是由民主党推荐当选的。加上众议员在内，民主党籍国会议员中没有任何政党经历的新人约占18.6%。在2000年6月的第42届众议院选举后，民主党当选议员中的新人比例达到45.7%。2003年10月第43届众议院选举后，民主党当选议员中新人比例为59.3%，首次超过了有政党经历的议员；而到2005年9月第44届众议院选举、2009年8月第45届众议院选举后，这一比例分别达到了62.8%和79.8%。2010年7月的第22届参议院选举结束后，有过在其他政党效劳经历的民主党籍国会议员仅为94人。其中，众议员68人、参议员26人，分别占民主党籍众议员的22.3%、民主党籍参议员的24.5%。这些资深议员完完全全成了少数派[1]。

民主党夺权的第二项准备就是内外政策的酝酿和告示。早在1998年4月，民主党在全体国会议员参加的第一次党大会上就通过了民主党的《基本理念》和《基本政策》。随着时间的推移，民主党在宣示政策、争取选民认同方面陆续采取了一些大动作：第一，仿效英国工党在野时成立的"影子内阁"，在党内设立了"未来的内阁"（Next Cabinet，简称NC）以取代原先的总务会，作为该党在野期间仅次于党代会和参众两院议员全体会议的决策机构。第一届"未来的内阁"的成员是1999年10月24日鸠山由纪夫任代表后任命的。"NC内阁"每周三下午由党代表兼任的"NC总理大臣"主持召开会议，讨论内外政策和党务。第二，邀集国内知名学者担任民主党的智囊。在请他们献计献策、提供智力支撑的同时，通过他们的嘴和笔，广泛宣传民主党的执政理念的内外政策，为民主党造势。人们比较熟知的就有北海道大学教授山口二郎、政策大学院大学教授饭尾润、三井物产驻美国总代表寺岛实郎、丽泽大学教授松本健一、"构想日本"代表加藤秀树等人。第三，精心推敲、制定和发布竞选公约（Manifesto），争取选民的好感。民主党在2003年10月的第43届众议院选举前夕首次发布竞选公约。这是它向

---

[1] （日）上神贵佳、堤英经编著：《民主党的组织与政策》，东洋经济新报社，2011年9月版，第16、31页。

英国学来的。以后，每逢众参两院选举，民主党都会发表升级版的竞选公约。其中有不少内容对中低收入阶层还是很有吸引力的。例如，针对日本企业大量采用非正规就职者的现象，民主党在其竞选公约中主张严格禁止人才派遣公司向制造业企业提供临时工，并呼吁将非正规就职者逐步转为正式雇员。民主党的竞选公约还主张向有孩子的家庭发放育儿补贴，这显然也是有助于提高普通家庭尤其是单身母亲对民主党的好感的。

三、人心思变将民主党推上执政地位

从 21 世纪 90 年代初日本的"泡沫经济"瓦解后，经济疲软、政局动荡似乎成为常态。民众中弥漫着一股挫折感和失落感，普遍期盼能有强势的领导人引领"日本丸"走出困境。如果说在 90 年代初人们曾对细川护熙领衔的七党一派联合政权寄予厚望的话，从 90 年代末开始则将视线转向了新鲜出炉的民主党。

民主党自 1996 年 9 月问世到 2009 年 9 月掌权整整花了 13 年。其间，日本总共举行了 4 次参议院选举、5 次众议院选举。从这些国政选举的结果来看，几乎每次选举都让民主党朝执政的目标前进一步。

例如，在 1998 年 7 月举行的第 18 届参议院选举中，民主党一举拿下了 27 席，加上非改选的 20 席，共计为 47 席。虽仍低于自民党的 103 席，但由于在野党控制了参议院的过半数席位，在选举首相时推出了时任民主党代表的菅直人。这次胜利让民主党第一次感觉到权力中枢与自己只有咫尺之遥；在 2000 年 6 月举行的第 42 届众议院选举投票中，民主党斩获 127 席，比选前足足增加了 32 席；翌年 7 月，日本举行了第 19 届参议院选举。这次选举恰值自民党内另类政治家小泉纯一郎上台不久，日本政坛猛刮"小泉旋风"。尽管如此，民主党议席只比 3 年前少了 1 席；在 2003 年 10 月举行的第 43 届众议院选举中，民主党的议席一举增加 40 席，达 170 席，不仅拿下了三分之一的小选举区，在比例代表区的得票率还第一次超过了自民党；在 2004 年 7 月举行的第 20 届参议院选举后，民主党的总议席比选前增加了 10 席，而自民党

则减少1席；在改选议席中，民主党以50席对49席第一次超越了自民党。对选举负有责任的自民党干事长、小泉纯一郎首相属意的"接班人"安倍晋三不得不引咎辞职，足见这场选举对自民党冲击之大；2005年9月，日本举行第44届众议院选举。由于时任首相的小泉纯一郎成功地将选举议题聚焦在要不要实行邮政事业改革问题上，又派出大批"刺客"到自民党"邮政族"议员选区"釜底抽薪"，最终获得296个议席，比选前猛增84席。而民主党获得的议席仅为113席，丢失了64席。这次失利改写了民主党成立后逢选必胜的历史，是它在走向权力巅峰过程中唯一的一次失利；在2007年7月举行的第21届参议院选举中，自民党遭到空前惨败，仅获37席，比选前减少27席；民主党则拿下60席，比选前猛增28席，取代自民党跃居参议院第一大党。

  日本汉字检定协会每年年底都要征集最能反映当年世相的汉字。2008年入选的是"变"字；2009年入选的是"新"字。这表明了日本广大选民在对自民党感到失望后人心思变，普遍希望换一个政党掌舵的想法。从2009年春节起，自民党在日本各地举行的一系列地方选举和大选中遭遇八连败。其中，在2009年8月举行的第45届众议院选举终于结束了自民党垄断日本政坛半个多世纪的历史，将民主党推上了执政地位。

  在2009年8月的众议院选举中，民主党在总共480个议席中囊括了308席，占64.2%，比选前的115席猛增1.68倍；自民党却从300席跌至119席，仅占总议席的24.8%，为有史以来的最低纪录。民主党共推出330名候选人。其中，在小选举区当选的有221人，在比例代表区当选的有87人，当选率是93.3%。反观自民党推出的326人名候选人中，在小选举区当选仅64人，在比例代表区当选的有55人，当选率仅为36.5%。而且，民主党在8个从不曾有过候选人当选的"空白县"实现了"零"的突破，在94个自民党垄断了13年的小选举区中，民主党拿下了57个。令人震惊的是，自民党许多资深议员败给了名不见经传的新人。其中，海部俊树成为继1963年石桥湛山败选后又一名落选的前首相。麻生内阁的17名阁僚中除3名参议员未参选外，其余14人虽然都保住了议席。但财务大臣与谢野馨、总务大臣佐藤勉等6

名阁僚统统输给了小选举区中民主党的对手。如果不是列入比例代表区候选人名单上了"双保险"的话，自民党在这场选举中输得还要更难看。

这是日本政坛的一场大"地震"。《朝日新闻》在翌日发表的社论中如此写道："日本的民意仿佛像雪崩般地倒向了民主党。其激烈程度证明了'这样下去可不行'、'不管怎么样还是改变一下政治吧'之类的想法在民众中是何等的深入人心。"① 《日本经济新闻》干脆用"渴求变革的民意赌上了鸠山民主党政权"作为其社论的标题。国际社会也注意到了日本民意的变化。《欧洲时报》直接用"人心思变促使日本改朝换代"来评价日本这次选举。美国《时代》周刊则强调这场选举是日本自1955年以来最重要的一场选举，导致日本的政治版图发生根本的变化②。

第二节　民主党三任首相各领风骚一年左右

民主党从2009年9月上台到2012年12月下野，先后推出了鸠山由纪夫、菅直人和野田佳彦等三任首相，差不多一年一任。这三人的出身经历、执政理念和行事作风都有很大的不同，其执政业绩也大相径庭。

一、鸠山由纪夫：闪亮登场、黯然下台的理想主义者

2009年9月16日，鸠山由纪夫在第172次临时国会上当选为第93任、第60位首相。当天，他便组建了民主党、社民党和国民新党联合

---

① （日）社论："要把握住民意的雪崩"，《朝日新闻》，2009年8月31日。
② 吴寄南：《日本民主党新生代政治家》，时事出版社，2013年5月，第34页。

内阁。其中，除了担任副首相兼国家战略担当大臣的民主党代理代表菅直人、担任金融和邮政改革担当大臣的国民新党党首龟井静香、担任财务大臣的藤井裕久、担任国家公安委员长的中井洽外，都是第一次入阁拜相的新人①。就连鸠山由纪夫本人也只是在细川护熙内阁担任过内阁官房副长官。他是战后第三位没有阁僚经验的首相②。

鸠山内阁可以说是在国民的热烈祝福中闪亮登场的。内阁问世时的支持率高达72%，而且，民主党、社民党和国民新党在众参两院中都居于过半数地位。人们自然有理由期盼鸠山内阁能彻底解决自民党前政权遗留问题，实行果敢的改革，让"日本丸"驶出激流险滩。

事实上，在民主党的这三任首相中，鸠山由纪夫可以说是最有抱负，最富理想主义色彩的一位。他自踏上从政道路起，一直执着地将他祖父、前首相鸠山一郎倡导的"友爱"两字作为自己的座右铭。鸠山在《我的政治哲学》一文中披露，这一哲学观来自他的祖父、1954至1955年担任日本首相的鸠山一郎。鸠山这样解释说："'友爱'相当于法国大革命口号中'自由、平等、博爱'的'博爱'（fraternite）"。而正如奥地利哲学家库登霍夫·卡勒基所强调的："没有博爱的自由会招致无政府主义；没有博爱的平等会招致暴政。"

鸠山认为，日本在冷战结束后完全被美国以"全球化"之名推行的"市场原教旨主义"操控，人们不择手段地追逐利润，尊严之类的荡然无存。这种丧失了"道义"与"节度"的"金融资本主义"和"市场至上主义"是导致全球金融危机的罪魁祸首。所以，有必要用"友爱"的理念来克服走向极端的现代资本主义，重新构筑在过度市场经济重压之下的农业、环境、医疗和教育等领域的秩序。

鸠山强调，民主党执政以后应该将"友爱"哲学贯穿在它的内外政策之中。首先，要致力于恢复被市场化严重扭曲了的日本的传统价值观

---

① 菅直人在第一次桥本内阁任厚生大臣；龟井静香在村山内阁任运输大臣，在第二次桥本内阁任建设大臣；藤井裕久在细川内阁、羽田内阁任财务大臣；中井洽在羽田内阁任法务大臣。

② 前两位分别是片山哲（1947年5月至1948年3月在位）和细川护熙（1993年8月至1994年4月在位）。

念，充实社会保障体系，增强非营利组织（NPO）、市民活动、社会公益活动在社会生活中的作用，打造"互助共生"的社会；其次，在处理地方与中央的关系时，中央要体恤地方、尊重地方，要向地方放权，发挥地方政府的能动性，使日本成为一个"地方分权——地域主权"的国家；第三，在对外关系上同样要发扬"友爱"精神。日本要与美国拉开距离、向亚洲靠拢，推行"疏美入亚"路线。①

在鸠山由纪夫主持下制定的民主党竞选公约"Manifesto 2009"是凝聚选民支持、从自民党手里成功夺取政权的制胜法宝，是浸透了鸠山由纪夫倡导的"友爱"哲学的政治文献，自然也是鸠山由纪夫上任后锐意推行的施政大纲。在民主党三任首相中，鸠山由纪夫对"Manifesto 2009"最重视，也最忠实地予以贯彻落实。

鸠山由纪夫在他上任后采取的主要措施是：

第一，对传统的政官关系动大手术。例如，废除了沿袭123年的事务次官会议，在各省府彻底推行以大臣、副大臣和政务官等三巨头会议为象征的"政治主导"，颁布了有关政治家应对与官僚关系的行为准则；由国会议员和学者等和民间人士对各省厅、独立行政法人的事业经费进行公开甄别，等等，给人们耳目一新的感觉；

第二，切实贯彻"民生第一"的方针。鸠山内阁甫一上任，就果敢叫停了一些旷日持久、耗资巨大的"钓鱼工程"，将麻生前内阁制定的2009财政年度中的公共事业开支削减了15％。取而代之的是颁发育儿补贴、实行高中教育免费、给予农户生产补贴、对遍布各行业的所谓派遣劳动者制度进行调整等各种体现"民生第一"方针的惠民措施；

第三，实行"疏美入亚"的外交调整。鸠山内阁强调要构建"对等而亲密的日美关系"，对自民党时期的"对美一边倒"路线明显地拉开了距离。鸠山废除了自1994年起每年由美国政府递交"年度改革要求信"，而日本则照单全收的做法。他在坚持以日美同盟为基轴的同时，积极改善日本与亚洲近邻的关系，积极推进东亚共同体构想。特别是在

---

① ［日］鸠山由纪夫："我的政治哲学"，《Voice》月刊，2009年9月号，第139页。

普天间基地转移问题上执意推翻自民党前政权与美国达成的协议,力争将这一基地搬出冲绳县外。

鸠山所推行的这一系列改革,受到日本国内既得利益集团的抵制与反对,更遭到美国的猜忌与打压,形成两面夹击的局面。2009年11月,日本媒体曝光了鸠山由纪夫接受母亲巨额资金援助以及捐款名单作假的问题。自民党等在野党乘机大肆炒作,东京地方检察厅特别搜查部甚至逮捕了鸠山的秘书并将其定罪。财务省国税局则对鸠山隐匿巨额政治捐款问题作逃税处理,责令其补缴巨额罚款。"后院起火"让鸠山的清廉形象备受打击。

祸不单行。美国政府也拒绝在普天间基地的搬迁问题上对日本作任何让步,坚持2006年5月与自民党政权达成的、将这一基地迁移到冲绳名护市边野古的方案。事实上,美方的强硬立场背后有不少日本外务省、防卫省的高官在捣鬼①。鸠山曾设想由鹿儿岛县德岛接纳由普天间基地迁出的美国海军陆战队,但由于相关自治体的反对,这一构想也胎死腹中。最终,鸠山被迫收回成命,在2010年5月与美方签署协议,承诺履行自民党时代的搬迁方案。这是民主党政权成立后的最大外交失败,同时,也是一次内政的失败。

朝日电视台的调查表明,鸠山内阁的支持率在2009年9月问世时高达72.0%,同年11月还有63.7%,但12月便跌至47.2%,翌年3月出现了支持率(30.0%)与不支持率(53.9%)倒挂的局面,5月支持率跌至20.5%,而不支持率则高达63.5%。一般认为,内阁支持率跌至20%,便是现任首相随时可能倒台的"危险水域"②。

---

① 据"维基揭密"透露,外务省、防卫省一些高级官僚私下怂恿美方拒绝向鸠山内阁让步。如外务省事务次官薮中三十二向美国大使鲁斯建议,日美间在普天间问题上最好将政治家撇在一边举行非正式的磋商。防卫省防卫政策局长高见泽将林劝说美助理国务卿坎贝尔不要接受鸠山政权将普天间基地转移到冲绳县以外的主张。见"暴露外务、防卫官僚盲从美国本质的维基揭秘",《现代日刊》,2011年5月9日。

② (日)朝日电视台"News Station":"内阁支持率的推移",见朝日电视台网页 http://www.tv-asahi.co.jp/hst/poll/graph_naikaku.html。

2011年6月2日,心力交瘁的鸠山由纪夫宣布辞职。6月8日,民主党选举菅直人担任代表并出任新一届首相。鸠山由纪夫以266天的任期在日本前95任、62位首相中排名第46。

二、菅直人:两大失误造就"跛脚鸭"首相

作为鸠山内阁的副首相,菅直人是最有资格入主首相官邸的。尽管如此,他还是在2010年6月8日举行的代表选举中不得不面对年轻议员樽床伸二的挑战。在这场力量悬殊的角逐中获胜后,菅直人顺理成章地当选为日本第94任、第61位首相。

在菅直人之前担任首相的桥本龙太郎、小渊惠三、森喜朗、小泉纯一郎、安倍晋三、福田康夫、麻生太郎和鸠山由纪夫,无一例外的是"世袭议员"。唯独菅直人是从最底层赤手空拳地打拼到权力巅峰的,是一位具有浓厚"草根"色彩的平民首相。菅直人颇为自负地将自己的内阁称作是"草根内阁"、"奇兵队内阁",声称他将与"政治与金钱"的纠结划清界限,致力于恢复国民对政治的信赖[①]。

菅直人与鸠山由纪夫、小泽一郎曾经是民主党夺取政权的核心人物,有"三驾马车"之称。但菅直人担任首相后却对小泽一郎狠下杀手,丝毫不讲情面。2010年9月17日,菅直人与小泽一郎围绕民主党代表职务进行了"一对一"的搏杀。在坐稳代表和首相职务后,立即将内阁中支持小泽的阁僚统统扫地出门。其中包括在国民中颇有人望的总务大臣原口一博以及6月8日刚刚就任农林水产大臣的山田正彦。另一位以追究养老金记录缺漏出名、为民主党夺取政权立下汗马功劳的前厚生劳动大臣长妻昭也被辞退。与此形成鲜明对照的是,对民主党内反小泽派一概予以重用。这就使得前原诚司、野田佳彦等松下政经塾出身的"少壮派"政治家完全掌控了日本的外交和安全保障决策权。这不仅在民主党内埋下了分裂的火种,也为"少壮"派政治家绑架民主党、将民

---

① 奇兵队是明治维新前夕,长州藩与幕府军队作战时,高杉晋作组建的一支由武士、农民和城市平民构成的非正规军队,以勇猛、果敢和善战著称。

主党引向错误道路奠定了基础。

如果说鸠山由纪夫书卷气较重,比较儒雅温和的话,菅直人则一向以言语犀利、办事果敢著称。他在桥本内阁任厚生大臣期间,不惜自曝家丑,逼着厚生官僚就进口非加热性血液制剂引起的中毒事件道歉,此举使他赢得国民的普遍好感。但是,在菅直人出任首相后,民主党政权在内政与外交诸多领域却出现了一种"政策回归"的趋向。用资深政治评论家森田实的话来说,民主党开始向自民党方向转变,菅直人政府越来越像安倍时期的自民党政权[①]。但是,"画虎不成反类犬"。菅直人却没有自民党历届首相那样的运气。他在处理中日钓鱼岛撞船事件和"3·11"震灾后的核泄漏事故上的失误,给民主党政权带了一场前所未有的危机。

2010年9月7日,日本海上保安厅巡视船在钓鱼岛海域拦截来自中国福建的"闽晋渔"5179船时发生碰撞。在时任国土交通大臣、负责指挥海上保安厅的前原诚司主导下,日方将中国渔船船长拘留了17天之久,声称要按照日本国内法进行审判。菅直人身为首相,理应从中日关系大局出发,按照以往的惯例妥善处理。然而,他却听任前原诚司等人一意孤行,蓄意制造日本对钓鱼岛海域享有司法管辖权的案例。这自然引起了中方的强烈反弹。9月24日,迫于内外压力,菅直人内阁以"保留处分"为名释放了中国船长。这一事件虽然让日本从美国政要那里得到了"钓鱼岛适用于日美安保条约"的口头保证,却也让日本外交回归到了自民党执政时期的"对美一边倒"路线。民主党在其竞选公约中声称的建立"紧密而对等的日美关系"完全成了一句空话。更严重的是,前原诚司等人的挑衅行为极大地伤害了中日两国的战略互信、经贸合作和国民感情,使中日关系出现严重倒退,让很多民主党的传统支持者感到寒心。

无独有偶,菅直人在处理"3·11"震灾后的核泄漏事故上又一次铸下了难以饶恕的大错。2011年3月11日,日本东北地区发生了里氏

---

① 高洪:"参议院选举后的自民党走势",载《参议院选举后的日本政局》,《日本学刊》2010年第5期。

9.0级的特强地震和特大海啸，造成严重的人员伤亡和财产损失。令人揪心的是，由于受海啸侵袭，东京电力公司福岛第一核电站的1至4号机组相继发生爆炸事故和严重的核泄漏，其破坏等级与前苏联切尔诺贝利核事故并列为最高级的7级。这场灾难本来是可以给菅直人加分的。可结果恰恰相反。菅直人作为内阁的掌舵人始则事无巨细一把抓，诸如东电公司的应急电源车究竟在什么位置，向核电站注入冷却用水究竟是含硼酸的水还是海水，自卫队、警察厅和消防厅按怎样的顺序向反应堆注水等等，都要一一过问，简直把自己当成第一线冲锋陷阵的"小队长"，忘记了身为内阁首相的"总指挥官"的责任①。另一方面，真正需要他作出决断时却又踌躇起来，甚至将责任推卸给官僚。例如，菅直人在3月16日与防卫大臣北泽俊美磋商后决定让自卫队派遣直升机向反应堆注水。因为这是在核辐射环境下的高危作业，菅直人不想承担政治责任，就将"球"踢给了联合参谋长折木良一，让折木就是否派遣直升机问题作出决断。

2011年6月1日，自民党、公明党等日本在野党联名向众议院议长提交对菅直人内阁的不信任案。这是日本战后实施现行宪法以来众议院第52次出现针对现行内阁的不信任案。由于民主党在众议院拥有过半数议席，这项不信任案本没有希望通过，但由于民主党内部反菅直人的呼声悄然上升，小泽一郎派、鸠山由纪夫派合计有七八十人表示将对不信任案投赞成票。为避免出现不信任案可能过关的情况，菅直人在投票前夕与鸠山由纪夫会晤，表示将在震灾处理告一段落后辞职。但不信任案被否决后，菅直人却否认自己曾表示过辞职意图。这就激化了民主党内部的矛盾，也引发了一场政治家的诚信危机。用日本媒体的话来说，菅直人完全是一种有别于日本传统政治文化的、不讲信用、不按常理出牌的"游击队"作风。

朝日电视台的调查表明，菅直人内阁在2010年6月问世时的支持率为58.7%，10月份就跌至45.8%，11月更滑落到了28.5%，与

---

① （日）佐佐木毅、清水真人：《现代日本政治》，日本经济新闻社，2011年5月版，第10页。

45.8%的不支持率倒了个个。他在宣布辞职后的两个多月里，基本上已成为一个"跛脚鸭"首相。支持率也直线下跌，如2011年7月是20.7%，8月份更报收于16.4%，创下了民主党三任首相中支持率的最低纪录①。

三、野田佳彦：刚愎自用、作风强势的"泥鳅"首相

2011年8月29日，民主党举行临时大会，选举继任代表。野田佳彦在第二轮与海江田万里的决胜选举中胜出，并在翌日举行的临时国会上被选为日本第95任、第62位首相。

从竞选千叶县议会议员起，野田佳彦每天在千叶县津田沼市车站广场向上班的人流阐明自己的政见，一直延续了24年。在出任首相前的一次媒体采访中，野田强调自己是"普通的人"，没有"庞大的财力资源"，"外表不是卖点"，将自己比喻为"泥鳅"，而不是闪闪发亮的"金鱼"。但随着时间的推移，其"鹰"派政治家的色彩日渐显露出来。例如，2011年10月16日，野田在出席自卫队阅兵式时发表训词，用"忘战必危"鼓励官兵做好应对不测事态的准备。如此露骨的战争叫嚣，连自民党时代的历任首相也不敢轻言。

2012年1月24日，野田佳彦在第180届例行国会上发表施政演说，将2012年定位为"日本再生元年"，强调要摆脱以往那种对国计民生的重大议题一味推诿的、什么也决定不了的政治②。野田正是秉承这一信念，在首相任内作出了两件不仅对民主党政权的存续，而且对日本内政外交都带来巨大影响的大事。其一是推动消费税增税，其二是实施钓鱼岛所谓的"国有化"。

民主党在2009年大选期间曾言之凿凿地表示在未来4年内不会增

---

① （日）朝日电视台"News Station"："内阁支持率的推移"，见朝日电视台网页 http://www.tv-asahi.co.jp/hst/poll/graph_naikaku.html。

② （日）野田佳彦："在第180届例行国会上的施政演说"，2012年1月24日，见首相官邸网站：http://www.kantei.go.jp/jp/noda/statement/201201/24siseihousin.html。

税。但是，日本政府连年依赖发行国债弥补财政赤字的做法已难以为继。尤其是在人口老龄化日甚一日的情况下，为避免债务危机爆发，唯有增税一途。野田佳彦在担任财务大臣后对日本的财经形势已了然于心。2011年11月3日，野田佳彦出任首相刚两个月，就在戛纳召开的二十国集团峰会上宣布，日本将提高消费税以改善财政状况。这一宣布事先既没有在内阁会议上讨论，更没有在民主党内形成共识。它让人们再一次领教到民主党"少壮"派集团行事莽撞、不顾后果的作风。野田在民主党内无法形成统一认识的情况下转而从宿敌自民党、公明党那边寻求支持。2012年6月26日，以提高消费税为核心内容的等税制与社会保障一体化改革法案在众议院全体会议上获得通过，但民主党籍众议员有57人投反对票。其中大部分人离党出走，这是民主党成立以来最大规模的一次分裂。而且，野田此举也使民主党背上了"失信政权"的骂名，最终输掉了2012年12月的第46届众议院选举。

野田任内第二桩大事是对钓鱼岛实施所谓的"国有化"。与消费税增税相比，它给日本带来的麻烦也许更大一些。民主党政权在钓鱼岛问题上踩上"政治地雷"始于菅直人内阁。始作俑者是时任国土交通大臣的前原诚司。前原亲自下令扣押在钓鱼岛海域与海上保安厅巡视船发生碰撞事故的中国渔船，逮捕了中国船长，并试图按日本国内法进行审讯。中方自然不会接受这种擅自改变游戏规则、旨在造成日本对钓鱼岛实行"司法管辖"的荒谬主张。这场外交冲撞的结果最终以日方妥协告终。两年后的2012年4月17日，时任东京都知事的石原慎太郎在美国发表演讲，声称东京都准备"购买"钓鱼岛，籍以捍卫日本的领土主权。这显然是蓄意挑衅中国的荒唐行径。但野田佳彦非但不去阻止，反而与石原合演了一场"双簧戏"。最令人气愤的是，中国国家主席胡锦涛在同年9月9日符拉迪沃斯托克举行的APEC首脑会议上与野田进行了非正式会谈，强调中日关系因钓鱼岛问题面临严峻局面；日方必须充分认识事态的严重性，不要作出错误的决定，应同中方一道，维护中日关系发展大局。然而，就在会谈的第二天，野田内阁便通过了用20.5亿日元"购买"钓鱼岛的决议。

野田内阁对钓鱼岛实施所谓的"国有化"这一举措导致中日关系急

剧恶化，降到了邦交正常化以来的最低点。中国政府针锋相对地发表了谴责日方无理行径的外交部声明。此后，又出台了有关钓鱼岛问题的白皮书，公布了钓鱼岛领海基线的地理坐标和相关海图并交存联合国秘书长。中国海监、渔政的公务船、机陆续进入钓鱼岛海域和领空进行巡航。中国省部级高官停止访日，两国领导人在亚欧峰会及东亚峰会期间的会晤均告取消。与此同时，中国百余座城市爆发了邦交正常化40年来规模最大的示威游行，民众自发抵制赴日旅游和购买日本商品。地方的各种商业展览也对日企亮出了"红牌"。野田内阁实施的钓鱼岛"国有化"即便不是压垮民主党政权的最后一根稻草，至少也是其外交失败的见证。

野田佳彦的首相任期比他的两位前任都长。鸠山由纪夫只当了266天首相，菅直人在首相官邸里呆了452天，野田佳彦则是482天。朝日电视台的调查表明，野田内阁问世的支持率是54.6%，比他的两位前任都低，3个月后便出现了支持率（32.9%）和不支持率（43.5%）倒挂的现象。卸任首相前的8个月里，内阁支持率一直在20%稍多的水准上，卸任前的2012年12月，内阁支持率跌至19.4%，只比菅直人内阁稍高一点[1]。

第三节　民主党内部分裂导致政权得而复失

民主党原本就是一个成分复杂、结构松散的政党。与自民党这样的老牌政党相比，没有什么历史包袱，也没有沿袭多年的论资排辈传统。即便是初出茅庐的年轻议员也能在党内会议上坦陈己见。但是，恰恰是这种比较宽松的政治气氛导致党内纷争不已的局面。"少壮"派与"元老"派间的缠斗是民主党丧失政权的重要原因之一。

---

[1]（日）朝日电视台"News Station"："内阁支持率的推移"，见朝日电视台网页http://www.tv-asahi.co.jp/hst/poll/graph_naikaku.html。

一、民主党内"少壮"派与"元老"派的角逐

民主党相对而言是一个比较年轻的政党。年龄在三四十岁的年轻议员很早就开始担任重要的职务。在每年一度的代表选举中,经常出现年轻议员叫板资深政治家的局面[①]。而要求实行世代交替、让年轻议员尽早挑大梁的呼声,在民主党内更是不绝于耳。

2002年11月,自民党参议员山本一太撮合朝野两大阵营的年轻议员,将其政见汇集成册,出版了《如果我是日本首相》一书。人们注意到,民主党新秀枝野幸男和古川元久有关日本政界必须实现世代交替的呼声最高。例如,枝野幸男如此阐明自己的立场:"一个政党如果没有经常的新老交替,就没有朝气,而没有朝气的政党是不会长久的。特别是在野党处于问鼎政权的一方,即便鸠山和菅是好的领导人,我们也应该要求新老交替。"[②] 古川元久说得更直白:"倘若'古川首相'这个称呼能成为现实,我首先想做的就是组建一个年轻的内阁。这个内阁将不计较党派出身,全部由20岁、30岁、40岁等各个年龄段的人担任大臣、副大臣乃至政务官。不光是政治家,年轻的政府官员或实业家也可以入阁。内阁将承担风险制定各种政策,如若失败则将承担全部的责任。我以为,只有能够摆脱过去桎梏的年轻人才能迎接新的挑战。我希望组建一支这样的队伍。如果能实现这一理想的话,现行政治中最欠缺的来自民众的信赖也许就能够得到恢复。"[③]

1999年1月18日,民主党举行第二次大会改选党首。时年41岁、当选议员两次的松泽成文在年轻议员支持下毅然决然地向现任代表、声望如日中天的菅直人挑战。松泽成文虽以51票对180票的悬殊差距败给了菅直人,但这次"初生牛犊不怕虎"的挑战,却令许多人刮目相看。

[①] 2003年以后,民主党代表任期由1年延长为2年。

[②] (日)山本一太监修:《假如我当上首相》,角川书店,2002年11月初版,第51页。

[③] (日)山本一太监修:《假如我当上首相》,角川书店,2002年11月初版,第195页。

第一章 民主党执政三年的简单回顾

民主党年轻议员的初次挑战虽然以失败告终，但他们并没有放弃从资深议员手里夺权的念头。由于年轻议员的提案总是在党的常任干事会上遭到否决或是改得面目全非，让他们憋了一口气，甚至公开扬言民主党的"抵抗势力"不在党外，而是在党内，就是那帮资深议员。

3年后，民主党内突然冒出了一个名为"创建第二民主党有志之士之会"的团体。挑头的有松泽成文、前原诚司、野田佳彦和河村隆之等。他们将资深议员创建的民主党称为"第一民主党"，声称要对它进行彻底改造，开创"第二民主党"的新时代。这明摆着是要搞"改朝换代"。"创建第二民主党有志之士之会"的问世恰值民主党代表选举前夕。在这次代表选举中，向现任代表鸠山由纪夫挑战的不仅有菅直人、横路孝弘等资深政治家，还有"创建第二民主党有志之士之会"推出的野田佳彦。这次选举的办法有所调整：除国会议员参加投票外，各都道府县支部负责人和党员、支持者也参加投票。野田佳彦虽然在第一轮投票后即告出局，但他的得票（182点）比曾经担任过北海道知事的横路孝弘（119点）高出很多。这表明"少壮"派力量在民主党内已形成一定的气候。

2003年9月，小泽一郎率领的自由党与民主党实行合并。小泽一郎很快便与时任民主党代表的鸠山由纪夫、代理代表菅直人打得火热，形成了民主党"三驾马车"的领导体制。年轻议员对"三驾马车"体制从一开始就十分反感，强烈主张民主党应加快世代交替步伐。在时任众议院副议长的民主党元老渡部恒三的号召下，仙谷由人、冈田克也、前原诚司、枝野幸男、野田佳彦、玄叶光一郎和樽床伸二等人形成了名为"七奉行"的小集团[①]。

两年后的2005年9月，民主党举行代表选举，"七奉行"联盟推出了43岁的前原诚司与原代表菅直人捉对厮杀，前原最终以96对94的

[①] 日本政坛早就有"七奉行"一说。"奉行"是日本江户时代掌管政务的官职。人数虽少，但位高权重，很有影响力。自民党最大派系竹下登派的7名干将，桥本龙太郎、小渊惠三、梶山静六、羽田孜、奥田敬和、渡部恒三和小泽一郎当时都是正当盛年、锋芒毕露的后起之秀，俗称"七奉行"。

2票优势胜出,成为民主党第五任、也是最年轻的代表。这是民主党"少壮"派政治家第一次成为"掌门人"。前原诚司将他的追随者陆续安排到民主党内的要害部门,如松本刚明任政调会长,野田佳彦任国会对策委员长。日本媒体评论说,前原诚司、野田佳彦、松本刚明都是所谓"新国防族"的骨干。前原诚司的胜出,使民主党的形象由柔弱的"阴性"转为"阳性"[①]。

民主党"少壮"派政治家第三次挑战代表职务,是2010年6月4日决定鸠山由纪夫继承人的那次选举。与松泽成文、野田佳彦和前原诚司同为松下政经塾毕业生的樽床伸二同菅直人进行了"一对一"的对决。他虽以129票对291票的悬殊差距与代表、首相的职务失之交臂,但菅直人却也不敢轻视他所代表的这股势力。樽床在选后出任民主党的国会对策委员长。

在2011年9月14日菅直人辞职后的代表选举中,野田佳彦、前原诚司、马渊澄夫等3名"少壮"派政治家与资深政治家鹿野道彦、新老世代间的过渡人物海江田万里同台竞争。第一轮投票,5名候选人都没有获得过半数票。第二轮决胜投票,9年前立志要创建"第二民主党"的野田佳彦拿下了其他两位"少壮"派候选人及其支持者的选票如愿以偿地胜出。

民主党"少壮"派政治家惯于踢"美式足球",从来不搞什么"温良恭俭让",也不把党纪党规放在眼里。2006年10月朝鲜进行核试验后,以小泽一郎为首的"三驾马车"认为朝鲜半岛局势还没有到可以适用《周边事态法》的程度,但前原诚司等人却利用他们所把持的"外交防卫部门会议"通过决议,声称担任代表的小泽一郎等人的观点不代表民主党的"正式见解"。如此同领导层唱反调,应该说是很出格的。民主党每周两次召开的"外交防卫部门会议",成为前原和他的追随者肆无忌惮地批评民主党领导的场所。

野田出任民主党代表、首相后,将手中的权力发挥到了极致地步。

---

① (日)板垣英宪:《民主党派系抗争史》,共荣书房,2008年9月版,第103页。

光内阁班底就先后换了三茬。除2012年9月2日初次亮相的班底外，他在2012年1月13日、6月4日和10月1日先后三次改组内阁，最终形成了完全由"少壮"派主宰的"松下政经塾内阁"。与此同时，小泽一郎等资深议员在民主党内备受排挤、打击，最终只得离党出走。

二、民主党主流派急于同小泽一郎进行"切割"

冷战结束以后，日本政坛最有战略眼光，也最有权势的政治家当数小泽一郎。但是，自从小泽一郎加盟民主党以来，民主党内"挺"小泽派和"反"小泽派的斗争一直没有止息过。

小泽一郎曾在1993年倡导政治改革，率众向自民党"造反"，导致自民党一度下野。他作为前首相田中角荣的嫡传弟子，深得自民党"数量代表力量"、"资金决定一切"的从政要谛。他身上早已种下"金权政治"的DNA，并顽强地表现出来。事实上，在2007年7月那次让自民党溃不成军的参议院选举中，小泽风尘仆仆地到各地为他心仪的民主党候选人站台呐喊。与此同时，他的秘书则悄悄地将装满现钞的纸袋送到这些候选人事务所里。

在小泽一郎为首的"三驾马车"号令天下期间，前原诚司等"少壮"派议员一度处于边缘化状态。但是，他们很快就等来了绝地反击的机会。2009年3月3日，东京地方检察厅特别搜查部以涉嫌接受西松建设公司的违法捐款、违反《政治资金规正法》为由，逮捕了时任民主党代表的小泽一郎的首席秘书、小泽资金管理团体"陆山会"的财务负责人大久保隆规。随后，特别搜查部强制搜查了小泽一郎的办公室，并要求小泽向检察当局说明有关情况。小泽政治资金问题的曝光，让前原诚司等人欣喜若狂，立即发动了"倒"小泽的强大攻势。枝野幸男就公开呛声，抨击小泽的"金权政治"败坏了民主党的名声，要求小泽立即放弃民主党代表职务。

日本国内对检察当局在政权交替在即的敏感时期采取如此大动作有不少质疑。一种意见认为检察当局实行"选择性办案"。缘何接受西村建设公司政治捐款的小泽受到查究，而接受同一家公司捐款的自民党政治家，如前首相森喜朗、前财务相尾身幸次、前经济产业相二阶俊博等人却没有受到波及？还有一种意见认为，检察当局害怕民主党上台后会改变检察总长的选拔程序，强制推行审讯过程可视化进程，于是就在大选前夕拿民主党党首开刀，扰乱民主党的选举部署，甚至迫使小泽退居二线。第三种意见更激烈，认为这一事件完全是美国的阴谋，因为小泽一郎主张远东只要有美国第七舰队就够了，没有必要保留驻日美军基地，而且在会见来访的美国国务卿希拉里时表现傲慢。所以，美国就要像惩罚实现日中邦交正常化的田中角荣那样，将小泽一郎搞下台①。

不过，热衷于报道政界丑闻的日本媒体对"陆山会"事件一直不依不饶，穷追不舍。检察当局一有什么动作，立刻成为各家媒体的头条新闻。甚至极普通的一次"吹风会"，主管检察官几句不痛不痒的话，也会被当作法院已经定罪一般报道出去。媒体的炒作使得"陆山会"事件越闹越大，而各家媒体的民意调查则显示60%的被调查者认为小泽确实有问题，应当辞去民主党代表职务。在这种情况下，小泽一郎不得不在2009年5月11日宣布辞去民主党代表职务。这是他在民主党夺权势头如日中天之际遭到的最大挫折。

尽管如此，民主党依然在2009年8月的第45届众议院选举中成功地掀翻了自民党政权，如愿以偿地实现了上台执政的夙愿。鉴于小泽一郎为民主党执政贡献良多，鸠山由纪夫于9月15日任命他担任民主党干事长。这一安排对惯于幕后操控政治的小泽来说可谓正中下怀。"新官上任三把火"。首先，是实现决策的"一元化"。小泽于9月18日以一纸公告撤消了民主党的政调会。理由是避免决策的党政"二元化"，实际上却剥夺了一般议员参与政策制定的权利；其次，是实现陈情窗口的"一元化"。小泽规定民主党议员一律不准接受企业和地方自治体的游说。所有的诉求全部集中到干事长办公室，随后再由干事长办公室统

---

① 日本一位叫牧太郎的评论家在题为《踩着"老虎尾巴"的小泽一郎将成为第二个"田中角荣"》的博客中指出，东京地方检察厅的检察官们早就察觉到或者被暗示美国对小泽存在强烈的戒心，认为民主党掌权不符合日本的国家利益，于是就像上次战争中的"青年将校"一般，不顾一切地蛮干起来。

一与政府各部门协调。这是他大权独揽的典型表现；第三，是通过党首会议介入决策过程。2009年9月28日，鸠山内阁的官房长官平野博文在事先征求小泽意见后，宣布成立联合政权各党党首会议。成员包括联合政权各党的领袖，鸠山由纪夫、菅直人、福岛瑞穗、龟井静香以及包括小泽一郎在内的三党干事长。这就为小泽提供了介入政策决定的平台；第四，是将人事任命权紧紧抓在手里。2010年1月，鸠山由纪夫拟任命枝野幸男担任首相助理，但在小泽的坚决反对下，这一人事案最终胎死腹中。这一则表明小泽与"少壮"派结怨甚深，二则表明小泽一言九鼎，已隐然成为操控民主党政权的"幕后将军"。

"陆山会"事件的发酵效应逐渐显露出来。2010年1月15日，东京地方检察厅以涉嫌违反政治献金法为由逮捕了民主党干事长小泽一郎的前后三任秘书，其中包括现职国会议员石川知裕。事情到了这一地步，小泽一郎倘若恋栈不走，势将极大地损害刚刚走上执政道路的民主党的形象。事实上，鸠山由纪夫内阁的支持率在2010年3月已跌进30%的"警戒线"。而鸠山由纪夫也同样受到政治资金记录不实问题的困扰。同年6月2日，鸠山由纪夫宣布辞职，表示民主党将就政治与金钱的问题给民众一个交代。在鸠山的强烈要求下，小泽一郎也辞去了干事长的职务。在不到一年的时间里，小泽接连卸任民主党代表、代理代表、干事长，真正成为一个"小卒子"。

心高气傲的小泽一郎不甘心就此被边缘化。他在2010年9月民主党代表选举中，与昔日"三驾马车"的盟友菅直人捉对厮杀。这场代表选举涉及到究竟由谁代表民主党入主首相官邸，其惨烈程度超过了历史上任何一次代表选举。双方都抓住对方的"软肋"，肆意"抹黑"对方。小泽坚持民主党在2009年提出的竞选公约是对国民的承诺，一定要忠实地履行。言下之意是菅直人背叛了选民。菅直人辩解说如果竞选公约因为财源受限难以推进，就应该向国民讲清理由寻求理解。而在政治资金问题上，则是菅直人采取攻势，他强调应该建立廉洁的政治，必须禁止企业和团体的政治捐款，民主党内的经费分配也必须提高透明度，等等。

这次代表选举采取2002年方式，即由国会议员、地方议员和各都道府县支部麾下的党员、支持者分别投票，以点数多少决定胜负。小泽一郎与菅直人在民主党籍国会议员的投票中打了个平手，但在地方支部的党员、支持者投票中与菅直人差距悬殊[①]。菅直人再次当选代表后在人事安排上露骨地实行报复，不仅没有给小泽任何安慰性的职务，还以改组内阁为名将小泽派的阁僚一概扫地出门。在民主党历史上还没有如此给一个派系集体"穿小鞋"的先例。菅直人完全站到了前原诚司等小泽的宿敌一边，小泽自然很难咽下这口气。

事情演变到这一地步。民主党主流派开始变本加厉地打压小泽及其追随者。2010年10月4日，东京第五检察审议会针对小泽一郎的政治捐款问题，再次作出应予起诉的判断。翌年1月31日，由检察当局指定的律师对小泽进行强制起诉。民主党内的权力斗争也由此揭开了新的回合。民主党内包括菅直人在内的反小泽派认为，要维护民主党的清廉形象，必须就小泽的问题向国民作出交代。2011年2月22日，民主党常任干事会决定在审判结果出台前停止小泽的党员资格。这一处分虽然较"开除"、"劝退"要轻，但如果小泽案件的审理旷日持久的话，实际上等于无限期地停止小泽的党员资格，剥夺他竞选代表乃至接受民主党推荐竞选议员的权利。

"陆山会"事件在2012年出现转机。这一年的4月26日，东京地方法院对小泽一郎的政治资金案件作出"无罪"判决。法院认为，小泽的政治资金收支报告的确存在虚假记录的问题，但有关小泽与其秘书共谋造假的证据不足。同时，负责调查小泽前秘书的检察官在调查记录中作假，误导检察审议会，这是不能容忍的行为。据此，法院驳回了检察当局要求认定小泽违反《政治资金规正法》、建议判处3年监禁的要求[②]。这个持续近两年的案件终于告一段落，意味着小泽已渡过了他政

[①] 小泽一郎与菅直人在406名国会议员投票中分别获得400点和412点（每位国会议员2点）。但在地方议员（共2382人，折合100点）投票中，他和菅直人分获40点和60点，在都道府县共计34.2万名党员、支持者折合的300点中，分获51点和249点，以491点对721点的悬殊差距输掉了这场选举。

[②] （日）"小泽前代表无罪 与秘书共谋的事实不予认定"，《朝日新闻》，2012年4月27日。

治生涯中的最大危机。在民主党干事长舆石东的强势推动下，民主党常任干事会于5月8日决定解除停止小泽党员资格的处分。

这次是轮到蛰伏了1年零3个月的小泽一郎出手了。小泽在判决无罪的第二天便公开指责现内阁已经忘记了当初夺取政权时对选民的承诺①。5月30日，小泽一郎被野田佳彦请到首相官邸，这是野田第一次也是唯一的一次与小泽进行谈判。野田要求小泽与民主党领导层合作，推进消费税增税。小泽断然拒绝。野田在与小泽的谈判破裂后，转而争取宿敌自民党、公明党的支持。后者以野田答应与小泽集团进行"切割"以及尽快解散众议院为条件，与民主党领导层就通过以提高消费税为核心的税制与社会保障一体化改革法案达成一致。6月26日，众议院全体会议以相对多数通过了以提高消费税为核心的税制与社会保障一体化改革法案。在表决时，小泽一郎、鸠山由纪夫等57名民主党众议员投了反对票。加上弃权和缺席的，民主党内共有72人"造反"，约占民主党籍众议员的四分之一。

小泽一郎铁了心要与民主党决裂。他抢在民主党领导层对投反对票者进行党纪处分前，率领支持他的37名众议员和12名参议员离党出走。这是民主党历史上最大的一次分裂。

7月11日，小泽一郎成立了以他为代表的"国民生活第一党"，这是日本政坛除民主党、自民党以外的第三大党②。在民主党领导层威逼利诱下，小泽派成员并没有全都追随他离党出走。民主党勉强保住了控制众议院所必须的过半数席位，但它毕竟失去了一位从政经验丰富、擅长选举的"大将"。而且，这场分裂还严重损害了民主党的形象，导致基层党组织甚至后援团体发生分裂，为民主党在2012年12月的众议院选举中遭到惨败埋下了伏笔。

---

① （日）"小泽前民主党代表：'内阁忘记了原点'无罪判决后首次正式发言"，《每日新闻》，2012年4月29日。

② "国民生活第一党"于2012年11月27日宣布与滋贺县知事嘉田由纪子担任代表的日本未来党合流，小泽一郎不担任党内的任何职务。但这场"婚姻"仅维持了一个月。12月28日，嘉田由纪子和参议员阿部裕子脱离日本未来党，原国民生活第一党的森裕子继任代表，党的名称改为生活党。

三、野田佳彦及其追随者成为民主党政权掘墓人

2012年10月29日第181届临时国会开幕，由于参议院此前通过了针对野田佳彦的问责决议，野田佳彦成了历史上首位只能在众议院发表施政演说的首相。不过，与他的两位前任相比，野田佳彦多少留下了一点执政的痕迹。这就是在国会强行通过税制和社会保障一体化改革法案。这组法案的核心内容是提高消费税。从桥本龙太郎在1996年提高消费税税率以来，17年里没有哪一个首相敢碰这一个禁区。野田佳彦在他一年又3个月的首相任内硬是啃下了这块硬骨头。但是，他为此付出的代价不仅是自己的首相生涯画上了句号，也赔上了民主党含辛茹苦13年好不容易夺来的政权。

姑且不谈日本究竟需要不需要提高消费税，单就野田佳彦处理这一问题的做法而言，确实是有悖于日本政坛一贯传统的。在日本国内有很多人认为是背弃诺言、独断专行和鲁莽从事、不顾后果。

首先是背弃诺言，自相矛盾。民主党在其2009年的竞选公约里根本没有提到提高消费税问题。相反，时任民主党代表的鸠山由纪夫在国会发言时还曾言之凿凿地表示，民主党在取得政权的最初4年里不会提高消费税。野田自己在竞选期间也明确表示，竞选公约是英国首先流行的。它是政党对选民的一种承诺，凡是写进竞选公约的就要拼命去做，而没有写进竞选公约的就不能做①。但他出任首相后却声称自己就是赌上政治生命也要推进税制和社会保障一体化改革。而税制和社会保障一体化改革恰恰是以提高消费税为核心的。野田此举给人的第一印象就是民主党不守信用，自食其言。这自然严重损害了民主党在民众中的形象。从《朝日新闻》调查的政党支持率来看，2011年9月野田上任时民主党的支持率还有34.8%，远高于自民党的26.6%。但在通过增税

---

① （日）参议院自由民主党："民主党政权的检证"，2012年8月，第31页，见自民党网站：http://www.jimin.jp/policy/policy_topics/recapture/117907.html。

法案后的 2012 年 7 月，民主党的支持率骤然跌至 21.4%，与自民党的 25.8% 发生了逆转。到大选前夕的 2012 年 11 月，民主党的支持率仅为 13.9%，不到自民党的（31.4%）一半①。

其次是罔顾程序，独断专行。民主党作为执政党，对税制和社会保障一体化改革这样重要的政策议题，在党内进行充分的酝酿和磋商是理所当然的。然而，野田就任首相仅仅两个月，就在 2011 年 11 月 3 日的二十国集团戛纳峰会上宣布，日本将提高消费税以改善财政状况。但这一重要决定既没有在内阁会议上讨论过，更没有在民主党内形成共识。这自然引起各方面的强烈不满。一直到翌年 3 月中旬，民主党政调会在讨论以提高消费税为核心内容的税制与社会保障一体化改革法案时仍存在严重分歧。野田让担任政调会长的前原诚司草草结束党内的磋商，提交内阁会议正式决定。前内阁府副大臣东祥三等持反对意见的民主党议员在国会举行记者招待会，对这种不民主的做法表示强烈抗议。这在民主党历史上堪称前所未有②。

第三是鲁莽从事，不顾后果。野田佳彦执意推进的税制和社会保障一体化改革在民主党内遭到以前代表小泽一郎为首的反对派集团的极力阻扰。野田不屑于同反对派集团进行沟通，争取后者的理解和支持，却剑走偏锋地到在野党阵营寻找支持。最终于 2012 年 6 月 15 日与自民党、公明党达成政策协议，并于 6 月 26 日在众议院全体会议上强行通过了相关法案。结果，民主党内投反对票和弃权、缺席的议员达 72 人，相当于民主党众议员总数的四分之一。小泽一郎和鸠山由纪夫两位前代表都投了反对票。小泽一郎最终率领 49 名追随者脱离民主党。这是民主党成立以来最大的一次分裂，也预示着民主党政权已经敲响丧钟，即将退出历史舞台了。

在野田佳彦的另类举措中，堪称绝唱的是他在与自民党总裁、公明

---

① （日）"政党支持率的推移"，朝日电视台，见 http://www.tv-asahi.co.jp/hst/poll/graph_seitou.html。

② （日）"修改消费税法案委托前原处理 反增税派依然进行抗争"，《产经新闻》，2012 年 3 月 28 日。

党委员长的党首讨论时宣布解散众议院。这在战后宪政史上是破天荒第一次。野田事先不仅没有征求民主党领导层同意,甚至没有和干事长舆石东商量。而舆石东在几天前还信誓旦旦地保证年内一定不会解散众议院。野田此举不仅给了舆石东一记响亮的耳光,也让人们看清了他其实根本没有把民主党的盛衰存亡当一回事,一切的一切都是以他自己的感受为中心考虑的。政治评论家盐田潮如此分析道:"一般来说,解散(众议院)都是本着要继续执政的强烈意愿而实施的。在自民党时代,首相虽然握有解散权,但如果干事长不同意是不可能宣布的。野田却是一个人就轻率地做出了决定,让人们感到他根本不在乎民主党的命运。"[①] 时任文部科学大臣的田中真纪子愤慨地将这次选举称为"恐怖分子自杀式爆炸的选举"[②]。

[①] (日)盐田潮等:"异乎寻常的解散",《朝日新闻》,2012年11月17日。
[②] (日)"虽是早晨却像是熬了通宵 真纪子风格的语言",《读卖新闻》,2012年12月18日。

第二章

民主党的决策机制及其过程

民主党为夺取政权准备了十多年。差不多每次众参两院选举，它都会向选民呼吁：只有实行政权轮替，才能将日本从经济低迷、政局动荡的陷阱中拯救出来。人们自然要关心这样一个问题：民主党果真作好执政准备了吗？从它在执政前后有关内外政策的酝酿和实施来看，回答显然是否定的。

第一节 民主党决策机制及决策过程

民主党虽然是日本政坛一个诞生不久、且一直以"改革"自诩的政党，但它毕竟是植根于日本传统政治土壤之中的，它的决策机制带有浓重的日本特色也就不奇怪了。与自民党这样一个暮气沉沉的"陈年老铺"相比，民主党确实有一些推陈出新的表现，但也存在着与生俱来的根本缺陷。这些缺陷在民主党执政后的内外政策调整中非常显眼。

一、日本传统的决策模式及其利弊

政策（Policy）通常是指国家政权机关、政党组织和其他社会政治集团为了实现自己所代表的阶级、阶层的利益与意志，以权威方式确定在一定的历史时期内应该达到的目标、遵循的行动原则及采取的步骤和具体措施等。它是政治过程的产物。

按照美国学者格拉厄姆·爱里森（Graham T. Allison）的分类，决策理论大致可以概括为四种模式：1. 合理的选择理论（Rational choice theory）。它是以人类的合理性为前提的。政策决定者设定了明确目标后，在复数的选项中选择其中成本最小的、最合理的选项。这通常是从国家的层面进行考察的；2. 组织过程模式（Organizational model）。它是按照组织内标准作业程序的一种机械的或半机械的过程的产物。决策者最终在平衡各部门对应措施的基础上作出决断；3. 政治过程模式（Governmental politics model）。它是参与决策过程的每个个人的利益关系和谋略方案相互作用的产物；4. 认识过程模式（Cognitive process model）。它与前三者的区别主要是分析人的思维和心理活动，强调政策是人的认识过程的产物[1]。

在日本学者佐藤英夫看来，日本传统的决策模式属于第二类的组织过程模式[2]。战后，日本实行议会内阁制。由众议院的多数党党首担任内阁首相，通常就是自民党的总裁。自民党在近半个多世纪里垄断了日本的政治权力。但政府的决策与其说是源自执政的自民党，还不如说是大藏省、通产省、农林水产省等政府各省厅。这些省厅按照自民党或内阁提出的目标，按照事先确定的组织内标准作业程序，由相应的课、局由下而上、按部就班地提出对应措施。

日本政府内的这种决策模式又称"禀议制"。作为"第一推动力"

---

[1]（日）佐藤英夫：《对外政策》，王晓滨译，经济日报出版社，1990年版，第25—33页。
[2] 同上，第27页。

的是各省厅相关局的课长一级官员,以及年龄稍低、资历稍浅,但有可能被提拔为课长的干部。他们不仅要在第一线率领其各自的"团队"处理各类琐碎、纷繁的事务,更要就与其业务有关的政策性课题提出相关报告或者按照上级的意图进行某种政策设计。事实上,在日本各省厅"挑大梁"的无一例外的是课长一级的干部。但最终决定权不在他们手里。决策的大致流程是:第一步,相关课在大致确定有关政策的概要后,首先禀报给主管局;第二步,由主管局长出面与本省其他部门乃至其他省厅的相关部门沟通后再禀报给大臣官房;第三步,大臣官房就其是否符合相关法律进行验证,拿到本省各局局长的联席会议上审议通过后禀报给内阁官房;第四步,内阁官房接到相关报告后,先在内阁官房副长官主持的各省厅事务次官联席会议上审议,通过后再拿到内阁阁僚会议上讨论;第五步,内阁会议讨论通过上述政策报告后视情况或颁布政令立即付诸实施,或提交国会审议,待国会批准后再付诸实施。[①]

一般来说,日本的官僚队伍是经过严格选拔程序精心挑选的,总体素质较高,专业分工细而且比较稳定,具有较强的渗透能力和主导能力。战后,日本经济之所以能实现高速增长,原因之一就是政府实施了名为"窗口指导"的有力干预。很长一段时间,人们将日本政府尤其是主管经济的通产省称为"日本株式会社"的"司令部",是日本经济高速增长的"引擎"。对日本官僚制度的研究一时蔚然成风。美国人约翰逊·查默斯撰写的《通产省和日本奇迹》就是其中的一部代表作。

但是,日本的这种传统决策模式存在着不容小觑的缺陷。首先,由于政府各省厅都有一套组织内标准作业程序,对于涉及范围不大的日常问题自然可以绰绰有余地应对,但对某些跨省厅的或政府内部没有明确分工的问题,则容易陷入省厅间没完没了的扯皮而延误决策。最典型的事例是,日本在上一世纪60年代就出现严重的污染问题,但在1970年负责环境治理的环境厅问世前,维护产业界利益的通商产业省和负责保护国民健康的厚生省相互对立,无法协调。其次,由

[①] 吴寄南:《新世纪日本对外战略研究》,时事出版社,2010年版,第93页。

于官僚系统过于强势，执政党在国家重大决策的过程中只是扮演举举手、过过堂的角色，出现所谓"官高政低"乃至"官僚主导"的局面。日本流行"卡拉 OK 文化"一说，意即政治家在国会的发言、内阁的提案等等，其实都是出于官僚之手。不管谁当首相、大臣，只要照着官僚们拟的稿子念就行，恰如人们在 KTV 包房里照着荧光屏的字幕和光标对着话筒唱一般。

近年来，随着国内外形势的变化，日本传统的决策模式遭遇到一系列挑战，主要表现在：

第一，日本政治经济进行新的转型时期，在高速增长时期累积起来的各种社会矛盾日益凸显，而国际形势发生深刻而复杂的变化，日本面临提升国际地位的巨大历史机遇，同时也面临越来越严峻的外部挑战。这已经不是霞关的官僚靠传统思维和有限的专业知识所能应付得了的；

第二，信息公开已成为全球化的潮流，日本也不例外。特别是近年来网络技术的迅速发展使得政府官僚垄断公共信息的时代一去不复返。各种 NPO、NGO 团体以及大众传媒基于这类信息越来越多地对日本政府的决策过程施加影响；

第三，朝野政党参与决策过程的意愿上升。由于退职官僚和律师越来越多加入朝野政党。参众两院中的"政策通"渐成气候。他们不甘心在国会审议有关法案时只是扮演举举手、过过堂的角色。这一方面表现为国会通过的法案中"议员立法"比例日益上升，另一方面，在酝酿、制定和出台有关政策时，包括在野党在内的政党发挥的作用也明显上升。

二、民主党决策机制的特征和演变

民主党在 1996 年问世时还只是夹在自民党和新进党两大政党之间一个毫不起眼的新党。自从它在 1998 年合并了新进党解散后成立的若干小党，一跃成为政坛第二大党后，逐渐萌发了从自民党手里夺取政权的念头。民主党深知自己作为政坛新手，能掌握的最大资源或者说最能吸引选民的"卖点"就是它的政策。

1999年9月25日,民主党举行第三次全国大会,选举党代表。三名候选人角逐的结果,鸠山由纪夫接替菅直人成为民主党的新掌门人。以52票差距败选的菅直人虽然很不情愿地交出了代表职务,但他在竞选中提出的有关设立"未来的内阁"(Next Cabinet,简称NC)的主张却由赢了他的竞争对手、民主党新任代表鸠山由纪夫付诸实施。

"未来的内阁"源于英国的"影子内阁"(Shadow Cabinet)。"影子内阁"是英国保守党领袖奥斯汀·张伯伦在1907年倡导的,是在野党为准备上台执政而设立的预备性内阁。在日本,最早实行这一制度的是社会党,它在1991年9月建立了名为"影子内阁委员会"的班子,专门从事政策研究和决定。1994年12月,新进党在其问世的同时也成立了名为"明天的内阁"(Tomorrow Cabinet)的机构。但是,"影子内阁委员会"和"明天的内阁"在党内都不具有权威性,很快便无疾而终。

民主党在引进"未来的内阁"时专门修改了党章,明确规定"未来的内阁"由党代表亲任"NC总理大臣",取代原有的总务会,在制定政策方面相当于役员会和常任干事会(第10条第3款)。"未来的内阁"的成员,也就是各位NC大臣均为众参两院各常设委员会民主党籍的首席理事,此外,民主党的政调会会长、代理会长以及国会对策委员长也是其固定成员。从其阵容来看,是颇具代表性、权威性的。

民主党在执政前的决策机制,以"未来的内阁"为顶端,大体上是如下五级架构:

第一级:"未来的内阁"。这是最高决策机构,由党首兼任的NC总理大臣主持,每周三下午举行一次讨论。其职责是:讨论、决定民主党的基本政策;审议当前成为政局焦点的法案和政策议题;审议、确定民主党的竞选公约(Manifesto)以及其他与选举有关的政策议题。"未来的内阁"每次开会前对媒体开放,但只限电视新闻报道有一个镜头而已,但在"未来的内阁"结束讨论后会由"NC内阁官房长官"召开记者招待会公布有关决定。

第二级:部门会议。这是民主党内与众参两院常设委员会相对应的政策磋商机构。部门会议由"未来的内阁"中有关的 NC 副大臣担任主持人，主要对政府和执政党向国会提出的有关法案进行讨论。有时也邀请有关官员和学者参加。部门会议除固定成员外，有兴趣的民主党籍议员都可以参加。所以，在国会开会期间，民主党籍议员每天一早可能要赶两三个场子。部门会议原则上是非公开的。但也有例外。如 2007 年媒体曝光养老金记录错漏问题后，民主党猛烈追究执政的自民党责任，厚生劳动部门会议全程对媒体开放，成为各大电视台综艺节目和夜间新闻的焦点新闻。

第三级：作业组和磋商小委员会。也称 Working Team。这是由部门会议决定，并得到"未来的内阁"批准后设立的非常设机构。主要对若干需要深入探究的特定议题进行研究。如厚生劳动部门会议的"劳动问题作业小组"、农林水产部门会议设立的"米价问题等检讨小委员会"。

第四级：项目小组（PT）。这一般是为研究跨部门的政策议题设立的。期限为两到三个月。它也需要"未来的内阁"批准，但原则上只要是民主党籍的议员都能参加。召集人是"未来的内阁"任命的，相关的部门会议则派人担任事务局次长和干事。如 2008 年 1 月设立的"新型流感对策 PT"，由总务、外务、内阁、财政金融、经济产业、文部科学、农林水产、国土交通、环境等个各部门会议派遣干事，形成了全党磋商机制。

第五级：调查会。与 PT 相比，调查会一般处理的是中长期的政策课题。它的讨论也是对所有民主党籍议员都开放的。民主党内曾先后成立宪法调查会、税制调查会、养老金调查会等。

除上述五级架构的政策磋商机制外，民主党还有一个负责横向协调的"政调役员会"，每周举行一次会议，成员除政调会会长、代理会长、副会长外，还有政调会的职员参加。

民主党在 2009 年 9 月上台执政后，首任首相鸠山由纪夫并没有简单地给"未来的内阁"的成员摘掉"帽子"，让他们一律转为现内阁的阁僚。只有原口一博等少数 NC 阁僚成为他新内阁的成员。问题是"未来的内阁"虽然不复存在了，但民主党的总务会却没有恢复，留下了一定的后遗症。

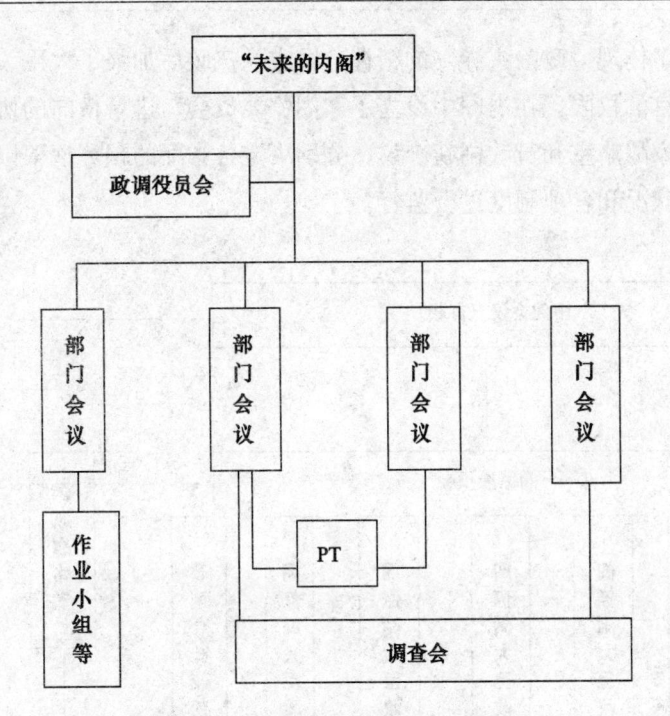

第二章 民主党的决策机制及其过程

图 2—1 民主党执政前的决策机制

资料出处：橘民义编《民主党10年史》，第一书林出版社，2008年版，第174、178页。

表 2—1 民主党部门会议一览表

部门	对应的众参两院委员会
内阁	内阁
总务	总务
法务	法务
外交防卫	外务（众）
	安全保障（众）
	外交防卫（参）
财政金融	财政金融
文部科学	文部科学
厚生劳动	厚生劳动
作业农林水产	农林水产
国土交通	国土交通
环境	环境

资料出处：同上，第175页。

为了体现"政治主导"的精神,民主党执政后加强了大臣、副大臣和政务官的权限,在内阁中设立了"阁僚委员会"进行横向的协调,并另组国家战略室和行政刷新会议,分别决定各省厅的预算框架以及对预算使用状况和各项制度进行监督。

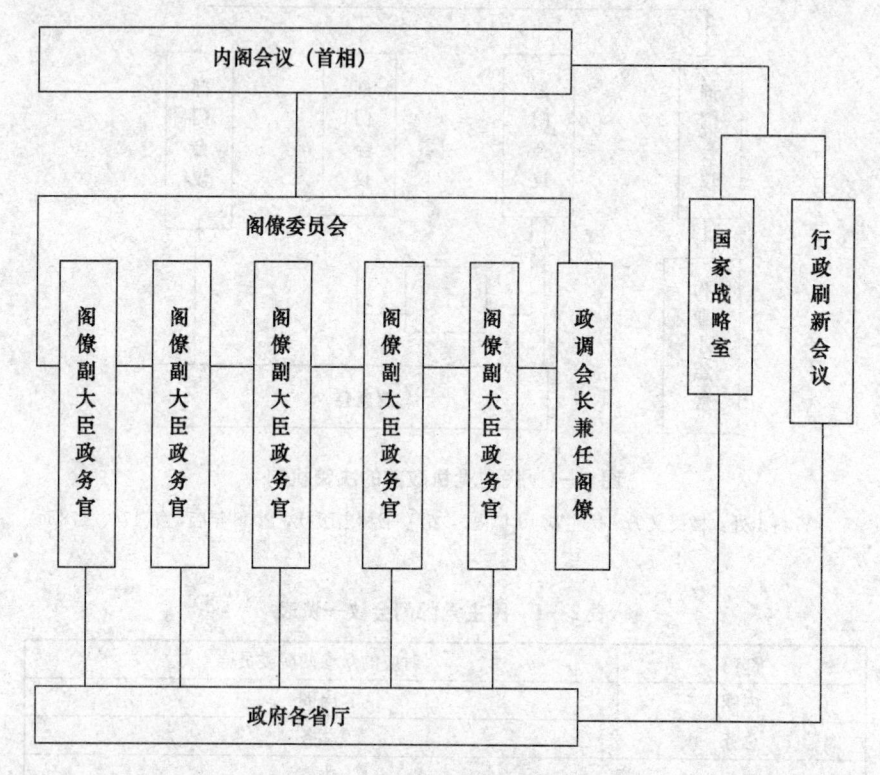

图 2—2　民主党执政后的决策机制

资料出处:时事通信社:"众议院选举 政策决定机制",2009年8月26日,见 www.ji-ji.com。

与执政前相比,民主党决策机制的第一级架构明显加强。内阁作为日本行政系统的最高指挥者,在得到各省厅官僚系统技术支撑的同时,对官僚系统的依赖也日渐加大。在如何驾驭庞大的官僚系统问题上,民主党显然缺乏经验,尽管它设立了国家战略室和行政刷新会议对官僚系统进行监管,但由于民主党政调会长本身也兼任阁僚的缘故,其偏重点逐渐转到自己掌管的省厅上来，反而弱化了由民主党内各部门会议、作业小组、PT等阶层结构组成的决策机制的作用。

三、民主党决策机制的缺陷及形成原因

与自民党相比，民主党在凝聚全党力量酝酿和制定政策上确实是下了一番工夫的。但从2009年至2012年的施政实践来看，民主党缺乏前后一贯的政策理念，三任首相各自为政的现象非常突出，而几乎每一届内阁推行的内外政策中都出现不少缺失、疏漏甚至错误。究其原因，大致有三条：一是它不得不应对自民党政权留下来的烂摊子（"负的遗产"），政策创新的空间非常有限；二是民主党扩容速度较快，党内"草根"出身的议员数量庞大，其参政、议政的水平较低，难以提出有创见的政策建议；三是民主党的决策机制存在着一些与生俱来的重大缺陷。第三条原因的影响恐怕比前两条更为突出。

不妨将自民党的决策机制与民主党作一个比较。自民党的决策机制层级较少。主要分为三级。第一级是党的总务会。由自民党干事长、总务会长、政调会长等参加，负责对提交内阁批准的法案进行最终审议；第二级是政调审议会，由政调会长、副会长等参加，职责是对准备提交内阁批准的法案进行中间审议；第三级是各种部会，一般都由担任过相关省厅阁僚的资深议员担任部会长，部会的任务是根据施政实际，就现行各种政策法规的调整与否提出建议，并提出适应新形势的政策法案。自民党的这种决策机制虽然存在着"条块分割"、"多元封闭"的弊端，且过于依赖官僚系统的技术支撑，但总体而言，就加强纵向沟通、集中党内智慧而言还是比较有效的。但是，民主党的情况就不一样了。决策机制的层次过多，政策议论往往停留在无的放矢、隔靴搔痒的低水平。但它最大的问题是缺乏整合性，互相矛盾，前后不一。执政前还看不出来，执政后就大白于天下了。阁僚的发言十分轻率，政令不能统一，政策调整幅度经常如"过山车"一般大起大落。民主党整个3年的执政过程，给人的印象是彷佛看大学的校园节表演，剧本拙劣，表演稚嫩，称得上是"闹哄哄你方唱罢我登场"。

造成这一状况的原因大致有三：

第一，"选举互助会"式的组织机构和运行机制使民主党无法有效整合全党意志

日本的政党一向有"选举互助会"之称。由于当选与否决定一切，议员们的主要精力与其说是聚焦在内外政策上，还不如说更关心自己在下一届选举中能否当选。党的组织机构和运行机制始终是不健全和有缺陷的。民主党在这方面尤为突出。自民党内由于存在着大量的"世袭议员"，他们靠父辈留下的"地盘"、"招牌"和钱包，一般来说很少有落选之虞，有比较充裕的时间来考虑一些中长期的议题，并逐渐积累经验。民主党则由于新人较多，在选区内的基础薄弱，需要投入大量精力努力耕耘。而民主党领导层也不得不投入相当的资源帮助这些当选一两次的议员连选连任。民主党的"选举互助会"色彩要比其他政党强得多。小泽一郎任民主党代表期间，党内的中坚议员都抱怨道："民主党称不上是政党，不过是'选举集团'罢了。对小泽来说，政策根本就是次要的。"[1]

民主党诞生初期曾仿效自民党，设立了总务会、政调会等从事内外政策调研、评估和政策决定的常设机构。总务会在1999年被"未来的内阁"所取代，民主党执政后也一直没有恢复。政调会虽然一直在运作，却只能搞一些口号宣示式的、缺乏实际操作性的政策提案。鸠山内阁问世后，民主党政调会一度还被时任干事长的小泽一郎予以解散。这一来，决策权完全集中到由阁僚组成的执政团队，一般议员完全被排除出决策圈。

菅直人出任首相后，迫于党内压力，恢复了政调会的活动，但只要求它提政策建议而不让它参与政策决定。而民主党多数议员没有执政经验，即便提些政策建议也多半是纸上谈兵，说不到点子上。菅直人曾标榜其内阁是民主党全体国会议员参与的"420人内阁"，实际上党内决策却始终存在着较大的"断层"。一些评论家甚至抨击民主党早已沦为

---

[1] （日）产经新闻政治部：《民主党解剖》，产经新闻出版社，2009年7月版，第42页。

"权威社会"①。

野田掌权后情况更糟糕。以他为首的"松下政经塾"出身的政治家走出家门就是校门，走出校门就跨进了各级议会的大门，很少甚至根本没有社会阅历。他们思考问题的方式往往是直线型的、功利性的。与其说是关注世情、国情，更不如说是社情、舆情。他们专挑民意支持度高的议题说事，将自己包装为敢说敢为的强势人物。而民主党内占绝大多数的"草根"派议员却只对民生问题感兴趣，一涉及到比较宏观、需要有专门知识和经验支撑的问题时，就会选择沉默和回避。2012 年 7 月，民主党外交部门会议讨论美军在冲绳普天间基地部署"鱼鹰"战机问题，到会的议员只有七八人。一个月后，民主党外交、防卫和国土交通部门召开紧急联席会议讨论钓鱼岛局势，这三个部门所属议员仅 15 人出席，且自始至终只是听取政府官员说明情况，没有提出任何主张②。

第二，选举制度改革造成议员大起大落的局面使民主党政策缺乏延续性和稳定性

日本从 1996 年在众议院选举中正式引入"小选举区和比例代表区并立制"以后，以往日本国会议员相对稳定的结构不复存在。由于选区划分过小的缘故，在小选举区当选的众议院议员当选门槛明显低于都道府县议会的议员，而由于实行"赢者通吃"的规则，即便是比竞争对手少几十张几百张选票也不得不卷铺盖走人。从 2000 年至 2012 年的最近 5 次众议院选举结果来看，首次当选的议员占议员总数的比例由 26.5%、20.8%、21.0%、32.9% 到 37.7%，呈逐年攀高的趋势，且其中多数人往往会在下次大选中落败。民主党议员大起大落的情况尤为突出。2009 年 9 月的这次大选中，民主党当选议员共有 308 名，其中 143 人是首次佩上议员徽章的。

民主党内"新人"相对较多，且很不稳定的这一特征，至少带来两

---

① （日）坂井广志："民主党政调会暗云密布"，《产经新闻》，2010 年 7 月 19 日。

② （日）"民主党外交部门会议 在尖阁事件后依然门庭冷落"，《日本经济新闻》，2012 年 8 月 18 日。

大后果：一是议员参政、议政的能力较差，对一些重要政策既无法及时地充实其内涵，也不能有效地予以维护，充其量只能在国会表决时造势、凑凑数；二是党内缺乏纠错机制，"新人"们往往盲目跟随领导层走，一旦领导层作出错误决策，走偏道路时，就没有谁或者哪一级机构可以踩下"刹车"，予以阻止。在野田执政后期，民主党的内外政策越来越与自民党趋同，党内批评声浪很高，但最终还是听任野田和他的追随者将民主党这条"巨轮"引向激流险滩，直至野田宣布解散众议院，给民主党3年的执政历史画上了句号。这种个人说了算的特征，使得民主党内外政策变化幅度极大。正如政治评论家盐田潮所指出的，很难想象鸠山由纪夫、菅直人和野田佳彦这三届内阁是同一个政党所建立的[①]。

第三，"剧场政治"盛行的结果导致民主党新星们在重要政策议题上相互斗嘴扯皮

从小泉纯一郎以来，日本政坛盛行"剧场政治"。最典型的是2005年9月的众议院选举。小泉先是将反对邮政改革的保守派议员统统开除出自民党，接着又向他们所在的选区派遣所谓的"美人刺客"，吸引了一大批平时不关心政治的家庭主妇和年轻人的注意力。"小泉剧场"一词因此获得2005年日本流行语大奖。此后，"剧场政治"成为朝野两大阵营的政治家们争相效仿的对象。民主党议员在玩"剧场政治"上丝毫不逊于自民党。而且，与自民党小泉时代的"独舞"相比，民主党一向是"群舞"。尤其是党内一批"少壮"派政治家，如野田佳彦、前原诚司、长妻昭、原口一博等，不仅能言善辩，形象也好，他们无一不是媒体青睐的耀眼"明星"。

不过，既然要充当"剧场"的名角，就必须用尽浑身解数来吸引观众的"眼球"，让自己始终保持在舞台中心位置，始终成为媒体和选民聚焦的"亮点"。对民主党那批政治明星来说，"作秀"的冲动往往使他们不顾党内在有关政策问题上的默契，随意发表意见。日本媒体普遍感

[①] （日）御厨贵、盐田潮、中岛岳志："没有先例的解散"，《朝日新闻》，2012年11月17日。

觉，民主党干部的发言比较轻率，前后不一，互相矛盾是司空见惯的，更有甚者，一些大牌议员公然与领导层唱反调。例如，野田出任首相后，按照美国的意图，作出了在冲绳县部署"鱼鹰"式旋翼机的决定。可是，身为政调会长的前原诚司却偏偏向媒体表示反对。这种党首与政调会长打"口水仗"的事情在日本政坛是颇为罕见的。这种斗嘴扯皮的场面一多，自然就会导致民主党的决策机制运转失灵，出现故障。

第二节 民主党竞选公约的主要内容及演变过程

民主党长期在野，严重缺乏政治资源，唯有公诸于众的政策是它"最大的商品"[①]。1998年4月，民主党举行第一届大会。在选举菅直人为党代表的同时，通过了党的"基本理念"和"基本政策"。随着时间的推移，直接面对广大选民的竞选公约或者说竞选公约成为民主党凝聚人气，进而夺取政权的重要手段。

一、民主党竞选公约的主要内容及演变过程

近年来，在日本的每一次众参两院选举中，朝野各党都竞相推出竞选公约（Manifesto）。其始作俑者的就是民主党。

"Manifesto"在英语中是"宣言"、"政纲"的意思。1835年，英国保守党党首 R. Peel 在他的选区 Tamworth 发表了面向公众的"Tamworth Manifesto"。第二年，保守党将这份原本是个人的竞选宣言升格为全党的政治宣言。1906年英国工党将"Manifesto"作为该党执政后将要付诸实施的竞选公约。1935年，英国保守党首次用小册子形式发

[①] （日）橘民义编：《民主党10年史》，第一书林出版社，2008年7月版，第167页。

表"Manifesto"。而图文并茂的"Manifesto"则是从上一世纪80年代开始的。

"Manifesto"与一般的竞选公约最大的不同是，它有着比较明确的政策目标、实现期限和财源说明，其达成的程度是可以验证的[①]。在日本，最早倡导"Manifesto"的是民主党。2003年，日本修改了《公职选举法》，允许候选人可以针对不特定的多数人群分发选举小册子。当年10月，日本举行第43届众议院选举。在时任民主党代表菅直人的推动下，民主党第一次推出了精心印制的竞选公约（Manifesto），封面是菅直人两眼炯炯有神的肖像照，标题赫然是"营造强大的日本"。细心的读者不难发现，民主党的这份竞选公约（Manifesto）与两年前英国工党推出的Manifesto简直如出一辙。民主党显然是借鉴了英国工党的做法，因为工党的这本小册子封面上也是印着党首托尼·布莱尔的肖像照和大字标出的"Ambitions of Britain"（不列颠雄心）。

公明党紧紧跟上，随即发表了自己的"Manifesto"。目前，日本朝野两大阵营的所有政党都在众参两院选举前推出自己的"Manifesto"。在地方自治体首长选举中，三重县知事北川正恭、鸟取县知事片山善博、岩手县知事增田宽也等"改革派"知事则推出了地方版竞选公约（Local Manifesto）。曾任民主党众议员的松泽成文，就是凭借"Manifesto"击败其竞争对手，赢得神奈川县知事位置的。

迄今为止，民主党正式推出的竞选公约"Manifesto"一共有8份。它们分别是："营造强大的日本"（2003年10月第43届众议院选举）、"正直坦率 专心一意"（2004年7月第19届参议院选举）、"冈田政权的500天构想"（2005年9月第44届众议院选举）、"国民生活第一"（2007年7月第20届参议院选举）、"政权更迭"（2009年8月第45届众议院选举）、"让日本重新生气勃勃"（2010年7月第21届参议院选举）和"推动一切的是决断"（2012年12月第46届众议院选举）。

民主党历年的竞选公约大同小异，就基本框架而言，2003年10月

[①]（日）上神贵佳、堤英敬："民主党的政策——延续性和变化"，载《民主党的组织与政策》，东洋经济新报社，2011年9月版，第226页。

的"Manifesto"由五大许诺、两大建议构成；2004年7月的"Manifesto"、2005年9月的"Manifesto"都是八大许诺；2007年7月的"Manifesto"是三大许诺、七大建议；而对民主党上台执政起了关键作用的2009年8月的"Manifesto"则由五大原则和五大许诺组成。

就竞选公约的内容而言，大体包括振兴经济、改善民生、削减公共开支、推进地方分权以及实施主体的外交政策等等。历年的竞选公约中又各有特色。例如，2003年10月的"Manifesto"中提出，为振兴地方经济、减低物流成本，要实行高速公路免费通行，并废除积弊甚多的道路公团；2004年7月，民主党在"Manifesto"中鲜明地提出市场机制能解决的问题都应交给市场机制，要撤销迄今为止有碍竞争的各种不合理规制；针对2005年9月众议院选举的"Manifesto"提出要推进"公正、透明"的市场经济；2007年7月参议院选举的"Manifesto"则强调要恢复中小企业的活力，以此为契机重振日本经济。关于削减公共开支问题，2003年的"Manifesto"主张中止纯属浪费税金的公共建设事业，其中川边川水坝工程、谏早湾填海工程和吉野川机动堤坝等项目应立即中止；2005年的"Manifesto"进一步提出了"从混凝土到人"的口号，提出了在10年内杜绝总额为10万亿日元的浪费问题；2007年的"Manifesto"提出要彻底消除行政机构的浪费问题。关于向地方自治体分权的问题，2003年的"Manifesto"中首次提出要在4年内完全废除总额为18万亿日元的、由中央政府拨给地方自治体的附带条件的补助金，增加地方自治体可以自主使用的财源；2004年的"Manifesto"再次明确要将这18万亿日元的补助金变成地方自主财源；在2005年的"Manifesto"中，这一举措提升到地方分权改革的高度，而2007年的"Manifesto"更明确提出要让日本成为一个"分权国家"；在2009年的"Manifesto"中，这一改革被命名为"地方主权"改革，强调地方的事情要由地方做主，要建设富有活力的地域社会[①]。

将民主党推上执政地位的2009年竞选公约"Manifesto2009"堪称

---

① （日）上神贵佳、堤英敬："民主党的政策——延续性和变化"，载《民主党的组织与政策》，东洋经济新报社，2011年9月版，第234、235页。

历年竞选公约的集大成者。它有两大鲜明的特点：一是目标明确，富有感召力；二是有数据支撑。无论是削减公共开支的规模，还是实行一系列民生改革的财源等都有详尽的计算，读来不能不让人们感到心悦诚服。

前面已经提到过，"Manifesto2009"的主题是"政权更迭"，它由五大原则、五大许诺构成。五大原则是：1. 将完全依赖官僚的政治变成由执政党承担责任的政治家主导的政治；2. 将政府和执政党分别实施的二元化决策机制变成内阁主导下的一元化机制；3. 将条块分割的省厅利益变成官邸主导的国家利益；4. 将纵向型的利权社会变成横向型的纽带社会；5. 将中央集权的主权变成地方的主权。五大许诺则是：1. 杜绝浪费。对总额为 207 万亿日元的国家总预算进行全面重组，杜绝税金的浪费和"天神下凡"现象。禁止议员"世袭"和企业团体的政治捐款，众议院的法定人数减少 80 人；2. 育儿和教育。对有孩子的家庭，每人每月拨付 2.6 万日元（全年为 31.2 万日元）的"育儿津贴"。高中实行实质上的免费教育，大幅度扩充大学生奖学金；3. 养老金和医疗。推广"养老金账本"，确保缴存的养老金不会消失。对养老金制度实行一元化，推广每月支付 7 万日元的最低保障养老金。废除后期老龄人口医疗制度，将医生数量扩充 50%；4. 地方主权。作为确立地方主权的第一步，大幅度扩充地方自治体的自主财源，对农户实行按户补贴制度。实行高速公路免费通行，对邮政事业进行彻底的改革，让地方自治体充满活力；5. 雇佣和经济。将中小企业的法人税税率降低到 11%，推行每月有 10 万日元补贴的职业训练制度，支援求职者。强有力地推进地球温暖化对策，培育新兴产业。此外，外交问题虽然未列入五大许诺，但"Manifesto2009"有总论，也有分论。在分论中，明确提出要构筑"紧密而对等的日美关系"，缔结《日美自由贸易协定（FTA）》，修改《日美地位协定》并考虑对驻日美军和美军基地进行重组和调整。要以建立"东亚共同体"为目标，全力构筑与中韩等亚洲国家的信赖关系，促进亚太地区在贸易、金融、能源、环境、救灾和应对大规模传染病等各个领域建立区域性合作机制,等等①。

"Manifesto2009"与以往的竞选公约不同,有一个被命名为"工程表"的路线图。例如,在2010年度半额发放育儿补贴,每年约需2.7万亿日元,2011至2013年度全额发放,每年约需5.5万亿日元;农户按户发放的补贴,在2010年度主要是调查和试点,2011年度起全面推行,每年约需1万亿日元;高速公路分阶段实行免费通行,所需经费每年为1.3万亿日元……这样,民主党实施其"Manifesto"中的各项许诺,2010年度总共需要7.1万亿日元,2013年度则为16.8万亿日元。那么,如何筹措这笔开支呢?民主党的回答是从审查政府开支、杜绝浪费、清理和没收各省厅的"小金库"中挖潜力。例如,仅仅中止一些在建的大型公共建设项目就能从2009年度总额为7.9万亿日元的公共事业支出中"抠"出1.3万亿日元。削减公务员薪水又能节约1.1万亿日元。最大的一笔收入是对政府系统的各种独立行政法人、特殊法人、公益法人进行清理,或撤并,或减少拨款等,估计总共可以少支出6.1万亿日元。再加上其他一些措施,到民主党执政的第4年即2013年,全年总共能筹集16.8万亿日元,可绰绰有余地应付民主党在"Manifesto 2009"中的各项许诺。

不过,民主党的这些预估很多是一厢情愿的。它执政后虽努力进行对各省厅、独立行政法人、特殊法人、公益法人的事业甄别,可最终并没有挖出多少钱来。这不能不使民主党许诺给选民的各种实惠大打折扣,成为它背上"失信"包袱的主要原因。

二、民主党与自民党等政党的竞选公约比较

民主党之所以能在短短13年里由小到大、由弱转强,最终从自民党手里夺得政权,原因是多方面的。而它在其政策的集大成者"Manifesto"上字斟句酌、精心推敲,尽可能迎合选民的意愿,应该说是它赢得人心的最重要因素之一。

---

① (日)民主党本部:"Manifesto 2009",2009年7月27日。

其实，日本朝野两大阵营的各党各派都非常重视众参两院选举前的公关活动。它们对"Manifesto"的酝酿、拟定、发表和宣传上都是化了一番工夫的。但任何一个政党的政策，除了有鲜明的时代特色外，也是它所代表的阶级、阶层和社会集团的利益相的集中反映。当然，每一个政党都会强调它是代表全体国民利益的。但仔细分析其内外政策，尤其是竞选公约，还是可以发现它们彼此间其实是有很大差别的。

从 2003 年到 2009 年，民主党和自民党作为日本朝野两个最大的政党，其"Manifesto"的侧重点和内容虽然不乏相似之处，但总体而言存在着比较大的差距。根据日本学者蒲岛郁夫、品田裕和神保哲生的研究，民主党的"Manifesto"在经济、财政和地方分权改革等领域表现出比较明显的改革志向，赞成放宽规制，倡导"开放和公正"。尤其是民生问题在民主党的"Manifesto"中占有比较突出和显著的位置，一贯强调纠正贫富差距扩大的趋势，注意照顾弱势群体的利益[①]。这在一定程度上反映了民主党支持基础主要是城市新中产阶层并得到日本工会、市民团体和人权组织认同的这一事实。

日本学者上神贵佳和堤英敬对民主党和自民党历年的"Manifesto"进行了量化分析和比较。发现两党在 2003 年、2005 年和 2009 年这三次众议院选举前推出的"Manifesto"，有关政策议题所占的篇幅呈现出较大的差异。而且，就是同一个政党，在不同时期的侧重点也有所变化。

从表 2—2 可以发现，在两党的"Manifesto"中，有关"内阁"的议题涉及最多。具体来说，主要是"行政改革"、"财政改革"；其次是"厚生"议题，包括"养老金"、"医疗"和"福利"等；第三是"外交与安全保障"；第四和第五分别是"文部、科学技术"和"地方自治"，在"地方自治"中提及最多的则是"地方分权"、"地方财政"和"防范对策"。

---

① （日）上神贵佳、堤英敬："民主党的政策——延续性和变化"，载《民主党的组织与政策》，东洋经济新报社，2011 年 9 月版，第 228 页。

表2—2 自民党与民主党的"Manifesto"中有关政策领域的构成比例（%）

	2003年 自民党	2003年 民主党	2005年 自民党	2005年 民主党	2009年 自民党	2009年 民主党
（1）内阁	20.3	14.6	12.8	21.9	14.0	15.9
（2）自治	11.7	9.9	9.8	6.0	6.1	5.2
（3）外交和安保政策	6.4	11.2	9.7	10.8	7.5	7.0
（4）文化、科学政策	9.8	4.7	10.9	8.5	10.4	4.7
（5）厚生	8.8	11.5	12.9	14.3	14.5	20.9
（6）劳动	5.5	6.8	3.7	4.5	8.6	7.2
（7）农林水产	2.1	3.2	5.2	4.7	8.5	7.2
（8）结构改革	0.7	0.0	0.7	0.0	0.0	0.0
（9）通商产业	11.5	6.5	7.2	5.1	5.3	4.4
（10）运输	0.9	0.6	3.1	0.8	1.5	0.7
（11）邮政	1.2	1.9	1.8	3.2	1.7	1.6
（12）建设	3.1	6.5	6.5	3.9	3.6	4.4
（13）环境	3.3	2.9	4.3	4.3	4.5	4.0
（14）政治	0.5	5.7	1.6	4.3	6.0	6.0
（15）其他	2.8	5.4	4.4	2.0	4.0	4.0

资料来源：上神贵佳、堤英敬："民主党的政策——延续性和变化"，载《民主党的组织与政策》，东洋经济新报社，2011年9月版，第229页。

有两个现象值得注意：一是民主党的"Manifesto"中，对"厚生"问题的关注一直高于自民党。在2009年度，两者的差距达到6.4个百分点；二是两党对"行政改革"、"财政改革"的关注发生逆转，如在2003年的自民党"Manifesto"中，提及"行政改革"、"财政改革"的占比高于民主党；但2005年、2009年的"Manifesto"中，民主党关注"行政改革"、"财政改革"的程度超过了自民党。

民主党和自民党这两大政党"Manifesto"的差别，不仅体现在侧重点不同上，就是在同一政策议题上也有明显的差异。

例如，在政治改革问题上，民主党的"Manifesto"几乎每一次都提到要加强对企业团体政治捐款的监管和限制，削减国会议员的法定人数。但自民党只是在2005年的"Manifesto"中提及要强化对企业团体政治捐款的规制。在2009年的"Manifesto"中，民主党首次提出要禁止企业团体对政治家的政治捐款，而自民党只主张提高政治捐款的透明度。有关削减国会议员法定人数问题，自民党也是到2009年才在它的"Manifesto"中有所涉及。

再譬如，在行政、财政改革问题上，民主党在2003年、2004年的"Manifesto"中主张将国家公务员的薪水总额削减10%，2005年以后的"Manifesto"则将削减比例提高到了20%。但是，自民党的"Manifesto"只是笼统地呼吁放宽规制和削减国库补助金，一直到2005年以后的"Manifesto"才开始提及压缩公务员编制和削减公务员薪给，但仍没有具体的数值目标。

在养老金制度改革问题上，民主党的"Manifesto"一贯主张将所有的养老金框架予以一元化，并倡议设立面向全体国民的最低保障养老金制度。自民党只是在2005年以后才提出，为消除在养老金问题上的官民差距，将厚生养老金和共济养老金制度予以归并。民主党从2007年起一直强调的"养老金账本"问题，自民党一次也没有提及。

教育问题一向是民主党的"招牌"政策之一。在2003年的"Manifesto"中，民主党主张小学的班级人数应限定在30人以内，并调整现行的每周5天的教学制度，自民党则未置一词；在2004年和2005年的"Manifesto"中，民主党强调将有关教育的行政权限下放给地方自治体，自民党只是提出要确保教育经费的开支；在2009年的"Manifesto"中，民主党宣布将向有孩子的家庭发放"育儿补贴"，每人每月2.6万日元，到初中毕业为止，且没有家庭收入限制。这显然要比自民党许诺的不包括初中生的、有收入限制，且每人每月只有1万日元的"儿童补贴"更有吸引力。此外，民主党呼吁公立高中实现免费教育，而自民党只是要求幼儿教育免费、对低收入阶层的高中、大学学费予以免除。比较而言，民主党的教育政策比自民党更具体和更激进。

综上所述，民主党作为最大在野党，也是最有实力向自民党执政地位挑战的政党，其竞选公约（Manifesto）中确实有不少独树一帜、吸引"眼球"的内容，尤其是对为数众多的中低收入家庭和弱势群体来说颇有吸引力。这是它之所以能凝聚人气、增加选票,最终将自民党推倒的重要"法宝"。

第三节 民主党竞选公约的实施及绩效评估

民主党苦心准备、蓄势待发,终于在 2009 年 9 月实现了掌控国家最高权力的夙愿。它和联合执政的社民党、国民新党在众参两院的席位都超过了半数,且有较高的民意支持。民主党酝酿了 10 多年的政策,尤其是集其政策之大成的竞选公约"Manifesto"也得到了付诸实施和评估、验证的历史性机遇。

一、民主党执政后在实施"Manifesto"中历尽曲折

日本学者橘民义指出,日本政党政治最大的弊端之一就是朝野各政党普遍不重视政策。如果将政治细分为"政局"、"政策"这两大类的话,恐怕朝野政党首先选择的是"政局",就是如何利用对自己有利的时机在选举中提升自身的发言权和影响力。至于政策,则往往交给政党的职员自由发挥。小泽一郎在担任自由党党首期间曾说过:"(竞选)公约无非膏药而已,一贴就有效。"①

如果说民主党对革新日本政治有什么贡献的话,至少可以列举两条:一是它在 2003 年率先引入了"Manifesto",不断充实并付诸实施,由此将日本传统的选举模式由"恳求选票"型转变为"实现许诺"型;二是它改变了日本传播媒介、言论领袖和一般公众观察日本政治的视角,由偏重"政局"转变为偏向"政策"。在民主党执政的 3 年里,一直备受传媒界和舆论的批判,这些批判主要集中在它是不是违背了

---

① 在日语里,"公约"和"膏药"的发音一样,都是 Koyaku。"前首席秘书披露小泽对选举的思考",《富士晚刊》,2010 年 4 月 2 日。

"Manifesto"中的许诺，或者是"Manifesto"有没有得到履行。与过去人们关注政党间的聚散离合或者政党内部的恩怨内斗相比，这不能不说是日本政治的一大进步。

民主党出身的第一任首相鸠山由纪夫上任伊始，便按照"Manifesto 2009"进行了一系列大刀阔斧的改革。例如，为体现"政治主导"，废弃了有123年历史的事务次官会议，在各省厅推行由大臣、副大臣和政务官为核心的"三役体制"；为实现"由混凝土到人"的转变，果断叫停了八场水坝等耗资巨大却甚少收效的"钓鱼"工程，将麻生内阁时期确立的公共事业预算砍掉了一大块；同时，为改善民生，对农户实行按户别的补贴，向所有有孩子的家庭发放育儿补贴，实行高中免费教育，等等。

"Manifesto 2009"在实施过程中很快就暴露出一系列问题。主要是：1."Manifesto 2009"对通过清理霞关"小金库"等手段可抠出16.8万亿元财源的判断过于乐观。经过对各省厅、特殊法人的事业甄别，总共只筹措到约7万亿日元。在经费拮据的情况下，很多改革只能打折扣甚至半途而废；2."Manifesto 2009"强调的"政治主导"受到官僚系统或明或暗的抵制，而没有官僚队伍以其专业知识和经验的支撑，民主党任何一项政策都不可能得到贯彻；3."Manifesto 2009"本身存在着"先天不足"的缺陷。它是以实现"政权交替"为目标的，许诺的成分多，与自民党唱反调的主张多，彼此间缺乏关联性，停留在美好的愿景和口号上，缺乏具体的路线图。

鸠山内阁任内遇到的最大挑战是美军普天间基地的转移问题。这是对"Manifesto 2009"主张的建立"紧密而对等的日美关系"的理念的最大考验。鸠山由纪夫意欲推翻自民党时期日美间达成的协议，将普天间基地搬迁到冲绳县外，甚至国外。但美国根本不买他的账。冲绳以外的其余46个都道府县也不愿伸出援手。鸠山在万般无奈的情况下，只得在2010年5月28日与美国签署协议，同意在过去自民党时期日美达成协议的基础上处理普天间基地的搬迁问题。"Manifesto 2009"中有关调整驻日美军基地的许诺完全成了一句空话。心力交瘁的鸠山在这项协议签署的5天后宣布辞职。

第二章 民主党的决策机制及其过程

鸠山挂冠而去的原因,当然不仅仅是他在普天间基地搬迁问题上的失败,还有他本人政治资金记录不实的问题。与他同时引退的还有时任民主党干事长的小泽一郎。而随着鸠山、小泽的双双离去,以菅直人为首的民主党新领导体制问世,民主党对实施"Manifesto 2009"的热情迅速降温,党内出现公开质疑甚至主张放弃"Manifesto"的声音。

事实上,从菅直人内阁开始,民主党内围绕如何看待"Manifesto 2009"的问题逐渐形成两派意见。一派以鸠山由纪夫、小泽一郎为首,主张"Manifesto 2009"是民主党对选民的承诺,不可轻易放弃。一派则以菅直人、野田佳彦这两位后继首相为代表,认为民主党应摆脱所谓的"Manifesto 原教旨主义",要顺应历史潮流和人心所向,采取灵活的、有效的内外政策。从菅直人上任开始,民主党内外政策逐渐偏离"Manifesto 2009"的轨道。

在民主党的"Manifesto 2009"中,并没有就消费税增税和日本加入 TPP 问题做出许诺。相反,鸠山由纪夫任民主党代表时,在国会的发言中明确表示,民主党在取得政权的最初 4 年里不会提高消费税。野田自己在竞选期间也宣称:竞选公约始于英国,它是政党对选民的一种承诺,凡是写进竞选公约的就要拼命去做,没有写进竞选公约的就不能做[1]。但是,鸠山卸任首相不到一星期,他的后继者菅直人就提出应将消费税税率由现行的 5% 提高到 10%。尽管因为菅直人的这一发言,民主党在 2010 年的参议院选举中遭到惨败,但菅直人依然没有放弃这一主张。野田佳彦更是扬言哪怕赌上自己的政治生命也要推进消费税增税。加入 TPP 谈判也是菅直人和野田佳彦在其任内着力推进的一项有争议的政策。始作俑者是菅直人,真正启动的是野田。2011 年 11 月 3 日,野田上任仅两个月,就在 20 国集团峰会上宣布日本将加入 TPP 谈判。这一独断专行的做法立刻在民主党内引起强烈反弹。

民主党内围绕消费税增税和 TPP 问题的争吵日益白热化。2012 年 7 月,野田在党内意见分歧加剧的情况下,求助于在野的自民党、公明

---

[1] (日)参议院自民党:"民主党政权的检证",2012 年 8 月,第 31 页。

党，依仗多数席位在众参两院强行通过了有关消费税增税的法案。对这项法案持反对态度的小泽一郎率领其支持者脱离民主党，成立了名为"国民生活第一"的新党。鸠山由纪夫当时没有与小泽一起行动，但民主党领导层仍对他百般打压，最终也迫使这位民主党的创始人在半年后含恨离党出走。

二、日本国内对民主党竞选公约达成度的评估

在民主党内围绕"Manifesto"展开激烈博弈的同时，日本的媒体、智库和有关的 NPO、NGO 也一直关注着民主党的内外政策是不是按照它在"Manifesto"中的许诺予以实施。

按照日本学者的分析，"Manifesto"由"Plan"（计划）、"Do"（执行）、"Check"（检证）、"Action"（改善后再执行）四个阶段构成。整个过程被称为"Manifesto Cycle"。其中，"Check"是必不可少的环节，是衡量民主党是否真心推进"Manifesto"的试金石。

民主党执政不久，就在党内成立了"Manifesto"的检证委员会。第一次大规模的检证是从 2010 年 6 月 9 日开始的，先后召开 9 次检讨会，于同年 8 月 26 日提出了一份中间报告。时任干事长的冈田克也举行记者招待会，介绍了民主党自查的结果。但这时距离民主党夺取政权恰好 1 年。报告只是介绍了哪些项目已付诸实施，哪些还在实施中，等等，缺乏具体评估。

2011 年 8 月，民主党再次发表对"Manifesto 2009"的检证结果。这次评估依然是冈田克也主持的。评估结果是，在总共 180 个项目中，只有约 56% 得到了实施或部分实施，还有 44% 未能顺利完成。这份报告承认"Manifesto 2009"中有些判断过于乐观。例如，当时曾估计从调整政府预算结构和收缴"沉淀"在政府特别会计中的"小金库"，总计可以筹措约 16.8 万亿日元，可作为育儿补贴、高中免费和农户补偿等经费来源，而实际上，2010 年度、2011 年度合计只筹措到 6.4 万亿日元。冈田克也承认，当初在酝酿和发表"Manifesto"时对困难显然

第二章 民主党的决策机制及其过程

估计不足,"没有很好地进行可行性研究"①。

2012 年 11 月,时任民主党政调会长的细野豪志召集全国政策担当者会议,在酝酿 2012 年众议院选举的"Manifesto"的同时,对"Manifesto 2009"的执行情况进行了一次比较彻底的检证。对 166 项政策的达成程度分为"实现"、"一部分实施"、"着手"、"未着手"四大类。1. "实现"的有 51 项,占总数的 31%。其中,包括高中实行免费教育、给农户按户发放补贴等等;2. "一部分实施"的有 63 项,占总数的 38.0%。其中包括育儿补贴、高速公路免费通行等等;3. "着手"的 26 项,占总数的 15.7%。其中包括削减众议院议员法定人数、推广每月 7 万日元的最低保障养老金制度等等;4. "未着手"的有 9 项,如原定要废除的汽油税等临时税率,占 5.4%。此外,与外交、安全保障有关的 17 项许诺因无法进行量化分析,未予评估②。

这一时期,日本的媒体、智库和有关的 NPO、NGO 也对民主党"Manifesto 2009"进行了检证。

2009 年 11 月 24 日和 2010 年 6 月 28 日,《每日新闻》两次发表对鸠山内阁兑现竞选公约的评估。第一次评估只是就它的一些主要政策的启动情况进行判断。第二次评估则是对竞选公约中涉及到的 178 个项目,按"已经完成"、"接近完成"、"执行中期"、"执行初期"、"未着手"和"违背"等六种类型区分。第一类"已经完成"指的是通过相关法案,已付诸实施的,共 35 项;第二类"接近完成"指的是相关法案经过一段时间的审议,已趋成熟,共有 14 项;第三类"执行中期"指的是已经提出相关法案和预算,正在审议阶段的,共有 38 项;第四类"执行初期"指的是已经开始具体的酝酿和讨论,并确定了预计实施的期限,共有 64 项;第五类"未着手"指的是尚未进入具体磋商阶段,仅仅停留在有关省府和民主党内部议论阶段的,共有 25 项;第六类

---

① (日)"民主党竞选公约实施率 56%,'制定时考虑不充分'",《东京新闻》。2011 年 8 月 27 日。
② (日)铃木美穗:"民主党检讨 2009 年众议院选举的 Manifesto '实现'的仅 31%",载《每日新闻》,2012 年 10 月 31 日。

"违背"指的是宁可违背竞选公约也不准备进行具体磋商,放弃实施的;共有 2 项①。

2012 年 11 月,在民主党政权临近结束前,《每日新闻》又与一家名为"言论 NPO"的智库联合对民主党的竞选公约进行了一次类似歇业审计的检证。这项检证将民主党在其竞选公约中提出的各项政策分为 55 组,以 5 分为满分,在 1 至 5 分的范围内逐一评估。其中,"1"是未予实施,"2"是虽予实施但看不到有实现的希望,"3"是正在实施中或大部分已经实现,"4"是付诸实现,但政策效果有限,"5"是付诸实现且政策效果良好。55 组政策中,有 18 组得分在"3"以上,这意味着"Manifesto 2009"的 33% 得到了实现,与民主党自查的结论相类似。问题是 55 组政策中,评估最高的也只有 3.6 分("育儿・教育"类别),而最低的"外交"仅 1.6 分。55 组的平均得分是 2.2 分。这一总体评估显然是与人们的预期有很大距离的②。

2012 年 12 月 16 日,日本举行第 46 届众议院选举,执政的民主党遭到空前的惨败。它在 480 个众议院议席中,仅获得 57 席,占总议席的 11.0%,比选前的 230 席骤减 173 席。其中在每区产生 1 名众议员的 300 个小选举区中民主党只拿下了 27 席,47 个都道府县中有 29 个县"颗粒无收"。而它的老对手自民党在众议院的议席却从 106 席猛增为 294 席,占总议席的 61.2%。自民党垄断了 19 个县的议席。野田佳彦内阁报名参选的 12 个现职大臣中,共有 8 人落选,其中包括官房长官藤村修、财务大臣城岛光力、总务大臣樽床伸二、文部科学大臣田中真纪子、厚生劳动大臣三井办雄等。在自民党执政时期,1976 年的第 34 届众议院选举和 1983 年的第 37 届众议院选举中分别有 3 名阁僚落选。民主党这次无疑创下了宪政史上新纪录。民主党落选的前众议员总共 173 人。连选举总指挥的选举对策委员长钵吕吉雄、有民主党"幕后

---

① (日)"民主党政权的通信簿:竞选公约的实行程度",《每日新闻》,2010 年 6 月 20 日,见每日新闻网站:http://mainichi.jp/select/seiji/indicator/#top。
② (日)野口武则:"民主党公约达成度平均 2.2 分《每日新闻》与 NPO 检证",《每日新闻》,2012 年 11 月 24 日。

军师"之称的仙谷由人等重量级政治家也未能幸免。当晚,野田佳彦举行记者招待会宣布辞去民主党代表职务。他坦陈:"(民主党)在3年又3个月的施政中没有能够回应当年政权轮替时国民对自己的热烈期盼,所以才有今天这样的严厉评判。"[1] 政调会长细野豪志在接受共同社采访时也指出,上次大选提出的竞选公约未能兑现和民主党的分裂,是这次民主党遭到空前失败的原因。

那么,民主党在历年的竞选公约里究竟提出了哪些主张?它又是怎样违背自己的政治承诺的呢?不妨从若干具体的领域着手进行分析。

---

[1] (日)"民主党在迷失方向3年后落败 选民对竞选公约破产感到失望",《读卖新闻》,2012年12月17日。

第三章

民主党转变"官僚主导"体制的尝试

打破"官僚主导"体制是民主党竞选公约的核心内容之一。民主党自 2009 年 9 月执政起,在打破"官僚主导"体制上进行了大刀阔斧的改革,堪称日本现代官僚制度迄今为止受到的最猛烈的一次冲击。那么,民主党缘何要用"政治主导"来取代"官僚主导"? 它执政后在这方面又是如何运作的呢?

第一节 民主党执政严重冲击日本传统官僚体制

民主党执政后,最早受到冲击且被迫进行调整的是日本传统的官僚体制。这不仅在霞关的公务员队伍中引起强烈震撼,也成为一段时期内日本传播媒介津津乐道的焦点新闻。

一、日本的"官僚主导"体制由来已久

日本的官僚队伍是一支人数少、素质高、组织严密、社会渗透力和

第三章 民主党转变"官僚主导"体制的尝试

影响力很强的群体。

明治维新以后，日本以欧洲为样板建立了现代官吏制度。其特征是：1. 天皇总揽统治大权，所有的官吏都是"天皇的官吏"，必须绝对忠于天皇，服从命令，各司其职；2. 官吏任用重视身份等级，贵族享有特权；3. 与官吏职务有关的法律均以天皇敕命为基础；4. 官吏凌驾于一般国民之上。日本在国家主导下迅速地实现了现代化，政府内的各级官僚不仅具有较高的社会地位，且拥有重大的决策权限，控制了社会生活的各个方面。

战后，日本在美国占领当局主导下进行了一系列改革，但官僚体制及其管理国家的模式几乎原封不动地保留了下来[①]。在自民党垄断日本政坛的半个多世纪里，历届内阁在重大的内政外交问题上都听命于高级官僚。日本学者饭田润将日本的这种统治结构概括为"官僚内阁制"[②]。

随着时间的推移，日本官僚体制内在的矛盾逐渐凸显出来。一方面，日本在官僚精英的有效治理下，推行"轻军备、重经济"的路线，在战争的废墟上迅速崛起，一跃成为世界第二经济大国。以通产省、大藏省为代表的官僚机构通过对企业界所谓的"行政指导"发挥了举足轻重的作用。而且，不管日本的政局如何动荡，官僚队伍的存在确保了日本社会总体上保持稳定。但另一方面，和任何国家一样，日本的官僚们也有一种自我扩张、谋求特权的本性。他们利用执政党对自己的依赖，形成了行政机关高度集权的局面，取得了凌驾于政党和政治家之上的主导地位。日本的这种"官僚主导"体制有如下三大特点：

第一，官僚高度参与包括制定法律在内的决策过程。按照日本国宪法，立法权应属于众参两院，而政府各省厅仅仅是执行机构。但由于日本的各省厅的官僚熟悉业务、精通法律，且有较强的使命感、责任感，积极参与包括起草法律在内的决策过程，从战后至1992年底，日本总

[①] 战后，按照《国家公务员法》，政府各级公务员不再是"天皇的侍从"，而是"国民的公仆"，但日本媒体仍使用"官僚"这一名词。在通常情况下，"官僚"是指通过国家公务员Ⅰ级考试的所谓"Career组"。

[②] （日）饭田润：《日本的统治结构》，中央公论新社，2007年出版，第33页。

共制定和修改了7531项法律，其中行政官僚起草、经内阁提交国会审议的约占70%，纯属国会议员提出的法案只占30%；而且内阁提出法案的通过率高达87%，众议院议员提出法案的通过率为36%，参议院议员提出法案的通过率只有17%[①]。不仅如此，各省厅局长级官僚还经常作为政府委员出席国会常设委员会会议，代替有关大臣回答其他国会议员提出的问题。即便是大臣甚至首相回答质疑的讲稿甚至施政演说，最终也是出自官僚之手。日本学者将这种状况称为政治的"卡拉OK化"。意即政治家在国会的发言、内阁的提案等等，其实都是出自官僚之手。不管谁当首相、大臣，只要照着官僚们拟的稿子念就行，好比人们在KTV包房里照着荧光屏的字幕和光标对着话筒唱歌一样。

第二，官僚与执政党间形成千丝万缕的利益交换关系。在自民党垄断日本政坛的半个多世纪里，各省厅的官僚与执政党内"道路族"、"建设族"和"文教族"等利益集团抱成一团、相互利用，再加上财界，便是著名的"铁三角"结构。官僚们按照财界的意图制定法案，并尽可能通过这些法案的启动扩大本省厅的权限，而政治家则在国会审议中给这些法案开"绿灯"。在自民党"族议员"的干预下，政府补助金的分配和许可批准经常出现选择性的倾斜，获取利益的企业和社会团体会反过来向有关政治家提供选票和政治捐款。上世纪70年代以来，日本一些"金权政治"的丑闻都是在这一背景下出现的。

第三，各省厅彼此间形成条块分割和一定的封闭性、割据性。日本的各中央省厅都有自己的专管事项、地盘和利益。彼此间围绕预算分配、批准权限和事故责任等出现激烈的对立和争论可以说是司空见惯。对官僚们来说，本省厅的利益往往被置于高于一切的地位。而且，各省厅都把人事权紧紧抓在手里，升迁奖惩均由自己做主，不容政治家置喙。政治家也从不干预各省厅按照科层制原则和惯例进行的人事安排。各省厅退职高官到所属法人团体拿高薪、享清福的所谓"天神下凡"制度也是神圣不可侵犯的。但是，省厅间的博弈，特别是各省厅为维护自

---

① （日）五十岚敬喜、小川明雄：《议会超越官僚支配》，岩波书店，1995年版，第100页。

第三章 民主党转变"官僚主导"体制的尝试

身权限和利益经常从执政党议员中寻求支持,使这种内斗溢出到国会。

不过,从上世纪90年代"泡沫经济"瓦解后,日本经济持续滑坡的事实粉碎了日本"官僚万能"的神话,而官僚系统曝出的一系列渎职、贪污丑闻更加剧了国民对官僚体系的不信任。打破"官僚主导"的呼声不断高涨。

桥本龙太郎在1996年1月出任首相后曾启动了包括行政改革、财政改革在内的六大改革。其中涉及官僚体制的措施主要是:通过中央行政机构的重新组合,在减少省厅数目的同时削弱行政机构权限;通过放宽限制和清理特殊法人,减少政府的权限与经济职能;通过地方分权发挥地方自治体与民间企业的主观能动性和活力;通过制定《信息公开法》增加行政机构的工作透明度;为适应削弱政府权限而减少国家公务员数量、改革政府咨询机构审议会、完善政府人事管理制度、改革行政程序、实行行政信息化等等。但是,由于自民党在1998年的参议院选举中遭遇"滑铁卢",桥本被迫挂冠而去。虽然他倡议的设立副大臣、政务官以加强"政治主导"的构想在后继首相小渊惠三任内得到了实现,但由于经济状况持续恶化,包括行政改革在内的六大改革很快便偃旗息鼓。

作为新世纪诞生的第一个首相,小泉纯一郎旗帜鲜明地喊出了打破"官僚主导"的口号。他曾尖锐地批评说:"现在日本的状况不是'主权在民'而是'主权在官'。官僚们拥有绝对的权力。这是所谓官尊民卑的根源所在。"[①] 他上任不久便对官僚体制出手,诸如出台《公务员改革大纲》,规范官僚的行为准则;大胆启用民间人士,向各省厅"输血";废除各省厅官僚以"政府委员"身份在国会回答议员质询的特权等等。他所推行的道路公团、邮政事业的民营化,从某种意义上也是对"官僚主导"格局的一种冲击。

与此同时,霞关的官僚们为维护自己的特权,一直与朝野政党推行的"政治主导"进行着或明或暗的较量。小泉内阁的第一任外务大臣田中真纪子,甫告上任便与外务省官僚发生激烈冲突。她一度冻结外务省

---

① (日)小泉纯一郎:《官僚王国的解体》,光文社,1996年版,第110页。

人事任免，不准外务省事务次官野上义二进入自己办公室，直至与野上义二对簿国会，导致双双解职。2007年8月，安倍内阁的防卫大臣小池百合子曾试图让防卫省官房长西川彻矢接替原防卫省事务次官守屋昌彦的职务，但在遭到防卫省官僚强烈抵制后只能接受守屋早已内定的次官人选……。总之，由于自民党与官僚系统有千丝万缕的利益交换关系，"官僚主导"体制屡经冲击却旧态依然。

二、民主党有关"政治主导"的理念及其特征

1997年，也就是民主党问世的第二年，它的两位创始人鸠山由纪夫和菅直人便推出了合著的《民益论》一书。在这本据说是针对霞关的"宣战书"中，鸠山由纪夫和菅直人尖锐地指出，日本长期以来的状况是"官僚机构通过事务次官会议，几乎控制了内阁。而国会虽说是独立于行政机构之外的，却让官僚们通过执政党控制了起来"。"国会必须恢复其作为最高立法机构的地位，而首先必须拥有能切实地对内阁行使控制的功能。"[①]

1998年12月，民主党"政权运营委员会"发表了题为《为了建立新政府——确立挑战转型期的政治领导》的报告。其中，明确提出："议会内阁制成立的前提是'政治'的主导性"，"民主党是以变革'官僚主导'的政治运营，实现'国民主导'的政府为基本目标而建立的政党。"[②] 这是民主党的正式文件中第一次提及实现"政治主导"的议题。

在民主党历年公布的竞选公约中，打破"官僚主导"始终是其核心议题之一。民主党在2003年10月发表的第一份"Manifesto"，副标题就是"摆脱官僚体制宣言"。其中承诺将消除税金浪费，实现公正而透

---

① （日）鸠山由纪夫、菅直人：《民益论》，PHP研究所，1997年版，第20、64页。

② （日）民主党："为了建立新政府——确立挑战转型期的政治领导"，1998年12月，见民主党网站：http://dpj.or.jp/news/? num=8853#2-1-2。

明的政治,建立首相主导的新政权。民主党在 2005 年大选前发表的、题为"冈田政权 500 天计划"的竞选公约中明确提出要削减国家公务员 20% 的薪给、3 年内杜绝 10 万亿日元的税金浪费,这显然也是冲着霞关的官僚来的。2009 年 7 月 23 日公布的"Manifesto 2009"罗列了政权构想的五项原则。第一条主张将完全依赖官僚的政治变成由执政党承担责任的政治家主导的政治;第三条是批判各省厅的纵向分割;第五条是批判中央集权政治的。此外,还有五条如何打破"官僚主导"的具体对策,包括废除事务次官会议制度,设立"国家战略局",等等[①]。

民主党有关"政治主导"的理念是冲着"官僚主导"提出的。主要包括以下四部分内容:

一是实现决策主导。政治家要发挥主导作用,关键是要从官僚手里夺回决策主导权。沿袭 100 多年的事务次官会议实际上是日本真正的决策机构。内阁会议只不过是"橡皮图章"而已。关于这一点,民主党中坚议员玄叶光一郎在 2000 年出版的《21 世纪日本的繁荣谱》这本书中最早提出要废除事务次官会议制度,对中央各省府进行旨在确立政治主导的政策调整[②]。按照民主党的竞选公约,取代事务次官会议的将是由全体阁僚组成的阁僚委员会以及新设的"国家战略局"和"行政刷新会议"。"国家战略局"负责规划和设计财政、税收框架和经济运营的宏观战略。"行政刷新会议"则从国民的视角出发,对各级行政机构的制度和预算等进行监督和改革。

二是扩大政治任用。这有两个含义:其一是增加内阁中的国会议员数量,自民党在麻生内阁期间,共有 48 名议员担任大臣、副大臣和政务官,为历史之最,民主党则准备将这一规模扩大为 100 人左右。其二是任命非官僚出身的有识之士担任要职。野田佳彦主张:"民主党掌握政权后将对各省府一定级别以上的职位实行政治任命,官僚们必须宣誓

---

① (日)民主党:"Manifesto 2009",见 http://www.dpj.or.jp/policies/manifesto2009。
② (日)松下政经塾出身的国会议员之会:《21 世纪日本的繁荣谱》,2000 年 1 月版,第 88 页、第 94 页。

'服从新政权的方针',如拒绝的话就另行选用民间人士,或大胆提拔年轻的官僚到这一岗位上。"[1] 民主党议员松本刚明的设想更为具体。他认为未来在中央省厅任职的干部应分为三个层次,第一层次是首相和大臣身边的工作人员,实行"政治任命",将来与首相、大臣同进退;第二层次是省厅中局级以上的职位,可以由公务员担任,但一定要由执政党任命;第三层次是课级以下职位,仍由公务员担任[2]。

三是限制官僚特权。这主要是指各省厅退职高官到所属法人团体拿高薪、享清福的所谓"天神下凡"制度。民主党从成立起就一直对"天神下凡"制度持严厉批评态度。1998年4月27日,民主党发表的《基本政策》中第三条中明确指出,"要加强对'天神下凡'的限制"。民主党在历年的竞选公约特别是2009年的"Manifesto 2009"里承诺,一旦执掌政权后就要全面禁止为退职高官"下凡"而进行的斡旋,堵住税金流失的漏洞。"天神下凡"之所以能绵延不绝,与日本存在着大量与各省厅有拨款关系的法人团体以及被称为"第二预算"的特别会计制度有关。用野田佳彦的话来说:"特别会计一向是官僚'天神下凡'的对象,也是族议员获利的温床。其规模要比一般会计大得多,极不透明。"[3]

四是加强政治监督。这是杜绝"政官财""铁三角"腐败结构的根本。民主党强调要实行信息公开制度,将所有的行政活动都放在"阳光"下进行。民主党在野时,就设立了一个名为"重新审视公共事业委员会"的机构。而根据"Manifesto 2009",民主党将在执政后分别设立"国家战略局"和"行政刷新会议"。"行政刷新会议"的功能之一就是对各级行政机构的制度和预算进行监督和改革,以杜绝浪费和根治腐败。

---

[1] (日)野田佳彦:"打破官僚主导的中央集权体制,在日本确立两大政党制度",载《民主党的年轻国会议员正在想些什么》,一二杂志社出版,2007年7月版,第23页。

[2] 朱建荣主编:《日本变"天"》,新世界出版社,2009年10月版,第139、140页。

[3] (日)松下政经塾出身的国会议员之会:《21世纪日本的繁荣谱》,2000年1月版,第23页。

第三章 民主党转变"官僚主导"体制的尝试

民主党有关"政治主导"的理念，来源有三：一是 1993 年以来日本新党、先驱新党等朝野各政党有关政治改革的构想；二是民主党智囊如北海道大学教授山口二郎、政策大学院大学教授饭尾润、三井物产驻美国总代表寺岛实郎、丽泽大学教授松本健一、"构想日本"代表加藤秀树等人的建议；三是借鉴英国的做法。例如，有关政治任用的问题，是 2009 年 6 月时任民主党代理代表的菅直人去英国考察副大臣制度后提出来的。菅直人回国后即向民主党领导层建议，新内阁成立后应选派 100 名议员到各省厅担任大臣、副大臣和政务官，副大臣、政务官人选由大臣决定，保证副大臣、政务官与大臣的步调一致，形成相关省厅内的决策核心。小泽一郎表示赞成，认为日本以英国议会政治为范本，应该不会出错[①]。

最能反映民主党"政治主导"理念的是鸠山由纪夫内阁在 2010 年 2 月 5 日向国会提交的、名为"为在政府决策过程中确立政治主导而部分修改内阁法的法案"。其要点如下：

1. 考虑到启用民间人士的需要，将首相助理的编制上限由 5 人增加为 10 人；

2. 隶属内阁官房的"国家战略室"升格为"国家战略局"，明确其权限与法定地位；

3. 废除经济财政咨询会议；

4. 给予"行政刷新会议"法定地位；

5. 内阁官房副长官的名额由 3 人增加为 4 人，由内阁官房副长官兼任"国家战略局"局长；

6. "国家战略局"局长下设相当于大臣政务官级别的国家战略官；

7. "行政刷新会议"可设立若干专门委员会，由国会议员或有识之士担任委员；

8. 在内阁官房和各省厅设立政务调查官。

这项法案从 2010 年 5 月起由国会进行审议。由于遭到自民党等在

---

① 朱建荣主编：《日本变"天"》，新世界出版社，2009 年 10 月版，第 89 页、90 页及 138 页。

野党的抵制，延至下一届临时国会继续审议。但是，由于民主党在 2010 年 7 月的第 21 届参议院选举中失去了过半数席位，在"扭曲国会"的格局下，这项法案即使在众议院通过，也不可能过参议院这一关。民主党在经历了第 174 届例行国会、175 届临时国会和 176 届临时国会三届国会的审议后，最终于 177 届例行国会会期内的 2011 年 5 月 12 日正式撤回了这一法案。

三、民主党执政使"官僚主导"体制受到严重冲击

2009 年 9 月 16 日，鸠山由纪夫领衔组建了民主党、社民党、国民新党联合内阁。新内阁第一次会议通过的"基本方针"中，涉及政、官关系的主要有三条：一是规定各省府设立由大臣、副大臣和政务官组成的"政务三役会议"，从国民的视角制定和调整政策；二是废除执政党对有关政策事先审查的惯例，防止产生所谓的"族议员"，由内阁实行一元化的政策决定；三是废除沿袭 123 年的事务次官会议制度，设立直属首相的"国家战略局"和"行政刷新会议"，强化首相官邸在政策决定过程中的主导作用。它是民主党"Manifesto 2009"中有关理念的具体化[①]。

鸠山内阁的这些举措，在日本政坛刮起了一股旨在确立"政治主导"的改革旋风。主要有以下三大突破：

1. 改变传统的政策决定机制，削弱各省厅官僚的话语权

民主党执政后立即废除了创设于明治初期，已沿袭 123 年的事务次官会议制度。在自民党时代，所有提交内阁会议决定的政策事先均经过事务次官会议筛选和协调。其结果是让官僚凌驾于政治家之上，内阁会议的讨论徒具形式。民主党一上台就大刀阔斧地砍掉了这一象征官僚权力的制度，令人们对它打破陈规陋习的决心刮目相看。鸠山内阁用来取代事务次官会议的是由全体阁僚参加的阁僚委员会，负责制定相关法案

---

① （日）"内阁会议首次举行 通过内阁基本方针"，《日本经济新闻》，2009 年 9 月 17 日。

及分配预算,其权限是相当大的。

民主党执政后,"政务三役会议"成为各省府的决策核心。"政务三役会议"可以直接找有关局、课的负责人磋商,以往在官僚"金字塔"顶端发号施令的事务次官被撇在了一边。在日本各省府办公楼的门厅里,通常都挂有大幅显示屏,事务次官、局长及审议官是否在办公室,通过名字后的灯明灯暗可以一目了然。过去,事务次官办公室的灯很少亮着,他们不是作为政府委员出席国会各种委员会的讨论,就是在重量级议员办公室进行游说活动。自从民主党执政后,事务次官们几乎整天都呆在自己的办公室里,显示屏上他们名字后的灯就常亮不熄了。

"政务三役会议"有政务官参加,而政务官过去曾被讥为"省府的盲肠",属于可有可无的闲职。民主党执政后,政务官不仅参与省府决策,且地位明显高过事务次官,成为推动"政治主导"的生力军。不过,各省府"政务三役会议"的运作情况并不完全一样。据《每日新闻》调查,财务、外务、厚生劳动、国土交通、法务、环境等6省的"政务三役会议"完全排除官僚参与,其余各省则根据情况或邀请事务次官、官房长与会,或通知有关局、课长参加;多数省府每周要举行两三次会议,有的则仅仅是午餐时碰个头;总务省的"政务三役会议"通过网络实播,而法务省则既不公布讨论要点,也不向记者吹风①。

"国家战略局"和"行政刷新会议"是写进民主党竞选公约的、旨在确立"政治主导"的两大机构。"国家战略局"负责规划和设计财政、税收框架和经济运营的宏观战略。"行政刷新会议"从国民的视角出发,对各级行政机构的制度和预算等进行改革。显然,如果将"国家战略局"比喻为民主党政权实施"政治主导"的"司令塔"的话,"行政刷新会议"就是它用来监督中央各省府的运作状况并实施改革的"前线指挥部"。由于设立"国家战略局"需要修改《行政法》,民主党执政后暂以"国家战略室"名义运作。"国家战略室"与"行政刷新会议"都是在2009年9月18日成立的。副首相菅直人兼任首任国家战略担当大

---

① (日)中泽雄大等:"政治主导的中期评估",《每日新闻》,2010年6月19日。

臣，日常业务则由担任"室长"的内阁府副大臣古井元久主管。"行政刷新会议"由鸠山首相亲任召集人，副召集人则是内阁中专设的行政刷新担当大臣，由民主党资深政治家仙谷由人担任。"国家战略室"和"行政刷新会议"的问世对中央各省府尤其是长期垄断政府预算编制和宏观经济运营的财务省、经济产业省来说，无疑是削弱其话语权的一大强烈冲击[①]。

2. 实行事业甄别制度，清理各省府的"小金库"

官僚体制的弊端之一就是各省府用各种名目争取预算的最大化，并采取截流、隐瞒的手法私设"小金库"。民主党在上台前便发誓要杜绝浪费、清理各省府的"小金库"。鸠山内阁问世不久，便启动了对各省府及独立行政法人和特殊法人等机构的事业甄别。甄别一直贯穿民主党执政的3年中，主要有如下三次高潮：

第一波从2009年11月11日至13日，主要对各省府的预算进行甄别。这3天内，有关省府逐一到专门设立的会场接受国会议员和民间人士担任的甄别人的审查。审查全程由电视台和网络媒体直播，观众可随时通过电话和网络发表评论。甄别结果，共有约100项事业被勒令下马，另有一些项目的开支被大幅度削减或将国家出资的基金上缴国库等，3天共"抠"出7000亿日元，加上收缴国库的基金，合计约有1.7万亿日元。虽未能达到原定3万亿日元的目标，但在社会上引起了强烈反响。《读卖新闻》、《产经新闻》等媒体进行的民意调查表明，70%～90%的民众对这一做法持肯定态度。仙谷由人在评价事业甄别成果时如此强调："迄今为止制定预算的过程一向云遮雾挡，如今大部分都能透明化了。这是政治上的'文化大革命'的开始。"[②]

第二波在翌年的4、5月间进行。先是在4月23日至28日展开针对独立行政法人的甄别。对象包括外务省管辖的"国际交流基金"、国

[①] 吴寄南：《日本民主党新生代政治家》，时事出版社，2013年版，第220页。

[②] （日）"民主党仙谷由人行政刷新大臣在每日论坛发言称'政治上的文化大革命开始了'"，《每日新聞》，2009年11月12日。

第三章 民主党转变"官僚主导"体制的尝试

土交通省管辖的"住宅金融支援机构",等等,共有47家、151项事业。甄别的结果是,16家法人的34项事业被要求予以撤销,共节约开支约600亿日元。自5月20日至25日针对的是公益法人。70个法人团体所实施的82项事业中有38项被判定必须中止,约占总数的一半。但这次甄别的节支效果仅为40亿日元。

第三波于2010年10月27日至30日展开,针对的是有"第二预算"之称的特别会计。甄别的结果是18项特别会计中有4项被撤销,3项要求合并。被撤销的特别会计每年耗费约260亿日元。还有一些特别会计则分别被要求削减10%至50%。

日本各界对民主党执政后引进的事业甄别制度反应并不一致。省府方面自然对"小金库"被没收啧有怨言。例如,文部科学省有关超级计算机的项目被一刀砍掉。民主党参议员莲舫在甄别时尖锐地提出:"日本不是世界第一就不行吗?"文部科学省暗里地动员江崎铃于奈、利根川进、野依良治、小林诚等日本的诺贝尔奖得主对莲舫等呛声。利根川进还引用美国总统奥巴马的演讲,强调美国越是在经济困难的时候越是加大对科学技术的投入,培养面向未来的人才。日本现在所做的恰恰与美国背道而驰[①]。不过,民主党这一举措却得到众多国民的肯定。莲舫在她撰写的《不是第一就不行吗?》这本书里透露,许多市民打来电话或发来邮件表示对她的支持。经过这三次甄别,日本政府的预算合计削减约1.5万亿日元,国库收缴的"小金库"约3万亿日元。与民主党在"Manifesto2009"中承诺的16.8万亿日元存在很大差距。

3. 突破官僚的阻扰,公开日美间有关核问题的密约

日本各省府的官僚总是习惯于用涉及"国家机密"等借口将理应让国民知悉的事项深深地隐藏起来。这些年来,虽然迫于公众的压力采取了一些信息公开的举措,但总体上依然比较保守。例如,有关日美间在引进核武器和归还冲绳时是否私下有密约的问题就一直是有关省府讳莫如深的秘密。在自民党执政期间曾有多名首相和外相遭到质询,却都是矢口否认。随着日本前外交官员的"爆料"和美国政府外交档案的解

---

① "获诺贝尔奖学者对甄别提出异议",《读卖新闻》,2009年11月26日。

密，日美密约问题逐渐浮出水面①。

2009年9月17日，鸠山内阁问世的第二天，外务大臣冈田克也便责成外务省事务次官薮中三十二彻查有关日本政府默认美国载核舰船进入日本港口的密约问题。同年11月，又成立了以日本前驻联合国副代表、东京大学教授北冈伸一牵头的第三方委员会同步进行调查。2010年3月9日，北冈委员会发表长达108页的调查报告，第一次承认日美间的确存在着三份密约，分别涉及到美军载核舰船进入日本港口、朝鲜半岛"有事"时驻日美军可自由出兵朝鲜半岛以及美国归还冲绳时由日政府承担美军撤退相关费用等问题。冈田外相在当天举行的记者会上表示："（日本政府）长期不向国会和国民予以公开令人遗憾。"② 核密约的存在对日本一直标榜的"非核三原则"无疑是极大的讽刺。北冈报告的问世也为蒙冤入狱的《每日新闻》记者西山太吉等人洗清了罪名③。不过，据外务省前条约局长东乡和彦揭露，他曾过目的有关日美间密约的16份文件中眼下只有一半公布，其余的很可能已被经办人员销毁④。

民主党执政后在确立"政治主导"问题上除上述三大突破外，在推进公务员制度改革上也作了一些尝试。例如，民主党禁止中央各省府在所辖的企事业单位为退职官员再就职的所谓"天神下凡"进行斡旋（2009年11月）；在民主党坚持下，国家公务员的薪水进行了一定程度的削减（2010年4月）；民主党还打破省府间的藩篱，试行跨省府的干部交流。菅直人继任首相后，委任日本原驻丹麦大使近藤诚一出任文化厅长官，并让财务省关税局局长与经济产业省的贸易经济合作局长对

---

① 京都产业大学教授若泉敬当年曾作为日本首相佐藤荣作的密使与美方进行谈判，他在逝世前不久出版的回忆录《可行的最佳途径》里首次披露了日美间存在核密约的问题。
② （日）"冈田外相　修正政府统一见解"，《每日新闻》，2010年3月10日。
③ 1972年5月，社会党议员在国会质询时揭露美国在归还冲绳时承诺的400万美元基地补偿费实际上是根据日美间的密约由日本政府支付的。当时的佐藤内阁矢口否认，并动用司法手段将提供这一信息的《每日新闻》记者西山太吉以及与他有密切关系的外务省女职员分别以教唆罪和泄露国家机密罪予以逮捕和判刑。
④ （日）"外务省退休高官揭发　秘密文件很可能被销毁"，《日本经济新闻》，2010年3月20日。

调。这是从 2001 年日本中央政府机构改组后第一次在局长一级交流干部。此外，菅直人还任命前伊藤忠商事公司总经理丹羽宇一郎出任日本驻华大使。此举在日本国内外引起广泛反响。《朝日新闻》的记者藤原秀人撰文指出，菅直人这一任命最大的目的是要凸显"政治主导"、削弱官僚权力[①]。

第二节　民主党的"政治主导"改革逐渐变质

民主党上台后在确立"政治主导"、打破"官僚主导"方面采取的一系列果敢措施，堪称全面刷新自民党型政治机制的一次"壮大的实验"[②]。据《日本经济新闻》调查，鸠山由纪夫内阁成立时的支持率高达 75%，仅次于小泉纯一郎内阁的 80%，反映了人们对民主党"战后行政大扫除"的期盼。但是，随着时间的推移，民主党"政治主导"理念的一些缺陷逐渐暴露出来，而官僚系统又百般抵制。在这种情况下，民主党高举的这面旗帜便日渐褪色了。

一、民主党"政治主导"理念的固有缺陷

民主党的"政治主导"理念有一个逐步清晰的过程。但是，它存在着一些固有的、带根本性的缺陷。

第一，简单地将"政"与"官"对立起来，忽视两者间相辅相成、对立统一关系

按照德国学者韦伯的观点，政治家和官僚间应该是互相利用、互相

[①] （日）藤原秀人："要充分发挥'中国学派'的作用"，《朝日新闻》，2010 年 8 月 4 日，见 http://astand.asahi.com/magazine/wrpolitics/2010080100002.html?iref=webronza.

[②] （日）佐佐木毅、清水真人：《现代日本政治》，日本经济新闻社，2011 年 5 月版，第 2 页。

补充的关系。不能将"政"与"官"对立起来,将互相利用、互相补充变为互相对立、互相提防,甚至一方控制另一方的关系。然而,民主党倡导的"政治主导",无论是扩大政治任用也好,加强政治监督也好,都有"钳制官僚"、"控制官僚"的考虑。而"'控制官僚'只是站在官僚制的对立面,将其置于被动受控的状态,而忽视了官僚制在整个行政管理过程中的主观能动性和自主性的积极意义。"[1]

第二,狭隘地理解"政治主导"就是政治家说了算,夸大政治家的权威性和代表性

根据前东大总长、著名政治学家佐佐木毅的解释,"政治主导"是指通过确立相应的体制,提高政治家集体的政策制定与执行能力,既不意味着扩大个别政治家的影响力,也不是传统意义上理解的执政党主导或政治家主导[2]。诚然,在日本这样实行议会内阁制的国家,各级政治家都是选举产生的,就代表民意这一点而言其权威性和代表性显然要高于通过考试录用的官僚。不过,由于日本的政治家上上下下非常频繁,"保质期"越来越短。即便他们有机会入阁拜相,也会因为内阁更迭频繁很难在特定岗位上呆得较久。政治家与长期从事行政管理的官僚之间存在着严重的信息不对称,难以对已经程式化的、政策立案与法规起草活动行使作为行政机构首长的权力。但是,民主党却无视这一事实,狭隘地将"政治主导"理解为政治家说了算,甚至将"政治主导"混同于大臣、副大臣、政务官等"三役"的主导,不恰当地夸大了政治家的权威性和代表性。

第三,片面地将"官僚主导"体制等同于官僚制,推行排斥官僚、敌视官僚的方针

与欧美发达国家相比,日本官僚的素质总体上还是比较好的,不仅教育水准高,专业知识丰富,而且一般来说绝大多数人都有较强的使命感、责任感和敬业精神。自民党长期执政,与官僚队伍配合较多,虽然

---

[1] 淳于森泠:《宪政制衡与日本的官僚制民主化》,商务印书馆,2007年版,第3页。
[2] (日)创造新日本国民会议(21世纪临调)编:《政治的结构改革 政治主导大纲》,东信堂出版,2002年,第25至28页。

存在着政官勾结的弊端，但总体上还是相互信任，彼此默契的。民主党的情况就不一样。日本学者高桥洋指出："在民主党政权中，很多人曾经从事过市民运动、担任过律师或是从松下政经塾毕业，有过在一个大组织中作为一分子活动经验的人才很少，他们只是一味地敌视官僚，缺乏组织运营的意识。"[①] 所以，在民主党的"政治主导"构想中，官僚制仿佛成为一切"恶"的化身，能拉开距离的就不去接近，能排斥的就予排斥。

例如，1995年阪神大地震后村山内阁设立震灾复兴委员会，特意邀请前国土厅事务次官下河边淳任召集人，前副首相后藤田正晴任特别顾问。但是，在2011年"3·11震灾"后由首相官邸主导设立的复兴构想会议，其中居然没有一名前官僚。连担任召集人的前防卫大学校长五百头旗真也感到不可思议。用日本媒体的话来说，这一机构充满了强烈的"反官僚"色彩[②]。

民主党在"政治主导"问题上缘何会产生这些认识上的误区，恐怕有两大原因：

一是民主党议员在思想方法上的片面性。民主党在迅速扩容过程中，吸纳了一大批缺乏社会历练和经验的新人。他们富有理想，富有激情却缺少实践，缺少业绩，尤其是缺少驾驭复杂局势的能力以及与人沟通的经历。而在思考问题时常常容易陷入"非黑即白"的极端性思维。

二是受日本社会主流思潮的影响。20世纪90年代以来，日本官僚系统不时爆出收受金钱贿赂和有组织地掩盖失职、渎职事件的丑闻，严重影响了公务员队伍的形象。加上日本经济持续疲软，广大民众对此类不正之风的容忍度越来越低。社会主流思潮呈现强烈的反官僚、反权威主义的特征，而这恰恰是在野党抨击执政党，凝聚人气的武器。久而久之，这种思潮便逐渐成为民主党政治文化的重要组成部分，并反映到民主党"政治主导"的构想中。

---

① （日）高桥洋："结束语"，见御厨贵主编：《"政治主导"的教训》，劲草书房，2012年版，第318页。
② （日）御厨贵主编：《"政治主导"的教训》，劲草书房，2011年3月版，第85页。

二、民主党"政治主导"改革遭官僚抵制

民主党上台后针对"官僚主导"体制的攻势从一开始就遭到了来自官僚系统的顽强抵制。

日本的官僚系统有着维护其自身特权的强烈意志。各省府都有推动本部门预算最大化的冲动,不肯轻易放弃长期形成的各种特权。而退职高官到所属法人团体拿高薪的"天神下凡"制度则既是维持各省府士气的需要,也是保证其人事框架稳定运转的基础。在自民党执政后期,霞关的官僚们就曾因安倍晋三首相积极推进国家公务员制度改革而进行了或明或暗的抵制,涉及阁僚的政治丑闻不断曝光,安倍首相被弄得灰头土脸,最终在2007年参议院选举失利后被迫辞职。民主党推行的"政治主导"改革同样也面临霞关官僚的猛烈反击。

首先,是公然对"政务三役会议"唱反调。第一个跳出来发难的是总务省事务次官铃木康雄。鸠山内阁问世仅3个月他便提出辞呈。在被问到缘何就任事务次官不到半年就提出辞职时,铃木坦言自己讨厌做只能从课长那里才能了解情况的事务次官。

其次,是败坏"政务三役"的公众形象。这一向是官僚们所擅长的。而与霞关官僚长期合作的媒体便成为他们最得力的帮手。厚生劳动大臣长妻昭的更迭堪称典型例子。长妻昭曾在2007年率先揭露厚生劳动省的养老金记录遗漏,是民主党夺权的"功臣"。鸠山由纪夫组阁时,长妻昭顺理成章地当上了厚生劳动大臣。然而,素来被视为传媒宠儿的长妻昭在就任厚生劳动大臣后突然恶评如潮。媒体接连曝光其训斥下属、飞扬跋扈的言行,甚至捏造说他让厚生劳动省局长为他捡拾散落在办公室地上的文件,等等。2010年9月,菅直人在改组内阁时被迫将长妻拿了下来。事后证明,对长妻的指责均为不实之词,而其"风源"则是厚生劳动省[①]。

---

① 经济产业省一位官员揭露说,(日)"这明摆着是厚生劳动省的官员与记者俱乐部互相勾结,要将长妻赶下台。"见古贺茂明:《日本中枢的崩溃》,讲谈社,2011年5月,第193至194页。

第三章 民主党转变"官僚主导"体制的尝试

第三,是阻扰民主党政策构想的实现。民主党在"Manifesto 2009"中主张建立"紧密而对等的日美关系",要重新检讨日美地位协定,调整驻日美军基地。鸠山由纪夫在竞选期间还承诺,起码要把普天间基地转移到冲绳县以外。然而,美国却执意不肯放弃2006年与自民党政权达成的县内转移方案,弄得鸠山很没有面子。事实上,日美双方陷入僵局的背后有日本的一些高级官僚插手。例如,外务省事务次官薮中三十二向美国大使鲁斯建议,日本政治正处于过渡期,有关普天间问题的日美磋商最好将政治家撇在一边。防卫省防卫政策局长高见泽将林则劝诫美国助理国务卿坎贝尔,不要轻易接受鸠山有关普天间基地向县外转移的主张。薮中三十二和高见泽将林都是高级官僚中的翘楚,连他们也来拆台,鸠山首相岂能过安稳日子?!难怪日本媒体要抨击说这是"背叛首相"的"间谍行为"了[①]。

第四,也是最凶狠的一招,就是用法律武器将民主党政治家置于死地。属于法务省的检察厅虽然本身也是官僚系统一部分,但它拥有特别的搜查权,可以将自己看不顺眼或觉得有威胁的政治家逼入绝境。2010年1月,东京地方检察厅特别搜部以涉嫌非法接受政治献金为由,接连拘捕了民主党干事长小泽一郎的三名秘书,并对小泽一郎进行了传讯。前面已经提到过,检察当局选择性办案的倾向十分明显,很大程度上是针对小泽的政治报复行为。同样,在鸠山由纪夫就任首相不久曝出的政治资金问题也十分蹊跷。鸠山并不缺钱,抓不到他卷入贪渎丑闻的小辫子。但是,他的秘书在处理政治捐款时出了纰漏:一是没有将鸠山母亲的巨额资金援助登记入账;二是在捐款名单上作假,出现"死人"捐款之类荒唐的问题。这些记录不实问题在一些唯恐天下不乱的媒体推波助澜下闹出了大风波,迫使鸠山挂冠而去。显然,这也是财务省国税局和法务省检察厅联手打压的结果。

虽然小泽和鸠山两人都让秘书代背黑锅侥幸过了关,但鸠山内阁的支持率却节节下滑。共同通信社的调查表明,鸠山内阁的支持率在问世

[①] (日)"维基揭秘暴露外务省、防卫省官僚的亲美、从属本质",《现代日刊》,2011年5月9日。

时高达 72.0%，2009 年 11 月还有 63.7%，但从 12 月起便骤然跌至 47.2%，翌年 4 月更跌进了 20% 的危险水域。6 月 2 日，身心疲惫的鸠山由纪夫终于步其自民党前任的后尘辞去首相职务，小泽一郎也同时离开了权力中枢。

三、民主党"政治主导"改革逐渐变质

2010 年 6 月 8 日，菅直人继任首相。他在首次发表的施政演说中依然强调要实行"战后行政大扫除"，"改革的时针绝不会倒转"[①]。但是，鉴于鸠山任内政官关系过于紧张，菅直人上任后大大缓和了针对官僚体制的改革锋芒。他如此表白说："并不是排除官僚让政治家作出决定就行了。（新内阁）要借重官僚的力量推进各项政策。在政官紧密一体的同时努力构筑强有力的政治家与官僚的关系。"[②]

然而，恰恰是从菅直人内阁开始，民主党为打破"官僚主导"而发动的攻势明显放慢节奏甚至局部有所后退。比较突出的有四大变化：

第一个变化是变相恢复事务次官会议。

废除事务次官会议制度是民主党执政后在打破"官僚主导"问题上最具有象征性的举措。时任行政刷新担当大臣的仙谷由人还曾暗示将撤销事务次官这一职位。然而，同一个仙谷由人在出任菅直人内阁的官房长官后，却于 2010 年 6 月底 7 月初分批宴请了各省府的事务次官和官房长，呼吁他们与民主党政权精诚合作。媒体敏感地觉察到仙谷此举可能是恢复事务次官会议的伏笔[③]。果然，菅直人内阁在 2010 年底正式决定各省府"政务三役会议"应让事务次官出席。菅直人坦陈："排除官僚影响的结果导致了行政的混乱与停滞不前，民主党应对此进行反

[①] （日）菅直人："在第 174 届国会上的施政演说"，2010 年 6 月 11 日，见首相官邸网站：http://www.kantei.go.jp/jp/kan/statement/201006//11syosin.html.

[②] （日）"菅直人首相会见梗概"，《东京新闻》，2010 年 6 月 9 日。

[③] （日）田中成之、小山由宇："仙谷官房长官与全体事务次官恳谈"，《每日新闻》，2010 年 7 月 31 日。

省。"媒体将其菅直人的这番话视为民主党政权改变"摆脱官僚"路线的"宣言"[1]。

"3·11"震灾后,各省府事务次官终于盼到了出头之日。2011年3月28日,由防灾和环境大臣松本龙牵头、内阁官房副长官仙谷由人实际主宰的"各省府支援受灾民众生活联络会议"举行第一次会议,出席者均为各省府事务次官。这标志着2009年9月民主党执政后一度被打入冷宫的事务次官会议变相复活。野田佳彦出任首相后,将"各省府支援受灾民众生活联络会议"改名为"各省府联络会议",每星期五定期举行,除震灾事宜外,还就其他重要的政策事项进行调整[2]。事务次官会议的复活犹如捅破窗户纸一般伸手可及了。

第二个变化是贬低与削弱"国家战略室"。

"国家战略局"构想堪称民主党"政治主导"改革的"招牌"政策。按照民主党原先的设想,"国家战略局"被定位为实施"政治主导"改革的"司令塔"。由于设置"国家战略局"需要国会通过相关法律,民主党执政后在内阁府设立"国家战略室",国家战略担当大臣由副首相菅直人兼任,菅直人接掌财务大臣一职后,遗缺由行政刷新大臣、资深议员仙谷由人担任。随着时间的推移,一方面是有关法律在国会迟迟过不了关,这座"政治主导"改革的"司令塔"只能顶着"国家战略室"的名字运行,层级很低,缺乏权威性;另一方面,民主党领导层也越来越忽视"国家战略室"的作用。其表现是:其一,国家战略担当大臣从菅直人、仙谷由人这样的重量级政治家降格为荒井聪、玄叶光一郎、古川元久等资历较浅的议员;其二,"国家战略室"室长一职在菅直人2010年9月改组内阁后长期空缺,印证了这一职务不过是可有可无的闲职;其三,"国家战略室"的功能由"政治主导"改革的"司令塔"萎缩为首相的咨询部门。2010年7月14日,菅直人亲自召集"国家战

---

[1] (日)"对排除官僚造成的行政混乱和停滞表示反省",《读卖新闻》晚报,2011年1月21日。

[2] (日)每日论坛:"'野田流'的现实主义路线 向'自民党'型的政策决定机制回归",2011年10月20日,见http://gendai/ismedia.jp/articles/－/21771。

略室"成员开会,明确"国家战略室"今后要效仿英国的Policy Unit,负责为首相搜集信息,提供咨询,无须负责制定预算以及在各省府间发挥政策协调作用①。2011年10月21日,野田内阁通过决议,决定设立由首相领衔、由日本银行总裁和民间有识之士参加的"国家战略会议"。"国家战略室"则是它的事务机构。昔日声势赫赫的"司令塔"沦落到如此地步是谁也想不到的。

第三个变化是不再干预省府的人事升迁安排。

日本的官僚系统之所以能维系其内部的团结和稳定有序的运作,保持对政党政治一定的独立性,关键是它能掌握人事权。这是在自民党时代也不曾有任何触动的特权,是"官僚主导"体制的立身之本。民主党执政初期一度扬言要对各省府自行其是的人事升迁制度开刀,打破论资排辈的"升官图",为此,民主党提出了旨在对高级官僚实行一元化管理的"国家公务员法等修正案"。但是,这项议案由于自民党等在野党的杯葛,在参议院长期搁浅。这不能不说是民主党在公务员制度改革上的一大挫折。在这种情况下,民主党逐渐放弃了染指高级官僚升迁的意愿。2010年7月30日,时任首相的菅直人召开内阁会议,任命一批局长以上的官员,其中包括财各省事务次官胜荣二郎在内的7名事务次官。这些人事升迁完全是按"年功序列"的惯例实施的。如财务省事务次官胜荣二郎系前主计局长,就是一位熬到了头的头号"种子选手"。文部科学省是2001年由文部省和科学技术厅合并而成的,其事务次官一向由两个部门轮替担任,这次也毫不例外。国土交通省前后4任事务次官都是1972年录用的,按"排排座吃果果"的游戏规则依次上任。而民主党也照样开"绿灯"。

第四个变化是在限制"天神下凡"问题上大幅度倒退

"天神下凡"问题是日本官僚体系中久为人们所诟病的一大弊端。民主党上台前曾信誓旦旦地声称要彻底废除"天神下凡"这一陋习。鸠山由纪夫内阁成立伊始,便宣布自10月1日起所有独立行政法人、特

---

① (日)"菅首相放弃'国家战略局'构想,将它贬为没有实权的智囊机构",《朝日新闻》,2010年7月15日。

第三章 民主党转变"官僚主导"体制的尝试

殊法人理事长、理事等职务必须实行公开招募，冻结了约三四十名退职高级官僚的"天神下凡"，并宣布今后将禁止各省府为退职官僚再就职进行斡旋①。2010年6月22日，菅直人内阁通过了《退职管理的基本方针》，再次重申上述方针，并规定今后不允许特定机构由同一省府的退职官僚连续任职。但是，让人们颇感意外的是，《基本方针》以保障公务员生活为由，允许临近退休的官僚可以现职公务员身份派遣到独立行政法人和公益法人任职②。这显然是从它原先的立场上大幅度后退了。曾参与公务员制度改革设计的经产省审议官古贺茂明尖锐抨击这一方针是"高龄官僚的失业对策"，认为它不仅变相地延续了"天神下凡"制度，而且将"下凡"范围由退职官僚扩大到现职的高级官僚③。据日本媒体披露，从2009年9月至2011年1月1日，各省府共有4240名退职官员和现职官员到独立行政法人和公益法人任职，在民间企业担任要职的审议官以上的退职官僚也有101人，而其中61人是在菅直人出任首相的半年里"下凡"的④。这说明民主党领导层已经不那么介意"天神下凡"问题了。

如果说菅直人还只是动摇而已，继任的野田佳彦在打破"官僚主导"体制问题上则完全是倒行逆施了。一些评论家抨击野田，说他早在鸠山内阁担任财务副大臣、菅内阁担任财务大臣期间，就已经被财务省官僚"洗了脑"。这种说法不无道理。

野田上任后，首先将各省府事务次官组成的联络会议固定在每周五举行，且不光磋商与震灾有关的事务，而是就所有的政府决策进行讨论，变相地恢复了事务次官会议的制度。2012年1月20日，野田佳彦

---

① （日）"'天神下凡'有30至40人被冻结"，《读卖新闻》晚刊，2009年9月29日。
② （日）"退职管理的基本方针"，见总务省网站：http：//www.soumu.go.jp/main_content/000071216.pdf。
③ （日）古贺茂明："日本中枢的崩溃"，讲谈社出版，2011年6月，第194页。
④ （日）平井卓也："民主党所谓根绝'天神下凡'纯属谎言！"，见http：//www.hirataku.org/opinion/631。

召开内阁会议,正式决定恢复中止整整两年的、由内阁法制局长官代表政府在国会回答议员质询的制度①。野田在4个月里先后在第178届临时国会、179届临时国会和180届例行国会上发表施政演说。这样的密度是鸠山由纪夫、菅直人所无法比拟的。但是,在这3次施政演说中,再也看不到"政治主导"这个他的两位前任的施政演说中频繁出现的用语了。2012年6月4日,野田第二次改组内阁后,通过了名为"基本方针"的文件。在提及"政治主导"时如此规定:"在'政治主导'下,政务三役和官僚明确各自的分担职责和责任,力求相互密切共有信息及沟通意见,同时各自尽最大可能发挥出拥有能力,政府全体团结一致致力于政策运营。"②

显然,这里所谓的"政治主导"与民主党过去所强调的"政主官从"的内涵截然不同了。事实上,野田在出任首相后推出的一系列重大政策,都是由霞关的官僚所策划和支持的。举其大者,主要有以下四项:

一是消费税增税法案。这是财务省为平衡预算的一贯主张。但是,从1994年村山内阁决定将消费税税率由3%提高到5%以后,18年来慑于民众的强烈反对,没有一届内阁敢于碰这个"烫手山芋"。然而,野田却不顾民主党内的强烈反对,不惜借用在野的自民党、公明党的力量在众议院内强行通过了消费税增税法案,引发了民主党成立以来最大的一次分裂。

二是启动大饭核电站。"3·11"核泄漏事故后,日本国内出现了强大的反核运动。在民众压力下,一些地方自治体拒绝给检修后的核电机组颁发重新启动的许可,最终在2012年5月出现日本所有核电站一概停运的局面。在菅直人任内,日本政府还提出了逐步摆脱对核电依赖的方针。但是,野田佳彦上任后却按照霞关官僚们的意图,在70%的民

---

① (日)"政治主导不见踪影 恢复法制局长官的答辩",《朝日新闻》,2012年1月21日。
② (日)首相官邸:"基本方针",2012年6月4日内阁会议通过,见首相官邸网站:http://www.kantei.go.jp/jp/kakugikettei/2012/0604kihonhousin.html。

众强烈反对的情况下于 2012 年 6 月 18 日作出重新启动关西电力公司所属大饭核电站两台机组的决定。

三是解冻八场堤坝建设。群马县的八场堤坝是典型的"钓鱼"工程，是政、官、财勾结、滋长腐败的温床。民主党政权诞生后立即冻结了这项工程。可是，在国土交通省官僚的暗中策划下，民主党执政后的第四位国土交通大臣前田武志重新启动了这项工程。

四是加入 TPP。TPP 是"跨太平洋战略经济伙伴关系协定"的略称。它是美国主导的一项综合性的自由贸易协定，涵盖了商品贸易、服务贸易和金融投资等多个领域。加入 TPP，对日本来说意味着进一步与国际惯例接轨，实现贸易、投资及人员往来等众多领域的全面自由化。不过，日本的农业、保险业和医疗服务等行业也会受到严重的冲击。日本政府内部主要是外务省、经济产业省和财务省在积极推动日本加入 TPP。2011 年 11 月，野田赶在出席在夏威夷举行的 APEC 非正式领导人会议前夕，宣布日本将加入 TPP 谈判。关于日本加入 TPP 问题，本书在第六章还将详述。

第三节　民主党"政治主导"改革失败的深层原因

民主党执政 3 年，"政治主导"改革是它最下工夫的一项施政举措，也是它最受诟病的一项政策失败。诚然，它在这 3 年里尤其是鸠山由纪夫担纲的头 9 个月里发动的凌厉攻势对官僚队伍多少还是起到一定震慑作用的。不过，总体而言，民主党的"政治主导"改革是一次不成功的改革尝试。

是什么原因导致民主党"政治主导"改革遭受挫折的呢？

一、民主党缺乏"政治主导"改革的思想与组织准备

民主党倡导"政治主导"改革目的是要打破沿袭数十年的"官僚主导"体制。它提出的一些理念，如实现政治主导、扩大政治任用、限制官僚特权和加强政治监督等不能说一点也没有针对性，也不能说没有一点能见度。但是，它在推进这项改革时既缺乏整体的、顶层的设计，也没有能够在党内形成协调一致、配合默契的机制。这不能不说是民主党的"政治主导"改革遭受挫折的主观原因。

第一，民主党急于夺取政权，缺乏"政治主导"改革的顶层设计

民主党不像自民党那样与官僚系统有千丝万缕的联系，对打破旧的体制较少顾虑。将具有各种政治倾向和意识形态的势力聚集在一起，从自民党手里夺取政权，可以说是它最大的目标，也是唯一的目标[①]。夺权这一至高无上的目标压倒了其余的一切。所以，民主党对如何确立"政治主导"从未进行过深入的探究，缺乏改革的总体构想。首先，是对"政治主导"改革究竟要达到怎样的境界并没有勾勒出一份清晰的"蓝图"；其次，是改革的步骤如何细化到每一时间节点缺乏详细的"路线图"；再次，是对各省厅的改革如何相互配合，避免各自为政、浅尝辄止从未进行过深入的议论并形成共识。"Manifesto 2009"是民主党历年的竞选公约中对"政治主导"涉及最多的。但仔细分析其中提出的五项基本原则和五项政策，给人们的感觉还是过于抽象和口号化。

第二，民主党长期在野，缺乏与官僚周旋的经验和驾驭复杂局势的能力

与自民党相比，民主党算是一个比较年轻的政党，75%的议员当选次数不满3次。在2009年8月大选后首次佩上议员徽章的"一年生"有143人，差不多占到总数的一半（46.5%）。民主党参议员中超过一

---

① （日）高桥洋："结束语"，见御厨贵主编：《"政治主导"的教训》，劲草书房，2012年版，第319页。

半的人从事国政的经历不满 6 年[①]。民主党政治家中有过阁僚经历的寥寥无几。这和自民党内有过阁僚经历的议员可以坐满一个大会议室形成鲜明对比。日本的行政官僚一向热衷于同执政的自民党打交道。各省府平时只是让一些课长助理来应付在野党。高级官僚更是懒得搭理在野党。而民主党从 1996 年诞生后长期处于在野地位,这就使得其成员普遍缺乏与官僚周旋的经验,对官僚们有一种根深蒂固的不信任感。

不仅如此,长期在野的经历还使民主党政治家习惯在国会质疑中揪执政党的辫子,或是阻扰通过执政党提出的议案,换句话说就是长于破坏而拙于建树,容易钻牛角尖而忽视对总体形势的把握。至于"草根"出身的菅直人更是浑身上下透出一股"游击队"习气,总是不按常理出牌,容易从一个极端跳到另一个极端。

第三,民主党内的决策"断层"导致其执政后难以持续有力地推进"政治主导"

民主党诞生初期曾分别设有总务会、政调会。这是它从事内外政策调研、评估和政策决定的两大常设机构。但是,总务会在 1999 年被"影子内阁"所取代,而在民主党组阁执政后,总务会并未恢复。不仅如此,按照时任干事长的小泽一郎意见,为防止出现党、政二元结构,杜绝"族议员"现象,政调会也被解散。这样一来,决策中心完全集中到由首相、阁僚组成的执政团队,一般议员除了出席两院议员大会选举代表外,完全在排除在决策圈子外。

菅直人出任首相后,迫于党内的压力,恢复了政调会的活动。但菅直人要求政调会只提政策建议而不参与政策决定。这自然无法平息党内的不满情绪。野田佳彦在掌控最高权力后,由于受所谓"纯化民主党"路线的影响,排斥异己,任人唯亲,搞小圈子,以致野田内阁被称为"松下政经塾内阁"。党内的矛盾、对立日益激化,不要说推行"政治主导"改革,就连党内的日常运作都存在很大的问题。民主党内这种涣散、混乱的组织状况,导致它在推进"政治主导"过程中难以得到举党一致的、持续的政治支持,造成改革浅尝辄止甚至倒退的结果。

[①] (日)《政官要览》,平成 21 年秋季号,第 43 页、510 页、518 页。

二、民主党的改革受到来自自民党和利益集团的严重掣肘

民主党的"政治主导"改革主要是冲着沿袭已久的官僚体制来的，但对长期来与霞关官僚系统沆瀣一气的自民党来说，这些改革举措不仅意味着对它执政业绩的否定，也在很大程度上触动了它的既得利益。

如前所述，自民党在垄断日本政坛的半个多世纪里，党内形成了诸如"道路族"、"建设族"、"文教族"等"族议员"构成的既得利益集团。他们与官僚、财界构成的"铁三角"结构盘根错节，牵一发而动全身。一旦这种利益交换格局由于民主党的"政治主导"改革趋于瓦解的话，对自民党的"族议员"来说意味着既断了财源，也断了票源，所以是绝对不能接受的。民主党上任后，果断叫停了八场水坝等耗资巨大的公共建设工程，反对最力的除了习惯中央政府巨额补贴的地方自治体、承包工程的大型建设公司外，就数自民党的"建设族"议员了。

自民党对民主党"政治主导"改革的掣肘，在 2010 年 7 月第 21 届参议院选举后进一步加大。民主党在这次选举中遭到惨败，失去了控制参议院所必须的过半数席位。日本政坛在时隔 10 个月后再次呈现"扭曲国会"的局面。自民党联合过去的执政伙伴公明党共同对民主党进行牵制。最突出的事例，就是民主党历任内阁先后四次向国会提出要求审议《关于在政府决策过程中确立政治主导的内阁法修正案》。但是，自民党一次次地挡路，偏不让这项法案过关。最终，民主党不得不在 2011 年 5 月撤回这项法案，这意味着它放弃了在国会通过这项法案的计划。这是民主党夺权后改革尝试的最大失败。同样，2010 年 2 月 19 日，鸠山内阁将《国家公务员法修正案》提交国会审议。这项修正案中包含设置专门机构对退职官僚"天神下凡"进行监管的条款，其基本精神与自民党执政期间通过的《国家公务员制度改革基本法》是一致的，是将这项法律付诸实施所必须的。可是，自民党却从党派利益出发，拖延审议这项修正案。3 个月后，随着例行国会的闭幕，这项修正案在众

议院审议未了的情况下成为废案。

除了最大在野党自民党的杯葛外，社会上各种利益集团的阻扰和抵制也是民主党"政治主导"改革失败的客观原因。日本朝野各政党背后都有利益集团的支撑。自民党的支持团体一直是各地的农协、医师会、邮政局长会以及包括"经团联"在内的财界团体。公明党的支持团体则是以日莲宗为教义、拥有800万会员的创价学会。民主党成立以后，一直以工会和市民团体为自己的支持团体。其中，"日本劳动组合总联合会"（简称"联合"）是民主党的主要支持基础。"联合"的"草根"色彩浓、动员能力强，是民主党与自民党、公明党执政联盟长期周旋和博弈的主要后盾。

维系日本政党与其支持团体的纽带，实质上是一种利益交换和利益共享关系。在自民党执政时期，日本各地的农协、医师会、邮政局长会以及包括"经团联"在内的财界团体，长期向自民党各级组织和议员候选人提供资金、人力和选票，反过来，它们也得到了自民党在有关政策甚至政府预算上的照顾与回报。自民党长期执政的奥秘就在于它推行的是一种利益诱导政治，是利益、权力和资金、选票相互交换和共享的关系。民主党在掌控最高权力前，也曾利用最大在野党的地位，尽力维护其支持团体的利益，它在取得执政地位后自然更有条件满足其支持团体的利益诉求了。主要由各级公务员参加的"自治体公务员劳动组合联络会"和"国家公务员劳动组合联合会"是"联合"下属的两大工会团体。民主党执政后推行的"政治主导"改革中，无论是杜绝"天神下凡"现象也好，限制官僚的特权乃至削减国家公务员工资也好，都遭到了"自治劳"和"国公劳"这两个团体的顽强抵抗。由于民主党内一些大牌议员是由工会推荐当选的，这两个团体的态度不能不影响民主党的决策。事实上，民主党执政后，"天神下凡"现象仍然堂而皇之地延续，而民主党在"Manifesto 2009"中主张削减国家公务员薪给20%，但执政后迟迟未能付诸实施。最终还是借着"3·11"震灾筹措灾后重建经费的由头才实现了7.8%的减薪。这不能不使人们对民主党的改革尝试产生极大的失望。

三、日本政、官博弈的未来走向

在民主党执政的3年里，日本传统的"官僚主导"体制受到了一次前所未有的强烈震撼。从这3年来政、官间博弈的态势来看，应该说是互有攻守、跌宕起伏，但总体上是朝着对官僚们有利的趋势发展的。事实表明，民主党不可能也无意对现有的官僚体制进行彻底的改造。但是，这绝不意味着日本将再次回到"官僚主导"的旧轨道上去。

尽管民主党未能从根本上撼动日本旧的统治结构，但这次失败了的尝试多少也留下了一定的痕迹。比较明显的有如下三大变化：

首先，以事务次官会议为顶端的中央省厅决策机制发生动摇，事务次官的权威地位不复存在。鸠山由纪夫任内废除的事务次官会议虽然在菅直人、野田佳彦任内变相复活，但再也不可能回到改革前的状态。"政务三役会议"的尝试虽然以失败告终，却也宣告了事务次官在省厅内不是不可以替代的，事务次官昔日的那种"一言九鼎"的权威已经不复存在了。

其次，大规模的行政事业甄别既削弱了各省厅官僚的话语权，也有力地撼动了"官尊民卑"的政治文化。行政事业甄别的意义是它第一次让各省厅及其主管的独立行政法人、特殊法人和公益法人的预算项目通过甄别人进行检证，决定其取舍。公众通过视频媒体、网络媒体在第一时间全程监控其过程，使得官僚们再也不可能上下其手，为所欲为。同时，它也帮助公众打破了对公共预算的神秘感，深切了解到官僚们也很可能犯低级的错误。

第三，"政治主导"的改革搅动了中央省厅内部死水一潭的局面，官僚队伍不再是"铁板一块"。民主党的改革，无论是限制"天神下凡"等官僚特权，还是削减国家公务员薪给，多少打破了日本中央省厅的人事权、财政权神圣不可侵犯的传统。同时，也引起了中央省厅内部围绕这些改革是否必要的热烈议论。前经济产业省审议官古贺茂明就是霞关官僚队伍中的一名堪称"另类"的改革者。他曾经是2008年7月问世的国家公务员制度改革推进本部事务局的骨干，也曾三次受到鸠山内阁行政刷新担当大臣仙谷由人的垂询。仙谷一度还考虑让古贺担任自己的助理。在霞关各省府的一致抵制下,古贺被迫回到经济产业省坐起冷板凳来①。2011年9月,古贺迫于高层的压力,提出了辞呈。但是,古贺现象表明,霞关官僚"铁板一块"的时代已经一去不复返了。

在可以预见的未来,围绕"政治主导"还是"官僚主导"的对立依然是日本政坛的一大焦点。东山再起的自民党不可能完全回到3年前的状态。正如民主党当年执政时继承了自民党前政权留下的烂摊子一般,自民党重新掌控最高权力后,也不得不面对民主党没有完成的作业。许多迹象表明,自民党将在一定程度上照顾官僚们长期形成的某些特权,换取官僚体系对其执政的支持,而官僚体制为适应政党轮替的常态化,也势必要对原先仅仅以自民党为对象的规则体系进行调整。由于自民党仍然受到日本国内舆论要求在政坛进行必要改革的压力,而官僚们也总是试图最大限度地维护其既得利益,未来政、官间的博弈将呈现时紧时缓、互有进退的态势,日本政党与官僚之间将在相当长时间内保持既相互合作、又彼此制约的局面。政、官博弈的重点依然是政策决定的主导权及官僚既有的特权地位能在多大程度上得以维护。但是,正如京都大学教授中西宽所指出的,日本政坛的这类抗争如不能有效地加以控制,势必会导致"(选民)对政党政治的不信任乃至于政党政治的解体"②。

---

① (日)古贺茂明:《日本中枢的崩溃》,讲谈社,2011年5月版,第79页。
② (日)中西宽:"越来越近的选择政权的选举",《日本经济新闻》,2009年5月27日。

第四章

民主党推行"地方主权"改革的实践

民主党在与自民党角逐政权过程中,鲜明地亮出了"重视地方"的旗帜。这是它所以能得到众多选民青睐,在历次选举中摧枯拉朽、势不可挡的原因之一。在2009年9月的众议院选举中,民主党进一步提出了"地方主权"的口号并以此与自民党拉开距离。然而,民主党取得政权后,在推进"地方主权"改革上却是"雷声大雨点小",这面旗帜逐渐褪色。

第一节 日本的地方分权改革进入攻坚阶段

日本的地方分权改革由来已久,但是,由于包括中央各省府官僚系统在内的既得利益集团的抵制,不仅进展比较迟缓,且多年累积的矛盾日益凸显,已到了非改革不可的地步。

第四章 民主党推行"地方主权"改革的实践

一、从中央集权到地方自治的艰难道路

日本在明治维新后，建立了以天皇为顶端的中央集权的统治体制。战后，日本在美国主导下实行了一系列民主改革。其中之一就是实行地方自治制度。它的法律依据是 1947 年颁布的《日本国宪法》。《日本国宪法》第 92 条规定："关于地方公共团体的组织及运营事项，根据地方自治的宗旨由法律规定之"[①]。第 93 条规定："地方公共团体应按照法律的规定，设置作为议事机关的议会"，"地方公共团体的长官、议会议员以及法律规定的其他官员，由该地方公共团体的居民直接选举之"[②]。第 94 条则载明："地方公共团体具有管理财产，处理事务以及执行行政的权能，得在法律范围内制定条例"[③]。

战后，日本地方自治体始终保持 1 都（东京都）、1 道（北海道）、2 府（京都府和大阪府）和 43 个县的格局。基层地方公共团体称"区""市"、"町"、"村"。据 2013 年 4 月 1 日的统计，日本共有 23 个区、789 个市、746 个町和 186 个村。"区"、"市"、"町"、"村"在法律上都是平等的。不过，在 789 个市一级基层公共团体中，有一些被称为"政令指定市"的特殊类别，其职权范围要比一般的市稍大。目前，日本的"政令指定市"共有 20 个，其人口在 50 万人以上，一般是所在地区的经济、交通和文化中心，如大阪市、名古屋市、横滨市等。

由于日本有着长期的中央集权的传统，即使在实行地方自治制度后，中央政府仍通过各种手段对地方自治体进行严密的控制。其结果，地方自治在很大程度上成为一种摆设。主要表现在：1. 与美国等实行联邦制的国家不同，日本的地方自治体立法权有限，充其量只能制定与本地事务相关的条例和规定。2. 财政大权由中央独揽。地方税只占国

[①] 《日本国宪法》第 92 条，载《简明日本百科全书》，中国社会科学出版社，1994 年版，第 658 页。

[②] 《日本国宪法》第 93 条，同上，第 659 页。

[③] 《日本国宪法》第 94 条，同上，第 659 页。

家税收的30%左右，地方自治体的预算收入的很大一部分来自中央财政的转移支付。3. 中央政府利用"机关委任事务制度"以及相应的预算分配，直至通过向地方自治体派遣所谓"挂职"干部，强化对地方自治体的控制。

日本一直盛行"三分自治"的说法。意即地方自治体只能解决30%的财源，预算开支的70%需要依靠中央政府的补贴。这就使得地方自治体不得不听命于中央政府。借用前三重县知事北川正恭的话来说，日本的地方自治制度实质上是"中央集权、统一规格批量生产的体制"。[①]

在战后日本经济重建和高速增长时期，中央政府对地方自治体的控制无疑有助于资源的最佳配置和全国的均衡发展，有助于实现优先高速发展经济这一国家战略目标。地方自治体虽然对事事受制于中央政府啧有烦言，但总体上还是愿意接受的。然而，自1973年10月爆发第一次石油危机后，随着日本经济高速增长时期的结束，"三分自治"所造成的弊端日益引起地方自治体和民众的不满，而中央政府由于财政拮据，也难以延续以往大包大揽的做法。

导致地方分权呼声日益高涨的原因主要是：

第一，中央集权体制加剧了中央政府财政困难。由于大部分公共事业项目的审批权集中于中央，资金也主要来自中央。地方自治体不顾当地实际需要，盲目争项目、争资金，致使中央财政规模不断扩大。而中央政府下达的项目常常要求地方自治体配套资金。争项目、资金的结果是使中央政府和地方自治体的财政都出现问题。如以1961年日本中央政府年度纯支出为100的话，1993年高达4093，扩大了40倍；同期地方自治体的年度纯支出也膨胀了37.5倍[②]。而地方选出来的众参两院议员，尤其是一些位高权重的资深政治家，总是在中央各省厅与地方自

---

① 日本三重县知事北川正恭语，参见（日）柴田启次、阿部孝夫、井上繁、坂田期雄编：《新地方自治的论点106》，时事通信社，2002年版，第27页。
② 臧志军："中央政府与地方自治体的分权"，载吴寄南主编：《新世纪日本的行政改革》，时事出版社，2003年版，第211页。

第四章 民主党推行"地方主权"改革的实践

治体之间居间斡旋、穿针引线，甚至以权谋"票"，攫取私利，构成了一幅具有日本特色的政治、行政腐败图景。

第二，地方自治体的分权意识不断增强。在20世纪六七十年代，日本地方自治体出现了一批被称为"革新派"的地方首长。其中，最具代表性的是1967年当选为东京都知事并连任3届的前NHK解说委员、马克思主义经济学家美浓部亮吉。此外，还有黑田了一（大阪府知事）、长洲一二（神奈川县知事）、武村正义（滋贺县知事）、蜷川虎三（京都府知事）、长野士郎（冈山县知事）、恒松制治（岛根县知事）、前川忠夫（香川县知事）、本下郁（大分县知事）、屋良朝苗（冲绳县知事）等。在一段时期内，全日本总人口一半以上生活在革新派知事掌权的自治体。这些以"革新派"自诩的自治体首长往往以北欧国家为效仿对象，推行一系列社会主义色彩较浓的高福利政策，在造成地方财政拮据的同时，与垄断国家权力的、相对保守的中央政府形成了明显的对立局面。

第三，日本各都道府县间的差距逐步拉大。从经济高速增长时期开始，日本大量的人口、资源向东京集中，形成了所谓的"东京一极化"现象。与此同时，一些经济比较落后的地方自治体则陷入了人口流失、税源减少的恶性循环。日本内阁府发布的统计数据显示，2006年度反映人均居民收入的地区差距扩大的"变动系数"比上年度上升0.2个百分点至16.25%，仅次于泡沫经济时代1988年度的16.48%。东京都人均居民收入为482万日元（约合36.5万元人民币），高居榜首，冲绳县则以人均208.9万日元居榜尾。由于所在地区经济凋敝，地方自治体每年都有数千亿日元的税收收不上来，而开支却降不下来。北海道夕张市由于当地煤矿相继关闭，市财政负债额高达632亿日元，平均每个市民要分摊486万日元。夕张市也因此开了地方自治体破产的先河。

随着时间的推移，地方分权改革的呼声日益高涨，终于在中央集权色彩较浓的日本统治体制中打开了一个缺口。

二、自民党政权有关地方分权改革的探索

在日本，一直站在地方分权改革前沿、呼吁彻底改革现有统治结构

的是"全国町村会"、"全国市长会"、"全国知事会"、"全国町村议会议长会"、"全国市议会议长会"和"全国都道府县议会议长会"等地方六团体。它们不仅在日本中央政府编制预算和制定、修改法令时，屡屡向向中央陈情，表达地方要求，还通过大众传媒努力营造地方分权改革的舆论氛围。在一些地方出身的资深政治家推动下，自民党不得不改变以往对地方分权改革的消极态度，开始了这方面的初步尝试。

从中曾根康弘内阁开始，日本先后由财界领袖土光敏夫、大槻文平和铃木永二牵头，组成了第二次、第三次"临时行政改革推进审议会"，就包括地方分权改革在内的行政改革问题向首相提出咨询报告。从宫泽喜一内阁起，自民党历届内阁的地方分权改革大致经历了三个阶段：

第一阶段：从1993年至2001年。其标志性的事件是日本的众参两院在1993年6月通过有关推进地方分权改革的决议。1995年5月通过了《地方分权推进法》，规定地方分权是一项长期执行的战略。同年7月成立了以秩父小野田株式会社董事长诸井虔领衔的"地方分权推进委员会"。1998年5月，日本政府在"地方分权推进委员会"提交的四份报告的基础上，制定了《地方分权推进计划》，明确中央与地方的职能分工，把与市民生活密切相关的行政事务尽可能交由地方政府处理，建立中央与地方、都道府县与市町村的新型关系。2000年4月开始实行的、由475项法律汇总而成的"地方分权一揽子法"，废除了所谓的"机关委任事务"，国家和地方自治体在名义上处于对等的关系。这一阶段的改革在地方分权的理念上有所突破，但在财源和权限移交等关键问题上没有多大进展。

第二阶段：从2001年至2006年。在小泉纯一郎担任首相的5年半里，地方分权改革又掀起了新的高潮。小泉一贯的信念是："民间能够做的事情就交给民间做，地方能够做的事情就交给地方做。"小泉任内的地方分权改革包括两项内容：一是市町村合并；二是三位一体改革。

1. 市町村合并。日本明治维新以来市町村先后进行过几次大的调整。为提高行政效率、减少财政支出，在小泉任内进行了一次被称为"平成大合并"的调整。市町村的数量从2002年的3218个缩减为2006年的1821个。而由都道府县下放权限的政令市、核心城市、特例市却

第四章 民主党推行"地方主权"改革的实践

有较大幅度的增加。

2. "三位一体"的改革。这项小泉大力推进的改革包括三项互相关联的内容：一是对各省厅管辖的、按一定比例向地方自治体提供的国库补助金进行改革，将这些补助金变为地方自治体的一般财源；二是改革总务省管辖的、旨在向地方自治体分配资金的地方交付税制度；三是将国家征收的一部分税源移交给地方自治体。从2002年6月小泉内阁出台《基本方针2002》起，这项计划一直遭到官僚系统的激烈抵抗。各省厅几乎一直反对削减补助金，而财务省、总务省则分别对由国家向地方移交税源和改革地方交付金制度持强烈保留态度。2005年12月小泉召开内阁会议，将削减国库补助金、转让税源和改革地方交付税的规模分别定为4.7万亿日元、3万亿日元和5.1万亿日元[①]。这是与各省厅讨价还价的结果，但在实际执行过程中，多少还是要打一点折扣的。

第三阶段：从2006年至2009年。小泉纯一郎卸任后，自民党先后推出安倍晋三、福田康夫和麻生太郎三名首相。地方分权改革依然保持着一定的势头。标志性的进展是：2006年12月，通过了《地方分权改革推进法》，翌年4月成立了以伊藤忠商事董事长丹羽宇一郎牵头的"地方分权改革推进委员会"。该委员会于2008年5月、12月先后提出两份倡议，分别就如何从普通市民的视角推进地方自治体的建设以及扩大地方自治体自主性问题提出政策咨询。

1993年以后的十余年里，日本推进的地方分权改革在调整中央与地方关系、改变以往"三分自治"的格局上取得了一定的进展。地方自治体在改革中获得较以往更多的权力。这一改革总体而言带有浓重的自上而下的色彩。虽然对中央干预地方事务的原则、途径和程序作了一些带有强制性的规范，但这些规范和规定都是在维护中央对地方的干预权的基础上设置的，并没有根本改变日本的国家结构[②]。而且，在小泉卸

[①] （日）总务省："'三位一体'改革的成果"，2005年12月27日，见总务省网站：http://www.soumu.go.jp/main_sosiki/jichi_zeisei/czaisei/czaisei_seido/ichiran03/0512271.html。

[②] 臧志军："中央政府与地方自治体的分权"，载吴寄南主编：《新世纪日本的行政改革》，时事出版社，2003年版，第237页。

任后，自民党政权已日益凸显"制度性疲劳"的特征，陷入了"一年一相"的短命政权怪圈。在麻生内阁任内，地方分权改革没有任何进展，已成为虚应故事的装饰品。

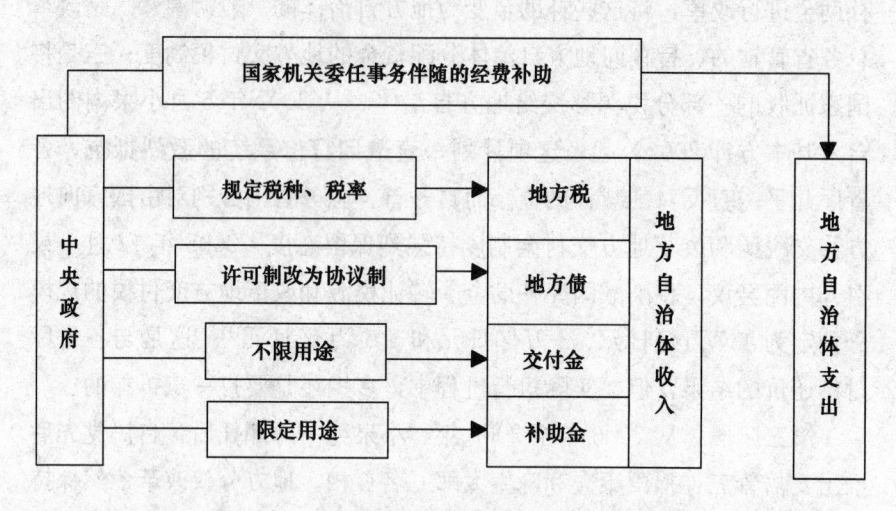

图 4—1 日本中央省厅控制地方财政的示意图

资料来源：（日）神野直彦：《财政机制一目了然》，岩波书店，2007 年 6 月，第 161 页。

三、日本民众呼唤真正的地方分权改革

从近十多年来的实践看，自民党政权无意也无力推进真正意义上的地方分权改革。从历届内阁的举措来看，小泉纯一郎任内推进的"平成大合并"和"三位一体改革"算是动静最大的一次改革。尽管一时间颇为风光，时过境迁，人们却发现其实际效果极为有限，而后遗症却逐渐凸显出来。

以市町村的"平成大合并"为例，它形式上是各基础自治体自主决定的，实际上却是中央政府交替使用威胁、利诱两手在幕后推动的。如果同意合并的话，政府可以按照《合并特例法》批准发行合并特例债券，变相地予以财政资助，而如果拒绝合并的话，则动辄以削减地方交付金相威胁。此外，各都道府县知事也在合并过程中行使了所谓的劝告权。很多人批评这种合并是人为的、强制的，名为尊重地方自治体意

第四章 民主党推行"地方主权"改革的实践

愿,实质上却使得国家、都道府县和市町村的对等关系"名存实亡"。

而实行"三位一体"改革的结果,也未必如自民党政权所宣称的那样尽善尽美。其后遗症之一是使地方自治体的财政状况日趋恶化。2001年度总规模达20.3万亿日元的地方交付税,到2007年度萎缩为15.2万亿日元,减少额超过5万亿日元;同期,国库补助金也削减了4.7万亿日元。另一方面,国家交由地方征收的税收却没有如预期的那样大幅度增加,甚至出现减少的趋势。后遗症之二是地区间差距呈逐年扩大趋势。以地方自治体的自主财源比率(地方自治体自主财源收入占自治体财政决算中总支出的比率)为例,2005年,东京、中部和阪神三大城市圈是65.4%。三大城市圈以外的地区,平均值是39.9%,而北海道、青森县、宫崎县和冲绳县平均只有33.3%。2002至2007年,地方财政中有关医疗的支出共计削减250万亿日元。2005年,地方的公立医院有68.7%收支出现赤字[1]。地方自治体普遍抱怨"三位一体"改革使得所谓的"地方主权"、"自治型社会"等理想的实现越来越遥远。

自民党在其执政的最后几年里,已经开始意识到自己在地方分权改革问题上的失败并试图予以修补。在安倍晋三任内,根据2006年12月生效的《地方分权改革推进法》,于翌年5月成立了以首相为本部长、全体阁僚参加的"地方分权改革推进本部"。同年,又先后成立了"有关提高地区活力的城市重建本部"、"结构改革推进本部"、"地方重建本部"和"提高中心城区活力本部"等机构。但是,由于财源问题未能圆满解决,这些举措都未能收到预期的效果。

2007年7月和2009年8月,日本先后举行了第21届参议院选举和第45届众议院选举。在这两次选举中,自民党均遭到空前的惨败。其中,地方票的大量流失非常明显。在第21届参议院选举中,自民党仅获37席,比选前减少27席。一向被视为自民党地盘的29个"一人区"中,自民党只拿到6席。[2] 同样,在第45届众议院选举中,自民

---

[1] (日)《现代用语基础知识》,自由国民社,2010年版,第250页。
[2] 日本参议院每3年改选一半议席。分别由选举区和比例区投票产生。在47个以都道府县为单位的选举区中,只产生1名参议员的称为"一人区"。

党与民主党在 300 个小选区中战成了 64 对 221。民主党夺走了 57 个被自民党垄断了 13 年的小选举区，在 8 个它从来不曾有过候选人当选的"空白县"实现了"零"的突破。自民党在这两场选举中称得上是"兵败如山倒"，最终不得不交出了垄断了半个多世纪的政权。

第二节　民主党推行"地方主权"改革的理念与举措

民主党在野时一直批评自民党在地方分权改革问题上犹豫不决，裹足不前。它在 2009 年众议院选举前推出的竞选公约"Manifesto2009"中鲜明地突出了"地方主权"的口号。其主张概括起来就是："地方的事情应该由地方决定"，"要建设富有活力的地区社会"。

一、民主党有关"地方主权"改革的理念

民主党有关"地方主权"的理念是逐步形成并发展起来的。早在 20 世纪 90 年代初，日本媒体上就开始出现"地方主权"的概念。民主党在 1996 年 9 月问世时，在它的《基本政策》和《基本理念》中首次提及"地方主权"。9 月 12 日，《朝日新闻》刊登了民主党的《基本政策》，其中就有题为《确立地方主权和行政财政改革》这一节。同一天发表的《基本理念》中也提到了"地方主权"[1]。不过，在 1998 年 4 月新民主党诞生后，新的《基本政策》和《基本理念》中有关"地方主权"的提法却不见踪影了，代之以"地方分权"这一比较普遍使用的提法。

民主党从 2003 年开始发表竞选公约（Manifesto），几乎每一次都用较大的篇幅论述地方分权问题。2003 年的"Manifesto"强调地方上

---

[1] （日）浅野一弘：《民主党政权下的日本政治》，同文馆出版社，2011 年 4 月版，第 90 页。

第四章 民主党推行"地方主权"改革的实践

的事情要由地方作主,要限制中央省厅的权限,让市民参与行政管理,实行真正的自治。总额为20万亿日元的、附带条件的国库补助金应予以废除,其中的18万亿日元转移给地方自治体。在2005年的"Manifesto"中,民主党提出有关向地方自治体转移财源时应优先考虑市町村等最接近市民的基层自治体,要改革公益法人、发展NPO团体,激发地方的活力,还要杜绝官方主导的"谈合"①,废除道路建设公团,实现高速公路的免费通行,等等。

与此同时,民主党内一些有影响的政治家依然执着地倡导"地方主权"的理念。例如,民主党第二任代表鸠山由纪夫2002年8月在《经济界》半月刊第15期发表题为《用"地方主权"打破自民党的中央集权体制》的论文;2006年12月,时任民主党政调会长的松本刚明在《城市问题》第12期发表题为《民主党追求的地方主权——让地方统一选举与地方分权及维护民生的改革结合起来》的论文;2007年9月,民主党税制调查会会长古川元久在《财界》半月刊第18期上发表题为《地方主权》的论文,等等。古川元久在这篇论文中提出:"国家专管外交、防卫事宜,包括教育在内的问题,凡是地方能够作的事情都应该交给地方。"在民主党"未来的内阁"中担任"总务大臣"的原口一博在2010年1月出版了《民主党能改变日本—地方主权改革宣言》一书。这是一本系统论述"地方主权"问题的专著,虽然是在民主党掌权后才问世的,考虑到书籍出版的周期,应该说他是酝酿了相当长一段时期的。而且,原口利用自己担任NC"总务大臣"的职务之便,肯定在民主党内也进行了周到的游说。

2009年7月,在第45届众议院选举前夕,民主党在它的"Manifesto 2009"中正式提出"地方主权",以取代自民党时代沿用多年的"地方分权"方针。在这份奠定了民主党胜利基础的竞选公约中,有关"地方主权"问题被定位为五大原则的第五条,即"将中央集权转变为地方主权"。作为确立"地方主权"的第一步,首先是要大幅度地增加

---

① "谈合"在日文中是商议、商量的意思。此处"谈合"是"谈合行为"的略语,多指投标前企业间事先商议确定投标价格及中标者。

地方自治体的自主财源，摆脱对中央财政的依赖；其次，是要振兴地方，建设富有活力的地区社会。

"Manifesto 2009"提出如下九项对策：

1. 中央省府的职能集中在外交和安全保障领域，地方能够做的事情都交给地方去做；

2. 依据有关法律设立国家与地方进行磋商的平台；

3. 废除中央各省府除社会保障和义务教育外所有附带条件的补助金，将它们变成地方的自主财源；

4. 废除地方承担的有关国有事业的分担金；

5. 废除汽油税、挥发油交易税、汽车重量税和汽车购置税的临时税率，实施总额为2.5万亿日元的减税；

6. 分阶段实行高速公路免费通行，降低物流成本和物价，激发地方经济的活力；

7. 创设户别收入补偿制度，振兴农业，提高食品的自给率；

8. 引进对从事畜牧业、乳业和渔业的收入补偿制度以及向林业户直接发放补偿金制度；

9. 为激发地区社会的活力，对邮政事业进行彻底的改革。[①]

日本政坛政治风向的转变，使得"地方主权"的概念不胫而走，风靡日本。按照日本学者浅野一弘的检索，日本第二大全国性报纸《朝日新闻》的报道中提及"地方主权"的次数，在1990—1996年间每年都不超过10次，1997—2008年间出现"地方主权"这一名词的频率每年在12—36次之间，2009年猛增为421次，2010年达到625次。根据国会图书馆的检索，2010年1月5日，日本全国发行的杂志标题中出现"地方主权"这一关键词的论文共有159篇，2010年10月5日便跃升为391篇，9个月内增长了1.46倍[②]。可见，"地方主权"的概念在民

---

① （日）民主党本部："民主党 政权政策 Manifesto 2009"，2009年7月27日，第12页、第13页。

② （日）浅野一弘：《民主党政权下的日本政治》，同文馆出版社，2011年4月版，第85页、第92页。

主党执政后迅速流行。无论是报道也好，论文也好，都出现了"井喷"式的增长。

不过，日本国内也有人对"地方主权"提出质疑。他们认为，"主权"通常指的是国家的统治权。按照日本宪法"主权在民"的规定，它是由日本国民委托内阁总理大臣行使的。"主权"是单一的、固定的、不可分割的。而且，"地方主权"究竟指的是市町村等最基础的自治体，还是都道府县，甚至是酝酿中的、地域范围更广的道、州，在不同层面上它所具有的意义也是完全不同的。

但是，民主党所倡导的"地方主权"并不是严格意义上的法律概念。它所针对的是中央集权式的统治架构，是要从省厅的官僚手中将国民缴纳的税金的分配权夺回到地方，或者更进一步说夺回到市町村等基层自治体手中，让民众对如何使用这笔资金有更大的发言权而已。按照原口一博在《民主党能改变日本—地方主权改革宣言》一书中所指出的，"地方主权"要比"地方分权"更进一步。"地方分权"从字面上看无非是将中央的一部分权限让渡给地方而已，而"地方主权"则认为地方本来就有权利也有义务处理与自己相关的问题。显然，这意味着中央与地方之间从上下隶属的关系变成对等的关系。从明治维新以来中央集权式的统治结构将由此发生深刻的变化。

二、民主党推行"地方主权"改革的尝试

民主党夺取政权后，鸠山由纪夫在2009年9月16日组建了民主党政权的第一届内阁。在"未来的内阁"中担任"总务大臣"的原口一博摘去头上那顶"NC大臣"的帽子，出任鸠山内阁的总务大臣兼地方主权改革担当大臣。

2009年10月26日，鸠山由纪夫在国会发表他作为民主党首任首相的首次施政演说。他在这篇演说中用较大的篇幅阐述了"地方主权"改革的指导思想和具体措施。鸠山指出："要让经济成为'为了人的经济'，我将果敢推行旨在由地方的居民决定地方的事情，建设富有的地区社会的'地方主权'改革。"他提出的三条对策分别是：1."充实、

强化地方的自主财源";2."将中央凌驾于地方的上下关系变为以对等立场进行对话的新型伙伴关系";3."国家要为建设富有活力的地区社会率先履行自己应尽的责任"[①]。翌年1月18日,鸠山在第174届例行国会上发表施政演说,称"地方主权"改革是将以中央政府和相关公立法人为顶端的金字塔结构改为自律型、平台型的"地方主权"型结构,是"鸠山内阁改革的一丁目一番地"[②]。换句话说,"地方主权"改革是民主党政权推行的各项改革中的重中之重。

在鸠山由纪夫任内,民主党政权在"地方主权"改革上采取了如下措施:

首先,成立"地方主权战略会议",负责"地方主权"改革的总体设计。按照2009年11月17日内阁会议的决定,内阁府成立了由首相担任议长、相关阁僚、地方自治体首长和学者组成的"地方主权战略会议",取代2007年5月设立的"地方分权改革推进本部"。"地方主权战略会议"从2009年12月起至2012年11月,一年内共举行了18次会议。

其次,通过"地方主权战略进度表",分阶段实施"地方主权"改革。"地方主权战略会议"于2009年12月14日通过了"地方主权战略进度表"。决定分三阶段实施"地方主权"改革。其中,第一阶段从2009年底至2010年夏季,任务是建立"地区主权"的推进机制,制定《地方主权战略大纲》;第二阶段,从2010年夏季到2013年夏季,通过贯彻上述《战略大纲》,兑现民主党在2009年竞选公约中有关"地方主权"的承诺。

对于自民党时代建立的"地方分权改革委员会",民主党政权并没有采取排斥态度。相反,在鸠山任内,内阁会议通过了该委员会提出的

---

① (日)鸠山由纪夫:"在第173届临时国会上的施政演说",2009年10月26日,见首相官邸网站:http://www.kantei.go.jp/jp/hatoyama/statement/200910/26syosin.html。

② (日)鸠山由纪夫:"在第174届例行国会上的施政演说",2010年1月29日,见首相官邸网站:http://www.kantei.go.jp/jp/hatoyama/statement/201001/29siseihousin.html。

第四章 民主党推行"地方主权"改革的实践

《地方分权改革推进计划》(2009年12月15日)，并先后接受了该委员会为扩大地方自治体权限而提出的两次建议（地方分权改革委员会第三次建议，2009年月日，第四次建议2010年月日）。《地方主权战略大纲》就是在上述第三次第四次建议的基础上拟定的。

鸠山由纪夫卸任后，继任的菅直人、野田佳彦两位首相继续推进"地方主权"改革。菅直人在2011年1月24日第177次例行国会上发表的施政演说中，依然强调"地方主权"改革是本届内阁的"大方针"，这场改革"要大踏步地向前进"[①]。在菅直人任内，"地方主权"改革取得5项比较大的进展。它们分别是：

1.《地方主权战略大纲》。于2010年6月22日由内阁会议批准。《地方主权战略大纲》阐述了"地方主权"改革的意义，勾勒了"地方主权"改革的进程表，着重强调必须改革地方自治体承担国家机构委托的事务所必须履行的义务、扩大自治体条例制定权限、中央省厅向基层自治体转让权限、原则废除中央省厅派往地方的派出机构、将附带条件的国库补助金改为由地方自治体自由使用的一揽子交付金，等等。这是未来日本推进"地方主权"改革的公约性文件。

2.《有关原则撤销中央派出机构的行动计划》，于2010年12月28日由内阁会议批准。这是一个牵动全局的大动作。目前，日本国家公务员约32万人，其中在各省府设置在地方的派出机构中任职的就有20万人。光近畿地方整备局就有约2500名职员，年度预算接近1万亿日元，足以与府、道、县的财政规模相比。这些中央派出机构的职权范围往往与地方自治体重叠，形成双重行政，效率低下，浪费严重。而且，由于各省府条块分割，这些派出机构无法如地方自治体那样进行统筹协调。但是，究竟哪些机构要撤销，哪些予以保留，尚需进行甄别。自然，撤销中央派出机构还需要国会通过有关法律。

3.《为推进地方主权改革而实施相关法律调整的法律》、《有关国家

---

① （日）菅直人："在第177届例行国会上施政演说"，2011年1月24日，见首相官邸网站：http://www.kantei.go.jp/jp/kan/statement/201101/24siseihousin.html.

与地方磋商平台的法律》以及《地方自治法修正案》。于 2011 年 4 月 28 日获得参议院通过。根据《有关国家与地方磋商平台的法律》，当年 6 月 13 日在首相官邸举行了首相和相关阁僚与"地方六团体"负责人之间的对话。至 2012 年年底民主党政权结束为止，共进行了 11 次对话，议题包括"3·11"震灾后的重建问题以及税制与社会保障一体化改革等。

4.《地方主权改革一揽子法》，在 2011 年 5 月 2 日和 8 月 27 日分两次在国会表决通过，共涉及 188 项相关法律的修改。由于自民党等在野党的强烈要求，正式名称改为《为促进旨在提高地方自主权和自立性而对相关法律进行调整的法律》。其中，既有省厅的权限下放到都道府县的，也有都道府县的权限转移给市町村的。按照这两次通过的一揽子法案，都道府县各自再对地方性的法律法规进行修改和调整。这些法律涉及到住宅建筑标准的制定、NPO 法人的批准以及幼稚园的设立由批准制改为申报制，等等。

5. 设置"地方自主战略交付金"。这是在菅直人内阁制定 2011 年度预算时建立的一项专项基金。资金来源于农林水产省等 8 个省府转移给地方的、附带条件的国库补助金。这笔钱各都道府县可以自由决定如何使用。不过，当初在要求相关省府从它们掌管的国库补助金中抠出这一块还真不容易。国土交通省强调不能对资金使用不加限制，农林水产省则认为让都道府县自由支配将无法实现日本粮食自给的国家目标。8 省府答应拿出来的专项资金合计只有 28 亿日元。直到菅直人威胁将不惜罢免有关官员才凑出了 5120 亿日元的"地方自主战略交付金"，其规模相当于 2011 年度公共建设费用的 10%。

野田内阁继任首相后，"地方主权"改革表面上还在继续。如"地方主权"战略会议在鸠山由纪夫任内共举行了 5 次，菅直人任内 7 次，野田佳彦任内 6 次，似乎旗鼓相当。但如考虑到鸠山的首相任期只有 266 天，菅 452 天，野田 482 天，就可知会议举行的频率是大大降低了。野田任内也没有通过有关的法律。唯一值得称道的是从中央 8 个省府转移给地方的、附带条件的国库补助金中抠出了一块作为由都道府县自由支配的"地方自主战略交付金"。2011 年度预算中只是针对都道府县的，在野田主持下制定的 2012 年度预算则将政令指定城市也包括在内，总金额为 6754 亿日元（都道府县 5515 亿日元、政令指定城市 1239 亿日元）。

民主党政权的"地方主权"改革在鸠山由纪夫时代闪亮登场，菅直人时代全面展开，但到了野田佳彦时代，却已经是强弩之末了。

三、日本的"地方主权"改革与道州制构想

民主党执政后，在推进"地方主权"改革的同时，对引进道州制构想也表现出异常的热心。

日本现行 47 个都道府县制度是在明治维新"废藩置县"以后逐渐形成并沿袭至今的。从 20 世纪八九十年代以来，随着地方自治体的公共债务日益累积，都道府县间的贫富差距呈急剧扩大的趋势。除东京都、爱知县外的道府县普遍面临入不敷出的财政危机，提供公共服务的能力日渐萎缩，甚至出现人口外流和土地荒芜的现象。久而久之，势必会对日本经济社会发展产生极大的负面效应。在这种情况下，一些有识之士便开始酝酿在都道府县间进行合并，扩大次国家一级地方自治体的财政规模，均衡各地区的发展水平。于是，实行道州制的各种议论便应运而生。

2004 年 6 月，关西地区的经济团体率先提出由 2 府（大阪府、京都府）6 县（福井县、滋贺县、三重县、奈良县、和歌山县、兵库县、德岛县）组成广域行政体的建议，其中对广域行政体的组织和运营方针也有很多设想。2006 年 2 月 28 日，第 28 次地方制度调查会（会长是太平洋水泥公司顾问诸井虔）发表了题为《有关道州制应循姿态的答辩》的文件，倡议撤销现有的都道府县，改为设立道州制。其中，对道州的设立分别列出了 9 道州、11 道州和 13 道州等 3 种选项。分述如下：

第一种方案：9 道州制

北海道 北海道（19.0544 万亿日元）

东北州：青森县、岩手县、秋田县、山形县、宫城县、福岛县（32.42 万亿日元）

北关东信越州：茨城县、枥木县、群马县、新潟县、长野县（43.5586万亿日元）

南关东州：埼玉县、千叶县、东京都、神奈川县、山梨县（156.7627万亿日元）

中部州：富山县、石川县、岐埠县、静冈县、爱知县、三重县（72.7339万亿日元）

近畿州：福井县、滋贺县、长京都府、大阪府、兵库县、奈良县、和歌山县（82.2004万亿日元）

中国四国州：鸟取县、岛根县、冈山县、广岛县、山口县、德岛县、香川县、爱媛县、高知县（41.4862万亿日元）

九州州：福冈县、佐贺县、长崎县、熊本县、大分县、宫崎县、鹿儿岛县（43.4862万亿日元）

冲绳州：冲绳县（3.5755万亿日元）

第二种方案：11道州

北海道 北海道（19.0544万亿日元）

东北州：青森县、岩手县、秋田县、山形县、宫城县、福岛县（32.42万亿日元）

北关东州：茨城县、枥木县、群马县、埼玉县、长野县（54.6282万亿日元）

南关东州：千叶县、东京都、神奈川县、山梨县（136.6839万亿日元）

北陆州：新潟县、富山县、石川县、福井县（21.3242万亿日元）

东海州：岐埠县、静冈县、爱知县、三重县（63.7072万亿日元）

近畿州：滋贺县、长京都府、大阪府、兵库县、奈良县、和歌山县（78.9121万亿日元）

中国州：鸟取县、岛根县、冈山县、广岛县、山口县（28.1378万亿日元）

四国州：德岛县、香川县、爱媛县、高知县（13.3927万亿日元）

九州州：福冈县、佐贺县、长崎县、熊本县、大分县、宫崎县、鹿儿岛县（43.4862万亿日元）

冲绳州：冲绳县（3.5755万亿日元）

第三种方案：13道州

北海道：北海道（19.5044万亿日元）

北东北州：青森县、岩手县、秋田县（12.4998万亿日元）

南东北州：宫城县、山形县、福岛县（19.9202万亿日元）

北关东州：茨城县、栃木县、群马县、埼玉县、长野县（54.6282万亿日元）

南关东州：千叶县、东京都、神奈川县、山梨县（136.6839万亿日元）

北陆州：新泻县、富山县、石川县、福井县（21.3242万亿日元）

东海州：岐埠县、静冈县、爱知县、三重县（63.7072万亿日元）

近畿州：滋贺县、长京都府、大阪府、兵库县、奈良县、和歌山县（78.9121万亿日元）

中国州：鸟取县、岛根县、冈山县、广岛县、山口县（28.1378万亿日元）

四国州：德岛县、香川县、爱媛县、高知县（13.3927万亿日元）

北九州州：福冈县、佐贺县、长崎县、大分县（28.9496万亿日元）

南九州州：熊本县、宫崎县、鹿儿岛县（14.5366万亿日元）

冲绳州：冲绳县（3.5755万亿日元）[①]

上述区隔方案中，括号中是按照2003年统计的都道府县"县民生产总值"计算出来的经济规模。如果撇开冲绳县的话，不管实现哪一种构想，实行道州制以后的各区域单元的经济规模都相当于欧盟中小国家。随着经济规模的扩大，其抵御财政风险的能力相应增强，而随着中央政府向道、州的放权让利，加上管理层次的精简、行政机构的撤并等，既可扩大地方的权力，也有助于行政效率的提高。从中长期来看，对日本经济社会的发展是有利的。难怪日本的媒体将实行道州制誉为同

[①] 除上述三种选项外，"道州制展望恳谈会"的召集人江口克彦提出的设想是将东京都的23区和大阪府作为"特别州"的12道州构想。

明治年代"废藩置县"相比美的平成年代"废县置州"。

历史证明,任何一项改革都是有利有弊,有得有失的。道州制改革也不例外。一般来说,像大阪府和宫城县、爱知县、石川县、冈山县等,中央政府各省厅的派出机构较集中的府、县,实行道州制后其府厅县厅所在地设立州厅的可能性比较大。人口和税收增加的效果比较明显,这些地方对推行道州制的态度就比较积极。反之,一些不大可能设立县厅的县,如福岛县、富山县、福井县、兵库县、鸟取县、三重县等,对实行道州制后会不会导致原来县厅所在地的城市边缘化的担心就比较多一些。根据2006年12月13日的一次全日本范围的民意调查,赞成实施道州制的民众为29%,反对的有62%。但即便是反对道州制的人,赞成地方分权的民众也有62%。

日本财界敏锐地觉察到道州制蕴藏着巨大的商机。经团联在2007年3月28日、2008年11月18日分别提出有关引进道州制的第一次建议和第二次建议。东京商工会议所也在2009年4月16日发表了题为《有关推进有助于地方焕发活力的地方分权改革与道州制问题》的报告。经济同友会稍迟一些,也在2010年5月19日发表了题为《有关向道州制过渡的课题——从财政的视角看东京问题与长期债务问题》的报告。

进入新世纪后,自民党的第一位首相小泉纯一郎对道州制构想非常积极。其后任安倍晋三也不例外,他一上任就在内阁中增设了道州制担当大臣(2006年9月)。2006年12月20日,安倍内阁公布了《有关推进道州制特别区等大区域行政的法律》(简称《道州制特区推进法》)。2007年1月26日,设立作为道州制担当大臣私人咨询机构"道州制展望恳谈会"。同年6月14日,自民党"道州制调查会"发表了有关道州制问题的中间报告。福田康夫继任首相后,于同年11月将"道州制调查会"升格为直属首相的"道州制推进本部"。2008年3月24日和7月29日,"道州制展望恳谈会"和"道州制推进本部"分别发表了有关道州制改革的中间报告。由于自民党在2009年8月的第45届众议院选举遭到惨败,被迫交出了垄断半个多世纪的最高权力,其推行道州制构想的"路线图"就此搁浅,原定2009年年底推出的"道州制展望恳谈会"的最终报告也不了了之。

第四章 民主党推行"地方主权"改革的实践

民主党对道州制构想一度比自民党还要积极。野田佳彦首相在1996年至2000年落选众议员期间,曾与其追随者组建"志士会",合写了一本题为《让日本找回尊严的构想》的小册子。野田撰写的《拯救日本的11项政策》,其中就有实行首相直选制、地方主权型的道州制等内容。野田还倡言,在实行道州制后,消费税应该成为地方税[①]。"松下政经塾"出身的前民主党议员,现任神奈川县知事的松泽成文曾主编一本题为《道州制能使"太阳"再次上升吗》,热心地推销道州制构想。民主党另一位政治明星、曾任总务大臣的原口一博也曾积极参与有关道州制构想的酝酿。他在经团联演讲时强调自己在民主党在野时就十分重视道州制改革,曾参与撰写经团联发起的有关道州制问题讨论的中间报告。原口强调,民主党对道州制问题的基本立场是要在霞关的官僚体制解体的基础上,将财源和权力向各县市町村分散的基础上予以推进。2001年7月,民主党在第19届参议院选举前夕发表的竞选公约里明确写上将现有的都道府县改为道州制是地方分权改革的第一支柱。在2003年统一地方选举前夕,民主党在其政策宣示中再次将民主党的地方分权改革概括为"推进道州制"和"振兴地方共同体"。

遗憾的是,在2006年小泽一郎出任民主党代表后,"道州制"构想突然在民主党的正式文件里销声匿迹了。在论述"地方分权"改革时讲得比较多的是废除补助金、实行不限定用途的一揽子交付金以及实行中央政府直接与基础自治体打交道的两级结构。不过,在2009年8月的第45届众议院选举前夕,民主党再次明确提出了要以道州制为契机,推行地方分权改革的主张[②]。

民主党在道州制问题上改变态度的最大原因是前大阪府知事桥下彻的推动。桥下彻在2008年1月当选大阪府知事时仅39岁,是战后日本最年轻的府知事。桥下彻上任后,热心地推进"关西州"构想,并于2010年成功地争取鸟取县、德岛县与大阪府组成"关西广域联盟",堪

---

① (日)江口克彦:"在参议院全体会议上的质询",2011年9月16日,见江口克彦网页: http://eguchikatsuhiko.com/information/32/。
② (日)"民主党改变分权政等",《朝日新闻》,2009年6月30日。

称走向道州制的第一步。2011年"3·11"特大震灾后，随着驻东京的外国使领馆和东京附近的一些大企业纷纷转移到大阪为中心的关西地区，桥下彻又提出了与东京都分庭抗礼的"大阪都"构想。大阪府人口890万人中的40％，约260万人生活在大阪市，堺市也有80万人。大阪市和堺市都是政令指定城市。桥下彻认为，应该将大阪府升格为"大阪都"，将包括大阪市、堺市在内的整个区域划分为若干人口规模在30万人左右的特别自治区，在广域内开展基础设施建设，推行行政的一体化。

桥下彻所倡言的道州制改革在他所率领的"大阪维新之会"全力推进下，声势越来越大。特别是在2011年12月的大阪市知事、大阪府知事同日选举中，桥下彻和"大阪维新之会"的干事长松井一郎分别当选大阪市知事和大阪府知事，"大阪都"构想日臻成熟。桥下彻高举的旗帜就是实现道州制构想。这无疑对民主党政权形成一定的倒逼效应，迫使民主党在道州制问题上表明更鲜明的立场，采取更有力的措施。

在鸠山内阁时期，总务大臣原口一博曾与经团联共同设立研究道州制的工作小组。2010年5月19日，原口一博与经团联磋商时明确承诺将争取在2011年内通过《道州制基本法》。同年6月2日，鸠山由纪夫的民主党代表、首相职务由菅直人接任。原口一博依然留任。6月22日，内阁会议批准了《地方主权战略大纲》，其中规定要撤销中央各省府在地方的派出机构。这可以说是迈向道州制的关键一步。但是，在9月16日举行的民主党代表选举中，由于原口支持了小泽一郎，菅直人在翌日改组内阁时更迭了原口。继任的前鸟取县知事片山善博对道州制构想没有原口那么热心，不仅《道州制基本法》陷入搁浅状态，民主党政权对道州制的支持力度也明显下降。

第三节　民主党"地方主权"改革的旗帜逐渐褪色

民主党执政后，在"地方主权"改革上虽然投入了相当大的政治资源，却并没有如预料的那样取得显著的进展。随着政权内部围绕 2009 年竞选公约是否需要切实遵守的分歧逐渐公开化，民主党在"地方主权"改革问题上呈现疲态，日益后退，它一向高举的这面旗帜逐渐褪去其鲜艳的颜色。

一、民主党有关"地方主权"改革构想的局限性

在民主党执政初期，日本民众曾经对它在扩大地方自治、激发地区活力方面交出可圈可点的答卷寄以厚望。随着时间的推移，人们越来越看清了民主党"地方主权"改革的局限性。

京都大学教授冈田知弘如此批评说："民主党当作招牌的'地方主权'改革只不过是将自民党迄今为止推行的'地方分权'改一个名字而已。……它果真能按照宪法和地方自治法的精神，维护民众的基本人权、增进民众的福利吗？就结论而言，它完全是与增进民众福利、充实地方自治反其道而行之的。"在冈田看来，民主党的"地方主权"改革与自民党的"地方分权"改革基本上是"换汤不换药"。理由是：

第一，"地方主权"改革的计划完全是照自民党时代的"路线图"即《地方分权改革推进计划》实施的。用鸠山首相的话说就是要最大限度地尊重"地方分权改革推进委员会"的历次建议。

第二，为修改《地方自治法》，民主党执政后设立了"地方行政财政检讨会议"，而负责制度改革的第一分科会的召集人西尾胜其人就是自民党时代有关地方分权改革的智囊。这也凸显了前后两届政权间的"连续性"。

第三，民主党为取得自民党、公明党的支持，以便让它提出的《地方主权改革关联法》等顺利地在参议院获得通过，不惜对"地方主权"的概念进行修改。"这恰恰证明民主党与自民党并无实质性的差别，要有的话也只是在遣词用语上的差异。"

冈田说："主权只能是属于人民的。定义暧昧的'地方'不应该有主权。使用'地方主权'这类极具弹性的用语，其实质是强化'地方政府'，扩大地方自治体首长的行政财政权限罢了。其结果，无论是作为

地方自治基础的民众自治也好,还是每一个人生活也好,都会遭到不应有的忽视。"①

拥有约 20 万会员的日本自治体劳动组合总联合会也对民主党的"地方主权"改革持批评态度。该联合会书记长猿桥均批评说:"民主党政权的'地方主权'改革只是自民党、公明党联合政权推进的市町村合并、'三位一体'改革和'集中改革计划'等给民众生活和地方自治带来损害的地方分权改革的延续。……这种'地方主权'改革绝对不能容忍。"②

日本共产党是 2011 年 4 月国会审议"地方主权"改革相关三法案时唯一投反对票的。该党议员盐川铁也在众议院总务委员会解释共产党的立场时尖锐抨击"地方主权"改革只是照搬自民党时期的地方分权改革的做法,一点也没有新意。最大的问题是放弃了国家保障民众最低限度生活水平的责任③。

2010 年 9 月 17 日,菅直人改组内阁,庆应义塾大学教授、曾经在鸟取县知事任内被誉为"改革派"的片山善博出任总务大臣,试图为已经明显放慢步伐的"地方主权"改革注入新的动力。片山善博上任后,面临总务省官僚的消极怠工以及各省府出于自身利益的激烈抵抗,在"地方主权"改革问题上难有起色。就以将各省府附带条件的补助金改为一揽子交付金来说,尽管片山在与财务省磋商时搬出了菅直人首相压阵,并且得到时任国土交通大臣马渊澄夫、农林水产大臣鹿野道彦的配合,也只是将提供给都道府县的一揽子交付金提高到了 5120 亿日元,与原先期盼的相差甚远。

野田佳彦出任首相后,热衷于提高消费税以及日本加入 TPP 谈判。

---

① (日)冈田知弘:"地方主权改革带来了什么?",《全国保险医新闻》,2011年 3 月 15 日。

② (日)猿桥均:"重新审视'结构改革'的转变 呼吁扩充地方自治的民主",2011 年 5 月 7 日,见日本自治体劳动组合总联合会网站:http://www.jichiro-ren.jp/modules/opinion/index.php?page=article&storyid=550。

③ (日)"地方主权改革相关法案 国家放弃保障最低限度水平的责任",《赤旗报》,2011 年 4 月 22 日。

第四章 民主党推行"地方主权"改革的实践

对"地方主权"改革显然没有他的两位前任那么执着。片山善博在卸任总务大臣后对新内阁是否能一如既往地推进"地方主权"改革持悲观态度。甚至公开在报纸上抨击说:"民主党政权在野田出任首相后完全回到了自民党时代。根据我在菅直人内阁与野田打交道一年的经验看,他是根本走不出财务省官僚设定的框框的。"[①]

其实,不光是片山这样曾经担任过阁僚的民间人士持有疑问,就是普通的民众对民主党"地方主权"改革受制于官僚系统的阻挠也是很清楚的。2010年11月12日,早稻田大学发表了有关"地方主权"改革的民意调查。这项调查是由该校的冢本寿雄教授主持,通过网络对1000人进行的。在问答"'地方主权'改革的障碍在哪里"的问题时,有63%的被调查者回答是"官僚"。而将问题归结为"地方自治体的财源不足"以及"国会议员的抵制"的则分别占55%和49%。特别是60岁以上的被调查者,认为官僚是"地方主权"改革最大障碍的比例更是达到了84%。在回答有关"'地方主权'改革如果造成各地行政服务参差不齐时怎么办"这一问题时,认为是"理所当然"的占被调查者总数的56%,而认为"国家必须保证全国均一的服务水准"的只有40%[②]。

民主党内部在"地方主权"改革问题上的意见对立也逐渐浮出水面。如果说一些地方议员出身、"草根"色彩较浓厚的政治家相对来说比较重视这一改革的话,由官僚、学者和前外资企业白领构成的"精英"层议员则更倾向于维持中央集权的现状。民主党内甚至还出现公开质疑2009年竞选公约的声音。在这种情况下,与其他领域的改革一样,民主党对"地方主权"改革的热度迅速下降,改革的步伐也明显放慢。例如,"地方主权战略会议"从2009年12月举行第一次会议,2010年内共举行了9次,而2011年仅举行了5次。会议间隔拉大固然与"3·11"震灾有关,但一定程度上也反映了民主党领导层实际上已经失去当

---

① (日)"采访片山善博'地方主权和官僚机构'",《朝日新闻》,2011年10月25日。

② (日)共同通信社:"早稻田大学有关地方主权改革的调查,认为官僚抵制是障碍的占63%",2010年11月12日,见共同通信社网站:http://www.news.jp/CN/201011/CN2010111201000804.html。

初那种对"地方主权"改革的激情与动力。

二、民主党与地方性政党的合作与竞争

民主党的"地方主权"改革未能顺利展开,还有一个重要原因,是它没有处理好同一些地方性政党的关系。

战后,活跃在日本政坛的基本上都是一些全国性政党。近年来,一些区域性政党异军突起,在日本政坛刮起了一股强烈的改革旋风。其中,最享盛名的是"大阪维新之会"、"减税日本"和"日本第一爱知之会"。

1. "大阪维新之会"。这是由前大阪府知事桥下彻 2010 年 4 月 1 日创立的地方性政党。

桥下彻出生于 1969 年 6 月 29 日,从早稻田大学毕业后当上执业律师,因出演热门电视节目"大家都想去的律师事务所"而成名。2008 年 1 月,年仅 39 岁的桥下以无党派身份竞选大阪府知事获得成功。桥下从出任知事起一直热心推进道州制构想并倡议将大阪府与大阪市合并为"大阪都"。但他的主张一方面受到大阪市、堺市等地方自治体的反对,另一方面也受到执政的自民党、公明党联盟的冷遇。在这种情况下,桥下彻便寄希望于民主党,与其他主张地方分权的知事一起,为民主党夺取中央政权而摇旗呐喊。民主党执政后,桥下与埼玉县知事上田清司、北九州市市长北桥健治一起被任命为"地方主权战略会议"的成员。桥下有关改革地方财政制度的建议还得到原口一博的称赞[1]。但是,桥下很快发现民主党在地方分权问题上是"雷声大、雨点小",口惠而实不至,于是就萌生了组建地方性政党的念头。2010 年 4 月 1 日,桥下彻争取到大阪府议会的 22 名议员,组成了"大阪维新之会大阪府议会议员团"。同年 4 月 19 日,正式成立了"大阪维新之会",麾下的议员超过 30 人。桥下彻自任代表,"大阪维新之会"因此被称为"桥下

---

[1] (日)砂原庸介:"政权更迭与利益诱导政治",载御厨贵主编:《"政治主导"的教训》,第一书林出版社,2012 年 3 月版,第 73 页。

新党"。在 2011 年 4 月的日本统一地方选举中,"大阪维新之会"一举拿下大阪府的过半数席位,在大阪市和堺市成为第一大党。随后,该党又囊括大阪府议会正副议长、大阪府吹田市和守口市的市长职位。地方性政党在地方政坛如此锋芒毕露、势如破竹,在战后日本政治史上也是颇为罕见的。

由于大阪府与大企业集中的大阪市财力相差悬殊,桥下彻为实现"大阪都"的构想,毅然辞去大阪府知事的职务,出马竞选大阪市市长。在 2011 年 12 月 19 日举行的大阪市市长选举中,桥下彻以 20 万票的优势顺利当选为大阪市市长。在同一天举行的大阪府知事选举中,"大阪维新之会"的干事长松井一郎也如愿以偿地选上了知事。大阪市在 2005 年举行的市长选举,投票率仅 33.9%,2007 年的市长选举上升为 43.6%,但这次选举竟然达到 60.9%,这是时隔 40 年后再次出现的高投票率,可见这次选举双方动员规模和民众的关注程度都是异乎寻常的。

民主党与桥下彻逐渐拉开距离,不仅在大阪府知事、大阪市市长选举中推出候选人与松井一郎、桥下彻过招,还对桥下彻的一些过激言论进行了批判。桥下彻遂宣布与民主党全面对决。2012 年 9 月 28 日,"大阪维新之会"更名为"日本维新会",正式升格为国政党。11 月 17 日,又和前东京都知事石原慎太郎率领的"太阳党"合并,由石原任代表、桥下任代理代表。在 1 个月后举行的第 46 届众议院选举中,日本维新会获得 54 个议席,一跃成为日本政坛仅次于自民党、民主党的第三大党。

2. "减税日本"。这是由名古屋市市长河村隆之在 2010 年 4 月 26 日创立的地方性政党。

河村隆之 1948 年 11 月 3 日出生在名古屋市。从一桥大学毕业后进入父亲开办的废纸回收公司任职。在 10 年里曾连续 9 次参加律师资格考试均遭失败。后弃商从政,担任过素有"反共斗士"之称的民社党委员长春日一幸的秘书。1993 年 7 月作为日本新党的候选人当选为众议院议员。1994 年 12 月加入新进党,1998 年加入民主党。先后 5 次当选众议员。2009 年,河村辞去众议员职务,挑战名古屋市长选举并顺利当选。

河村隆之在名古屋市长任内,推行所谓的"庶民革命",于 2010 年 2 月和 4 月两次向市议会提出包括将市民税降低 10%、设立由市民志愿者审议市政府预算的委员会以及将市议会议员的报酬减半的议案,结果均遭到否决。河村隆之并不罢休,发动其支持者开展要求解散市议会的签名运动。募集到的签名在 2011 年 2 月已超过名古屋市民的一半以上,原先的市议会不得不宣布解散,是年 3 月 13 日举行新一届的市议会选举。这是日本历史上首次由过半数的市民决定的议会解散和重新选举。在市议会选举中,河村隆之创立的"减税日本"党推荐的 41 名候选人中有 28 人当选,一跃成为名古屋市议会的第一大党,并将市议会议长这一关键岗位收入囊中。在随后举行的全国统一地方选举中,"减税日本"又拿到了爱知县议会的 13 个议席,它所推举的候选人中只有 1 人落选。而且,"减税日本"在爱知县以外的地方议会选举中也有斩获。它所公认或推荐的 56 名候选人中,有 23 人当选,胜率为 41%。这标志着"减税日本"已不仅仅是以名古屋市为据点的地方政党,实际上已经成为全国性政党[①]。

河村隆之与民主党有很深的渊源。他是作为民主党推荐的候选人竞选名古屋市长的,在选举中得到民主党爱知县本部的鼎力支持。担任市长后,又与同为民主党出身的神奈川县知事松泽成文、横滨市市长中田宏关系密切。2009 年 9 月,民主党执政后,河村隆之被总务大臣原口一博聘为顾问,协助推进"地方主权"改革。但是,由于民主党领导层在处理小泽一郎问题上发生严重分歧,同情小泽一郎的原口一博在菅直人于 2010 年 9 月 17 日改组内阁时被解除总务大臣职务,河村隆之的顾问生涯也就划上了句号。不仅如此,河村隆之在爱知县出身的民主党众议员佐藤夕子加入"减税日本"的问题上,与民主党领导层发生了直接冲撞。佐藤夕子曾任河村隆之的秘书,2009 年 8 月在爱知县当选为众议院议员。她对菅直人继任首相后推行消费税增税路线极其不满,曾举

---

① (日)"减税日本在全国选区的获胜率达 40%",《读卖新闻》,2011 年 4 月 25 日。

行记者招待会公开批评民主党领导层违背2009年民主党的竞选公约。2011年3月11日，佐藤夕子正式宣布退党，加入河村隆之领导的"减税日本"。同年8月17日，河村的"减税日本"又接纳了从民主党出走的小林兴起、小泉俊明等人。这就使得河村隆之与民主党的关系彻底决裂。"减税日本"在2012年11月与日本未来党合并，但在随后举行的众议院选举中，"减税日本"出身的候选人均告落选。

3."日本第一爱知之会"。这是由爱知县知事大村章秀于2010年12月7日创办的、以爱知县（除名古屋市外）为活动范围的地方性政党。其宗旨是要将爱知县和名古屋市由中央政府设定的繁琐的规制中解放出来，推行日本国内堪称最自由、最富有竞争力的制度和政策，使之能与世界各国和地区进行抗衡。该会成立之初裹，主要是支援大村章秀竞选爱知县知事，而在2011年2月6日大村当选知事后则致力于爱知县县议会的选举。

"日本第一爱知之会"与"大阪维新之会"类似，只要赞同大村知事的政策，不管哪个政党的人都可以加入"日本第一爱知之会"，并获得该会的支持。事实上，爱知县有不少自民党和民主党的支持者甚至县党本部的干部加入"日本第一爱知之会"。

在2011年4月10日举行的地方统一选举中，"日本第一爱知之会"推举的24名候选人中有5人当选。虽然也算是"零"的突破，但比起"大阪维新之会"掌握大阪府的过半数席位、在大阪市和堺市跃为第一大党，"减税日本"成为名古屋市议会第一大党，"日本第一爱知之会"似乎稍逊一筹。它在爱知县议会里排名第五。为此，"日本第一爱知之会"于2011年4月22日与"减税日本"组成了统一的议会党团。

综上所述，民主党与"大阪维新之会"、"减税日本"以及"日本第一爱知之会"等地方性政党的关系可谓错综复杂、扑朔迷离。彼此间既有互相借重、寻求合作的一面，也有互相提防、彼此竞争的一面。一方面，在限制中央集权、扩大地方自治权方面，民主党与地方性政党在政策上有很多重叠和一致之处。正因为如此，桥下彻、河村隆之等在2009年众议院选举中力挺民主党，是声援民主党的"地方首长联盟"的核心成员。而民主党在推进"地方主权"改革中也十分注意借重桥下彻、河村隆之的智慧及政治资源。两人分别担任民主党执政后建立的"地方主权战略会议"成员和总务省顾问就是例证。但另一方面，民主党对这些活跃在地方自治体的政治明星还是有戒心的。既担心他们过于锋芒毕露，抢了民主党的风头，又害怕他们拉走民主党年轻议员、削弱民主党的势力。而民主党内部的明争暗斗、争权夺利，也为民主党与地方性政党的关系平添了不少变数。例如，在菅直人出任首相后一直被边缘化的民主党前代表小泽一郎对桥下彻赞誉有加，称桥下彻已具有政治家所必须的资质，特别是桥下倡言不推倒旧体制就不可能有真正为市民为国民的政治，这与自己历来的主张是一致的[1]。小泽一郎与河村隆之、大村章秀也走得很近。河村隆之、大村章秀还曾在2011年4月地方统一选举前拜访小泽一郎，寻求后者的支持[2]。由于小泽一郎陷入"陆山会"案，自顾不暇，也就谈不上有力的支持了。

三、日本中央与地方间的角逐将延续相当长时间

2012年12月16日，民主党在第46届众议院选举中遭到惨败。安倍晋三作为时隔3年重新执掌政权的自民党首相，也是64年来又一个"梅开二度"的首相，上任伊始便全盘否定了前政权执意推进的"地方主权"改革。民主党在内阁府设置的"地方主权战略室"于2013年1月11日被撤销，代之以"地方分权改革推进室"；民主党时代拟定的2013财政年度预算草案中由地方自治体自主使用的"地方自主战略交付金"也被一笔勾销，重新恢复了由各省厅规定用途的、附带条件的国库补助金制度。

尽管民主党推进的"地方主权"改革骤然夭折，但这段改革实践对日本中央集权的统治体制多少还是有些撼动的。综合各方面的评估，这

---

[1] （日）"民主党小泽前代表在会见记者时称'桥下的主张和我是一样的'"，2011年12月13日，见NIKONIKO动画网站：http://news.nicovideo.jp/watch/nw161190。

[2] （日）"河村与大村访问小泽前代表 三人在合作问题上取得一致"，《每日新闻》，2011年2月8日。

第四章 民主党推行"地方主权"改革的实践

3年来的"地方主权"改革,至少有两项进展是值得肯定的。一是通过了相关的法律,决定设立中央省厅与地方自治体的磋商平台,在改变中央与地方间不对称、不平等的关系上有所突破;二是在政府财政总体拮据的情况下,由中央省厅拨给地方的交付金逐年有所扩大,多少缓解了一些地方自治体财政捉襟见肘的窘迫境况[①]。

2007年4月成立的"地方分权改革推进委员会"在其最终报告中指出,地方分权改革实际上是战后改革未完成的一部分。战后,日本实行的自治制度在冲破明治维新以来的中央集权的统治体制上无疑是巨大的进步。但如同所有的改革一样,总会有一些不彻底、不完全的漏洞。从20世纪90年代中期以来,无论是自民党的地方分权改革,还是民主党的"地方主权"改革,实际上都是在"补"战后民主改革的"课",是那场改革所未能触及、未能实现的部分。

在民主党这次相对来说比较激进的"地方主权"改革后,日本在调整中央与地方关系上可能要经历一段时期的沉寂、反思和蓄势。但是,从中长期的视角来看,即便在哪一个时点上这类改革被重新激活,再次启动,其过程也将是漫长而充满曲折的,势必会遇到种种阻力。

这些阻力首先来自中央各省厅。这是显而易见的。一般来说,官僚机构总是有一种无限制地扩大自身权力的冲动,希冀将自己手中的权限和可分配的资源最大化。地方分权改革要求官僚将其垄断的权力交出一部分给地方自治体。这自然是要极力抵抗的。至于民主党倡导的"地方主权"改革,要求改变传统的中央与地方的那种垂直型的、隶属型的关系,甚至主张将国家公务员的编制削减20%,更是各中央省厅所难以接受的。诚如东京大学教授金井利之所指出的:"任何一项制度改革,如果是在现有的决策和权力关系的结构和国家体制下进行的话,势必会受到种种限制,留下若干无法触及的禁区。"[②]

[①] 以福井县为例,2010年度从中央拿到的交付金总额为75.6亿日元,比上一年度增加30%,2011、2012年度虽有所减少,但仍高于2009年度的水准。见"民主党公约 地方主权改革",《福井日报》,2012年12月13日。

[②] (日)金井利之:《行政学丛书之三 自治制度》,东京大学出版会,2007年版,第55页。

其次,制度改革的阻力也来自参众两院的国会议员。如果彻底地实行分权,或者如民主党主张的那样,让地方自治体享有比目前更大的立法权,势必意味着中央代议机构地位的相对下降。在中央集权的弊端备受诟病的情况下,站在对立面反对分权改革的国会议员未必很多,但对改革持消极态度的议员却会随着改革的深入而与日俱增。从民主党执政后,有关"地方主权"改革的法案在国会审议中一波三折,乃至中途夭折的事实来看,与其说是在野党的延宕战术奏效,还不如说是参众两院的国会议员对这项改革采取的暧昧态度起了决定性的作用。

第三,制度改革之所以难以推进,与广大民众的冷漠态度也有关系。如前所述,站在地方分权改革前沿的是所谓的"地方六团体"。尤其是在涉及到中央和地方权限、财源分配的问题上,代表地方自治体首长、地方议会的"地方六团体"自然是据理力争,锱铢必较。但是,一般民众未必就那么热心。民众一方面呼唤彻底的分权改革,另一方面也不希望"前门将老虎赶了出去,后门却跑来了狼"。他们讨厌中央官僚的飞扬跋扈,也未必会容忍让地方自治体的官僚坐大。总体而言,日本的民众对民主党执政3年来甚嚣尘上的"地方主权"改革并不是那么关心。2010年9月,正值民主党政权诞生1周年之际,《每日新闻》进行了一次民意调查,其结果颇为发人深思。根据这份调查,"知道""地方主权"改革的人只占被调查者总数的33%,而66%的人回答是"不知道"。在各年龄组的被调查者中,关心度最低的是20至29岁的年龄组和30至39岁的年龄组,他们回答对"地方主权"改革"不知道"的比例分别占被调查者总数的81%和75%[①]。

综上所述,日本中央与地方间围绕权限和财源的角逐还会延续相当长一段时间。

[①] (日)"舆论对地方主权问题冷漠 缺乏改革的实感",《每日新闻》。2010年10月23日。

第五章

民主党"民生第一"方针受到严峻考验

日本经济于2007年底进入战后第14轮衰退。"屋漏偏逢连夜雨。"恰恰在日本为摆脱衰退阴影苦苦挣扎之际,缘起于美国次贷危机的全球性金融危机又给了日本重重的一击。自民党的最后一任首相麻生太郎上任伊始便苦于无力应对日益严重的经济衰退。民主党选择在这一关键时刻响亮地喊出了"民生第一"的口号,这既是它的执政理念,也是其经济政策的核心。日本民众在民主党身上看到了摆脱经济低迷和生活困顿的希望。

第一节 民主党贯彻"民生第一"方针的努力及其动摇

"民生第一"的口号最早是民主党在2007年7月第21届参议院选举前夕提出来的。在2009年8月第45届众议院选举中,"民生第一"是民主党喊得最响的竞选口号。这是它吸引众多选民,特别是一些从不关心政治、不支持特定政党的所谓"无党派阶层",将垄断日本政坛半个多世纪的自民党赶下台的重要原因。为什么"民生牌"如此有用?而民主党执政后又是怎样贯彻其"国民生活第一"方针的呢?

一、"民生第一"方针是对自民党金权政治的反省

自民党长期执政的奥秘之一,就是在利益分配上尽可能照顾到包括农民、自由职业者到大企业大财团在内的各个阶层。在日本经济高速增长时期,这是一条行之有效的执政经验。池田勇人内阁提出的"国民收入倍增计划"就是一个典型的例证。到 20 世纪七八十年代,日本出现了所谓"一亿总中流"的说法,自认生活水平处于中游水平的占到国民的 80% 以上。这是日本社会乃至日本政局长期保持稳定的关键。

但是,随着时间的推移,日本社会逐渐由橄榄型的中产阶级社会演变为中产阶级锐减的 M 型社会。这一方面是因为日本经济增速放慢,出现了"失去的 10 年"、"失去的 20 年"。昔日全社会都能分享经济增长"蛋糕"的好日子已一去不复返。另一方面则是如"金权政治"、"政官财"相互勾结的"铁三角"现象所揭示的那样,自民党与大企业、大财团之间形成了互相倚重、盘根错节的利益交换关系。经团联等财界团体俨然成为日本社会上的主宰,一般国民的利益被漠视和侵害,"金权政治"的盛行导致民众不满情绪日益上升。

进入新世纪以后,小泉纯一郎推行"新自由主义"的结构改革,经济政策进一步向大企业大财团倾斜,造成贫富差距日渐拉大的现象。日本厚生劳动省在 2004 年发表的《国民生活基础调查》显示,2003 年每户平均所得下滑至 880 万日元。与 10 年前相比,减少了 15%,相当于 80 万日元。另外,根据日本国税局的调查,2005 年日本有 80% 的人口沦落到了中低收入阶层。特别是占劳动力总数约三分之一的非正规劳动者,平均收入仅及正规劳动力的一半,且一有风吹草动,便成为企业首先解雇的对象。无家可归的流浪者蜷曲在纸板箱搭建的"小屋"里避风躲雨,已成为日本各大城市一道丑陋的风景线。日本每年的自杀者超过 3 万人,在发达国家中恶名远扬。

第五章 民主党"民生第一"方针受到严峻考验

在2009年8月举行的第45届众议院选举中,自民党的口号是"活力"、"责任"和"延续性",有关摆脱经济危机的主要对策是给企业松绑、输血,沿袭其一贯的以企业为主特别是大企业为主的思路。自民党光是在电视台播放竞选宣传片以及在全国性报纸上登整版广告,就花去约30亿日元的巨额费用。与此形成鲜明对照的是,民主党提出了"国民生活第一"的方针。时任代表的鸠山由纪夫在竞选公约(Manifesto 2009)的序言"确立为了生活的政治"中写了这样一段话:"重视每一个生命,将他人的幸福视为自己的幸福。这就是我所憧憬的友爱社会。要彻底根绝浪费税金的现象,将税金用在重建国民的生活上。这就是民主党呼吁的政权轮替。……民主党考虑的是'国民生活第一'。要按照这一新的优先顺序,重新编制预算,将税金集中用到儿童抚养和教育、养老金和医疗、地方主权、雇佣和经济上。唯有生活安定了,才能萌生希望,有上进心,才能让整个国家生气勃勃。各位愿不愿意和民主党一起来终结让国民承受痛苦的陈旧的体制,建设一个使所有的人都能享有生活乐趣和劳动成果的国家呢?"[1] 也是从2009年起,民主党的标识(Logo)上特意加了一行字"国民生活第一"。

在这份竞选公约提出的"工程表"中,民主党作了如下承诺:

1. 教育与育儿政策。民主党保证要为所有的孩子提供受教育的机会,让日本成为全社会关心儿童教育的国家。向每个孩子提供每月2.6万日元的补贴,直到初中毕业为止。同时,取消公立高中的学费,上私立高中的则每年提供12万日元的补贴。同时,扩充大学奖学金制度,重点是帮助低收入家庭出身的学生完成大学学业。在婴儿出生时提供每人55万日元的分娩补贴。利用多余的中小学校校舍、教室,增办托儿所,消除学龄前儿童排长队等待入托的现象。

2. 养老和医疗政策。在未来两年内集中解决养老金记录缺失的问题。将来要发行"养老金记账本",使加入养老保险者随时可确认自己缴纳的保险费和领取的养老金。将现有的各种养老金归并为一种,实行

---

[1] (日)民主党本部:"民主党 政权政策"(Manifesto),2009年7月27日,见民主党网站:http://www.dpj.or.jp/global/downloads/manifesto2009.txt.

每月可领取7万日元的最低养老金保障制度。废除"后期老龄人群医疗制度"。将医师数量在现有基础上增加50%，医师和人口比例达到与其他发达国家一样的水准。改善看护老人的护工待遇。

3. 雇佣政策。扩大就业保险的适用范围。对领取失业救济金已过规定期限、暂未加入就业保险的非正规劳动者以及歇业的自由职业者，在为再就业接受职业教育期间按天数发放"能力开发补贴"。原则禁止通过劳务公司向制造业企业派遣长期临时工的制度。同时，考虑设立新的专业技术岗位招聘制度，确立派遣劳动者与企业正式职工同等待遇的原则。设立全国适用的、每小时800日元的最低工资标准。

此外，与振兴地方有关的是实行以农户为单位的"农户收入补偿制度"、废除汽油税暂定税、实行高速公路免费化，等等。

上述各项措施自然要增加政府的支出，如分阶段予以实施的话，2010年度预计需要7.1万亿日元，2013年预计需要13.2万亿日元，加上扩大大学奖学金规模、支援中小企业等开支，共需16.8万亿日元。

那么，怎样来筹措这笔开销的财源呢？民主党的考虑是：

第一，对政府预算严格审查，杜绝浪费，撤销某些不必要的项目。例如，停止由国家出资的堤坝等不符合时代要求的公共工程项目，估计可节约1.3万亿日元；削减人事费开支，可节约1.1万亿日元；对拥有众多退职高官的独立行政法人、特殊法人和公益法人进行甄别，或予以废除，或予以调整，预计可节约6.1万亿日元；对国会议员实行减员，严格控制预算，可节约0.6万亿日元。

第二，清算部分沉淀在特别会计中的未消化预算（"埋藏金"）以及拍卖闲置的国有土地、宿舍和政府办公楼等资产。前者约可挖掘出4.3万亿日元；后者也能为改善民生贡献0.7万亿日元。

第三，通过改革税制中一些不透明不合理的规定，如取消某些效果不明显的、已完成其历史使命的免税措施，将缴纳所得税时原本予以扣除的抚养家属份额改为儿童补贴等，预计可提供约2.7万亿日元的财源。

以上三项合计，到2013年度预计可筹到总额为16.8万亿日元的财源，足以支撑上述体现"国民生活第一"的新政。

第五章　民主党"民生第一"方针受到严峻考验

日本的中小企业约占企业总数的80%以上，且很多是雇工在10人以下的小微企业。民主党倡导"国民生活第一"，自然也要将中小企业涵盖在内。所以，民主党在2009年的竞选公约里也有关于中小企业的对策。其中倡议，将中小企业的法人税税率由现行的18%降低到11%。制定《禁止歧视中小企业法》，禁止大企业利用自身优势，压价收购中小企业产品或加价将产品卖给中小企业。恢复可灵活运用的"特别信用担保"制度，实施中小企业延期偿还到期贷款的做法。

二、"民生第一"方针在民主党执政后逐渐走样

2009年9月，由鸠山由纪夫领衔的民主党、社民党和国民新党的联合政权在人们热烈期盼中闪亮登场。日本各全国性报纸纷纷发表社论予以肯定：《朝日新闻》社论的标题是《要发出能让人们实际感受到"变化"的信号》，称这次政权轮替是选民们亲手促成的，"这是明治维新以来日本近代政治史上的第一次"[①]；《日本经济新闻》在题为《鸠山政权要实现选民对政权轮替的期待》的社论中强调，新内阁的成立标志着"根本改变自民党长期执政形成的政治家与官僚的关系以及政策决定的机制的尝试开始了"[②]；《每日新闻》的社论呼吁"新政权的任务是要革除迄今为止的行政恶弊，要进行一场行政的大扫除"[③]；《东京新闻》的社论在肯定这次政权轮替"在日本政治史上刻下新的一页"的同时，提醒鸠山内阁的成员要"经常站在国民的视线上思考问题"，"千万不能像自民党政权末期那样用'自上而下'的视线强行贯彻其路线"[④]。

10月26日，鸠山由纪夫在第173届临时国会上发表了他上任以来的首次施政演说。这篇演说历时52分钟，是1970年有演讲纪录以来篇

---

① （日）社论：《要发出能让人们实际感受到"变化"的信号》，《朝日新闻》，2009年9月17日。
② （日）社论：《鸠山政权要实现选民对政权轮替的期待》，《日本经济新闻》，2009年9月17日。
③ （日）社论：《坚决地发起"挑战"》，《每日新闻》，2009年9月17日。
④ （日）社论：《要履行"说服的责任"》，《东京新闻》，2009年9月17日。

幅最长的。他用大量篇幅阐述了民主党有关"国民生活第一"的方针,称这是他倡导的"友爱政治"的原点。鸠山指出:"许多政治家强调,政治就是照顾弱者的。无论是大政府也罢小政府也罢,都应该尊重在政治上处于弱势地位的人,尊重居于少数的人。……为了从真正的意义上建设'国民主权'的国家,首先也是最重要的是要推行珍惜人的生命、维护国民生活的政治。"①

鸠山由纪夫领衔的这一届内阁上任伊始,就推行了一系列旨在体现"民生第一"方针的政策。应该说,起步还是比较顺利的。但是,随着时间的推移,一方面是竞选公约本身欠成熟,不少政策目标实现的难度比较大,另一方面,内外环境的变化使得民主党领导层的关注重点发生了变化,特别是在菅直人、野田佳彦相继担任民主党掌门人后,"民生第一"的方针逐渐扭曲,导致民众对民主党逐渐产生强烈的不信任感。

以下不妨从民主党贯彻"民生第一"方针的几项主要政策逐一进行分析:

1. 教育与育儿政策

这是民主党对选民最重要的承诺,也是衡量其是否真正推行"民生第一"方针的指标性政策。其实,在自民党时代就已经有"儿童补贴",但金额有限,而且是针对特定家庭发放的。民主党换了个名称叫"育儿补贴",并将补贴额提高到了每月2.6万日元,发放对象也扩大到所有有孩子的家庭②。此外,民主党在竞选公约中提出,在其执政后还将实施公立高中免费就读,私立高中由政府每人每年补贴12万日元,等于也是实行免费教育。

据统计,日本的儿童贫困率为13.7%,低于OECD成员国12.4%的平均水平,而母子家庭的儿童贫困率更达54.3%,在OECD成员国

---

① (日)鸠山由纪夫:"在第173届临时国会上施政演说",2009年10月26日,见首相官邸网站http://www.kantei.go.jp/jp/hatoyama/statement/200910/26syosin.html。

② 自民党时代叫"儿童补贴",民主党为避免雷同,"儿童"两字用日语假名"こども"取代,本书中译为"育儿补贴"。

第五章 民主党"民生第一"方针受到严峻考验

中垫底①。根据 2010 年 3 月国会通过的《平成 22 年度支付育儿补贴相关的法律》,鸠山内阁自 2010 年 6 月起向有 15 岁以下孩子的家庭发放育儿补贴。鉴于政府财力有限,先折半发放,每人每月 1.3 万日元,仅此一项就需支出 2.26 万亿日元。下一年度如足额发放的话则需要 4.5 万亿日元。此外,为兑现公立高中免费就读、私立高中每人每年补贴 12 万日元的承诺,鸠山内阁在 2010 年度预算中也开列了 3933 亿日元。

在执行过程中,联合政权内围绕"育儿补贴"出现了分歧。首先是要不要实行收入限制。社民党提出应对家庭收入设立一定门槛。财务大臣藤井久裕从压缩预算开支的角度考虑也附和这一主张,并在 2009 年 11 月 18 日的记者招待会上提出应调整政策,对高收入家庭不予发放,但时任厚生劳动大臣的长妻昭在鸠山首相支持下极力反对这一动议。认为设立这一补贴的初衷就是要强调全社会要支持儿童教育。这一点绝对不能动摇②。菅直人继任首相后,收入限制问题再次成为舆论关注的焦点。《产经新闻》发表的问卷调查表明,60% 的被调查者主张应实行收入限制。民主党实力人物、前党代表小泽一郎也主张调整政策。时任首相的菅直人则表示,如需调查各家庭的收入,其费用远高于可望节约的开支,显然是得不偿失;另一个分歧是如何确保"育儿补贴"等开支的财源。民主党在竞选公约中刚提出的解决办法是废除家庭申报收入时抚养家族和配偶的免税额度。问题是这两项措施实施后最多增加 1.4 万亿日元的税收,远远不能满足全额发放"育儿补贴"的开支。

2011 年 3 月,日本东北地区发生了震惊世界的"3·11 震灾"。民主党为筹措灾后复兴经费,亟需通过 2011 年度的补充预算,不得不接受在野的自民党、公明党的条件,废除民主党执政后通过的有关法律,

---

① (日)厚生劳动省:"有孩子家庭的家庭成员相对贫困率"、"贫困率的国际比较",2009 年 11 月 13 日,厚生劳动省网站:http://www.whlw.go.jo/stf/houdou/zr9852000000zicn/zr9852000000zie5.pdf。儿童贫困率是指 17 岁以下的未成年人生活在官方公布的贫困线以下家庭中的比例。

② (日)"鸠山政权的通信簿:竞选公约的检证",《每日新闻》,2009 年 11 月 24 日,见每日新闻网站:http://mainichi.jp/select/seiji/graph/MinshuManifesto02/。

"育儿补贴"只能发到 2012 年 3 月。支付标准则改为 3 岁以下儿童及不满 15 岁的第三、第四个孩子每人每月支付 1.5 万日元;小学生中第一、第二个孩子及初中生每人每月支付 1 万日元。从 2012 年 4 月起,按照修改了的、自民党时代通过的《儿童补贴法》,对经过筛选的家庭发放补贴,补贴额减为每人每月 1 万日元;年收入高于 960 万日元的家庭,每人每月的补贴额减为 5000 日元。虽然将初中生也纳入支付对象,用于补贴的总金额从自民党时期的每年约 1 万亿日元增加到 2.3 万亿日元。与民主党 2009 年的竞选公约相比,其补贴力度明显下降。"育儿补贴"的名字也改回到自民党时代的"儿童补贴"。

相比之下,高中免费教育因所需开支有限,从 2010 年度起一直实施未有中断。由于经济原因缀学的高中生由 2008 年度的 2208 人减少至 2010 年度的 1043 人。[1]

2. 推行农户收入补偿制度

这也是民主党政权贯彻"民生第一"方针的一项招牌政策。民主党在竞选公约里承诺,将推行以农户为单位的"农户收入补偿制度",一旦农产品销售价格低于生产成本时,由国家全额弥补其缺口。这是民主党能在 2009 年众议院选举中从自民党历来占优势的农村"票田"赢取选票的法宝之一。鸠山内阁于 2009 年 10 月 1 日在农林水产省内设立了"农户收入补偿制度推进本部",并决定从 2010 年度起先对大米种植户进行试点,并通过了总额为 5618 亿日元的相关预算。

在这项政策的实施过程中,一度曾担心实际支出很可能突破预算限额,鸠山内阁内部围绕要不要继续推行这一政策也产生过分歧[2]。但是,最终提出补偿要求的农户数约为 120 万户,低于原先估计的 180 万户。据农林水产省公布的数据,2010 年度政府向农户提供的补贴金总额为 4994 亿日元,2011 年度为 5366 亿日元。农户收入补偿也因此成

---

[1] (日)文部科学省:"有关青少年学生的问题行动等学生指导的调查",转引自日本重建计划基金会编《民主党政权失败的检证》,中公新书,2013 年 9 月,第 189 页。

[2] (日)"鸠山政权的通信簿:竞选公约的检证",《每日新闻》,2009 年 11 月 24 日,见每日新闻网站:http://mainichi.jp/select/seiji/graph/MinshuManifesto02/。

为民主党执政3年中很少的几项能坚持到底的招牌政策之一。

自民党再次执政后，原封不动地保留了这一政策框架，但从2013年度起将它改名为"经营收入安定对策"。

表5—1　2010—2011年度农户收入补偿制度支付金额的推移

（单位：亿日元、万公顷）

年度	大米收入补偿金		水田改种收入补偿金	旱地作物收入补偿金	补缺	涵盖面积（万公顷）
	定额部分	变动部分				
2010年度	1529	1539	1890	0	36	101.9
2011年度	1533		2218	1578	36	102.2

资料出处：（日）农林水产省："平成23年度农户收入补偿金支付实绩"，2012年6月28日，见农林水产省网站：http://www.maff.go.jp/keiei/keiei/120628_1.html。补偿金按每户实际种植面积扣除10公亩计算，"涵盖面积"少于受惠农户种植面积的总和。

3. 高速公路免费通行

民主党在2003年的"Manifesto"中首次提出高速公路免费通行。以后，差不多每次众参两院选举前公布的竞选公约都坚持这一政策。高速公路免费通行的宗旨是促进物流，减少出行成本，给国民生活提供便捷。为谨慎起见，民主党掌握政权后决定分阶段予以实施，到2012年度实现全国高速公路一律免费通行。估计到2012年度的费用将达1.3万亿日元。

经过一段时间的酝酿，2010年6月28日起，日本全国有39条线路的52个区间，共1626公里的高速公路试行免费通行。国土交通省在日本政府编列2010年度预算时要求专门拨出6000亿日元用作第一年度的试行费用。但是，部分区段试点的结果是，由于各种车辆竞相从高速公路通行，反而造成了交通的拥堵，一些物流企业的业务也因此受到影响。而且，最重要的问题是缺乏有力的财政支持。即使是6000亿日元的"盘子"，最终也未能百分之百地兑现。

2011年"3·11"震灾发生后，国土交通省先是叫停了扩大试点的计划，随后又在当年6月"冻结"了所有高速公路免费通行的试点，将用于试点的有关费用挪作抗灾救灾之用。与此同时，在震灾地区实施凭证免费高速公路通行的措施。大致分三种情况：一是灾区民众凭受灾证明书可以在高速公路上免费通行；二是从外地赶来灾区参与救援活动的车辆凭有关部门颁发的证明免费通行；三是到了震灾救援活动告一段落后，为重建灾区的旅游事业，给一些大型旅游公司和客运汽车公司颁发免费通行证。当然，这些措施都是有时效的。总体而言，民主党的高速公路免费通行政策，出发点是好的，但由于缺乏充分的社会影响评估，加上政府的财源不足，最终还是用"冻结"的幌子给这项政策来了"死亡证明书"。

除了这三大"招牌"政策外，民主党为贯彻"民生第一"方针而出台的其他一些政策，最终也都没能得到兑现。如养老金问题是导致自民党在2007年、2009年两次重大选举中一败涂地的症结所在。民主党在竞选公约中，针对自民党时代养老金缴纳记录缺失的弊端，提出了给所有国民发放"养老金记账本"的构想，并逐步实现公务员养老金制度与企业养老金制度并轨的目标。不过，原定2010年付诸实施的这项政策，由于预算关系未能实行。这让民主党的支持者颇感失望。关于禁止通过劳务公司向制造业企业派遣劳动者问题，由于财界表示强烈反对，有关立法迄无进展。同样，设立最低工资标准也看不到有什么进展。民主党上台后，迅速通过了针对中小企业融资困难问题的《中小企业金融便捷化法案》，要求银行和信用金库对中小企业要求延期还贷或减免利息的要求尽可能予以照顾。但这与鸠山内阁任财政金融担当大臣的龟井静香在选前曾经许诺过的"可以延迟3年还贷"相距甚远。有鉴于此，许多中小企业批评这项法律看似有利但实际上却看不出有什么好处。"民主党还是不理解中小企业的艰难处境"[1]。

三、民主党实践"从混凝土到人"的政策及其挫折

民主党政权有关"民生第一"的主张反映在预算编制上就是要将重

---

① （日）"'国民生活第一'付诸实施了吗？"，《劳动新闻》，2010年1月1日，见 http：//www.jlp.net/news/100101c.html。

点由"混凝土"转到"人",着力突出"守护生命"、以人为本的宗旨。用鸠山由纪夫在民主党竞选公约序言中的说法就是:"有一些母子单亲家庭的孩子,因为没有钱放弃修学旅行甚至上不了高中。有些老人得了病也没有钱去医院。全国每天都有100多人走上自杀道路。然而,政府却置之不理,反而将巨额的税金投入到混凝土建筑中去。这个国家的政治究竟是为了什么呢?!"①

日本一向有"土建大国"之称。每年用于公共事业费用一直居高不下。1998年度巅峰时竟达14.9万亿日元,占政府预算总额的17.7%。以后逐年下降,2009年度被腰斩为7.1万亿日元。但日本的公共事业费占国内生产总值(GDP)的比例仍在主要发达国家中独占鳌头。2009年度,日本的公共事业费用占GDP的3.5%,法国为3.4%,美国和英国都是2.6%,德国则只有1.6%,不到日本的一半。

表5—2 日本各财政年度公共事业费的推移

(单位:万亿日元)

	2002	2003	2004	2005	2006	2007	2008	2009	2010	2011	2012
总预算	83.7	82.4	84.9	85.5	81.4	81.8	84.7	101.0	95.3	94.7	90.3
初始		8.4	8.1	7.8	7.5	7.2	6.9	6.7	7.1	5.8	5.0	4.6
合计	10.0	8.3	8.9	8.0	7.8	7.4	7.3	8.8	6.4	6.2	4.8

资料来源:财务省统计。"初始"指原本通过的预算规模,"合计"是与补充预算中相关项目的总和。

民主党执政后大刀阔斧地削减公共事业预算。2010年度预算中,公共事业费为5.8万亿日元,比上年度的7.1万亿日元足足减少1.3万亿日元,减少幅度达18.3%,是主要预算中减幅最大的一项②。2011年度和2012年度,在政府的预算中,公共事业费分别为5.0万亿日元和4.6万亿日元,呈连续下降的趋势。但是,由于"3·11"震灾后恢

---

① (日)民主党本部:"民主党 政权政策"(Manifesto),2009年7月27日,见民主党网站:http://www.dpj.or.jp/global/downloads/manifesto2009.txt。
② (日)"特集:2010年度预算案",《日本经济新闻》,2009年12月26日。

复、重建的费用不菲,加上补充预算等,实际开支增加较多,但仍低于上年度水平。在民主党执政的3年里,日本公共事业预算削减了32%,这不能不说是一个巨大的变化。

削减公共事业费用的"重头戏"是要对水坝、道路等耗资巨大而效益却不显著的公共建设项目开刀。2009年9月17日,主管国土交通省的前原诚司在就任大臣的第二天就宣布,在全国56个水坝建设项目中除8项已经完成主体工程或进行大修的项目外一律停工。

这一决定宣布后,引起了轩然大波。一方面,这项决定博得了众多民众特别是环境保护团体的喝彩;而另一方面,相关的都道府县和企业界却对这些工程一律"冻结"极其反感。位于群马县吾妻郡长野原町川的八场堤坝一度成为日本媒体最热门的话题。这一工程酝酿于1952年,主要目的是防止利根川支流之一的吾妻川泛滥并解决包括东京都在内的一都五县的饮用水问题。八场堤坝工程于2000年正式立项,原计划2015年建成,工程预算2100亿日元。但由于一再追加预算,到2004年已膨胀为4600亿日元,加上利息在内最终可能突破8800亿日元,堪称日本历史上费钱最多的堤坝工程。

八场堤坝不仅是典型的"钓鱼工程",也是政、官、财勾结、滋长腐败的温床。这项工程是由国土交通省关东地方整备局主管的。结果,许多中标企业特别是与政府签订合同的企业成为接纳国土交通省退职官员"天神下凡"的落脚地。据民主党议员长妻昭在2007年透露,仅2004年前后,国土交通省退职官员到获得八场堤坝工程合同的37家企业任职的有52人,到57家拿到合同的企业任职的有99人,到财团法人国土技术研究中心、八场堤坝水源地整备中心等7家公益法人任职的有25人。

日本国内围绕八场堤坝是否需要上马,以及该不该终止项目一直存在着激烈的争论。民主党将八场堤坝视为劳民伤财、浪费公款的象征。在2009年众议院前夕公布的竞选公约中明确提出应予以立即终止。

八场堤坝所在地长野原町的一些居民从最初不愿迁离祖居地到陆续移居他乡,折腾了多年后听到堤坝叫停自然难以接受。长野原町议会迅即通过了呼吁继续兴建八场堤坝的"意见书"。群马县多年来负担了相

第五章 民主党"民生第一"方针受到严峻考验

当一部分动迁费用和配套工程费用。县知事大泽正明发表声明，称鸠山内阁的这一决定根本没有倾听居民、市町村和参与堤坝兴建的一都5县的意见，对这种专断行为深表遗憾。自民党等在野党也乘机指责民主党的决定。

为缓和来自各方面的反对声浪，在前原诚司的推动下，国土交通省于2009年12月设立了一个名为"有关未来治水对策的有识之士会议"，从投入的经费与对环境的影响等各方面探讨兴建堤坝的得失。除国土交通省主管的30项堤坝工程外，由中央政府补助地方自治体兴建的共53项，合计共有83个堤坝工程项目列入验证范围。八场堤坝自然是其中的重中之重。

这一有识之士的检讨会议举行了12次。前原差不多参加了所有的议论。在2009年9月发表的中间报告中，明确写上了日本未来应该积极推进无需依赖堤坝的治水项目。这可以说是具有划时代意义的政策转变。

但是，恰如"人走茶凉"这句俗语所说的，前原诚司离职后，他的几位继任者在是否停建堤坝的问题上态度渐渐暧昧起来。而续建派的声势却越来越大。

随着菅直人、野田佳彦先后出任首相，民主党对待2009年竞选公约的态度发生了180度的大转变。菅直人时代的民主党干事长冈田克也公开承认2009年的竞选公约不切实际，需要修正。于是乎，"从混凝土到人"的这句口号也渐渐失去了光环。

2011年9月，野田佳彦组成新内阁，出任国土交通大臣的前田武志曾任建设省河川局事务官、国土厅专门调查官。尽管他上任之初一再表明将沿袭其前任前原诚司、马渊澄夫、大畠章宏的政策，但实际上却完全被国土交通省的官僚牵着鼻子走。

前田履任两月后，国土交通省关东地方整备局宣布了有关八场堤坝是否续建的调查结论，强调在检讨的四项治水对策中以堤坝案的8600亿日元成本最低，而且10年后的治水效果最明显，八场堤坝应予续建。同年12月举行的有识之士会议上也得出了类似的结论。

2011年12月22日，前田武志举行记者招待会，正式宣布了有关重新启动八场堤坝工程的决定。此前，他已经将续建的意图通报了东京都等一都五县①。担任民主党政调会长的前原诚司曾扬言，将不惜利用政府预算必须得到政调会批准的权限，砍掉有关八场堤坝的项目经费。但由于野田佳彦在出任首相后曾经表示，他将最大限度地尊重相关阁僚的判断，前原作为政调会长的底气毕竟还欠缺一些。他在12月25日接受富士电视台采访时颇为沮丧地说："民主党方面是反对重新启动八场堤坝工程的，但现在只能说这是由政府有关部门判断的事情。这是我的失败。"②

如果说前原诚司在八场堤坝问题上只能吞下苦果的话，民主党内的一些年轻议员却按捺不住愤怒的心情。就在八场堤坝续建消息见报的第二天，在北关东比例代表区当选的民主党议员中岛政希毅然向舆石东干事长递交了离党声明。中岛在会见记者时沉痛表示，重启八场堤坝工程违背了民主党的竞选公约，是对国民的背叛行为，是绝对不能容忍的。

民主党政权在八场堤坝问题上的反复，意味着它实际上放弃了"从混凝土到人"的这一理念。实际上，在菅直人、野田佳彦主政期间，国土交通省先后对19项大型堤坝项目作出是否续建的决断，其中"开绿灯"放行的有13项，终止的只有6项，而这些终止项目实际上在验证前早已停工。

自民党重新执政后，打出振兴经济的旗帜，大幅度增加了公共事业投资。安倍晋三内阁确定的2013年度预算中，公共事业费用达5.3亿日元，比民主党执政时通过的2012年度预算增加15.2%，而如果加上2012年度补充预算开列的4.7万亿日元的公共事业费，总规模超过了10万亿日元③，回升到2002年度的水准。这是对历史的绝妙讽刺。

---

① （日）"重新启动八场堤坝建设是放弃'从混凝土到人'的理念"，《朝日新闻》，2011年12月23日。

② （日）"前原政调会长说 重启八场堤坝是'我的失败'"，《每日新闻》，2011年12月25日。

③ （日）"安倍内阁提出超大规模预算案"，《朝日新闻》，2013年1月10日。

第二节 "3·11"震灾对"民生第一"方针形成严峻挑战

2011年3月11日,日本东北地区发生了里氏9.0级的强地震和特大海啸。随后,东京电力公司所属福岛第一核电站的1至4号机组相继发生核泄漏,与前苏联切尔诺贝利核事故并列最高级别的7级。这场核灾难集中暴露了日本官僚体制尤其是被日本媒体称为"原子能村"的官商一体结构的弊端。同时,它也对民主党政权贯彻"民生第一"方针提出了严峻的挑战。

一、菅直人内阁应对"3·11"特大震灾严重失分

地震发生后,菅直人首相不到10分钟就在官邸内成立了"灾害紧急对策本部",亲任本部长;3月15日,菅内阁又在东京电力公司总社成立了处理核电站事故的联合指挥部。到3月20日为止,陆续成立的还有"受灾人员生活支援特别对策本部"、"复兴构想会议"等指挥中心,绝大多数由菅直人领衔,相关阁僚辅佐。自卫队也在震灾后数小时内紧急出动,总兵力从2万人、5万人,最终增加到10.7万人,堪称战后最大规模的一次救灾行动。

但是,以菅直人为首的民主党执政团队毕竟缺乏应对这类复合型特大灾害的经验。它既难以克服对官僚队伍根深蒂固的不信任,又无法摆脱对这支拥有庞大的行政信息和经验的专业群体的依赖。过分强调"政治主导"的结果,反而造成了一系列的失误和延宕。主要是:

第一,撇开各省府原有的指挥系统,新设各种对策本部,导致指挥系统的混乱

日本是一个地震、海啸频发的国家。日本政府机构中无论是国土交通省、经济产业省,还是防卫省、厚生劳动省,都有一些专门机构负责

处理各类突发性灾害，也拥有不少经验丰富的官僚。然而，菅直人在震灾后为凸显"政治主导"，撇开各省府原有的指挥系统，在首相官邸设立了一系列对策本部，一来造成指挥系统的混乱，二来则造成行政资源的浪费。例如，经济产业省下辖的原子能安全委员会、原子能安全保安院是专门负责核电站安全运行的机构。菅直人却将它们撇在一边，将东京电力公司置于首相官邸的直接指挥之下，实行"越顶管理"。不仅如此，他在震灾后任命了6名内阁顾问。其中，有富正宪和斋藤正树分别是他母校东京工业大学核反应堆工学研究所的所长和教授。日本媒体评论说，聘请核专家当顾问突出表明了首相对经济产业省官僚的"不信任"[①]。

第二，依靠少数亲信和顾问把握动向、发号施令，造成政权中枢的信息阻隔与政令延误

震灾后，菅直人先是委任首相助理细野豪志负责处理核电站事故，继而又让他负责全盘的核危机处理，直至出任新设的核电站担当大臣，让主管核电事业的经济产业大臣海江田万里颇感尴尬。菅直人还让寺田学、加藤公人等已经卸任的前首相助理频繁出入官邸，参与重要决策，这也是颇受外界非议的。按照惯例，日本首相的贴身秘书分别来自财务省、外务省和警察厅等6个省府，首相通过这些秘书与各省府保持密切沟通。但震灾后菅直人却不让这些秘书出席他与其助理与顾问的讨论，使得各省府无法及时了解首相意图，造成一定的混乱。如由于救援物资和志愿者迟迟不能到位，灾区民众在避难所里陷于缺衣短食的尴尬处境，先后有数十人因寒冷、饥饿、缺少药物而死亡。志愿者们也因得不到进入灾区的许可证而被挡在数百公里之外。震灾后，日本各界人士踊跃捐款，世界各国也纷纷伸出援手，但由于日本官僚机构的延宕，三分之二的救助款在震灾过去2个多月还没有送到受灾民众手中。

第三，在处理震灾过程中始则事无巨细一把抓，继而又推诿责任，引起官僚队伍的不满

核泄漏事故是"3·11"震灾最严重的后果，也是菅直人团队最让

---

① （日）"菅首相：内官房参与、続々任命　東電、経産省へ不信感"，《每日新闻》，2011年3月30日。

第五章 民主党"民生第一"方针受到严峻考验

人们诟病的处置失误。震灾初期,菅直人几乎将精力全放在处理核泄漏事故上。诸如东电公司的应急电源车究竟停在什么位置,向核电站注入冷却用水究竟是含硼酸的水还是海水,自卫队、警察厅和消防厅按怎样的顺序向反应堆注水,等等,都要一一过问,简直把自己当成第一线冲锋陷阵的"小队长",忘记了身为内阁首相的"总指挥官"的责任[①]。另一方面,真正需要他作出决断时却又踌躇起来,甚至将责任推卸给官僚。例如,菅直人在3月16日与防卫大臣北泽俊美磋商后决定让自卫队派遣直升机向反应堆注水。因为这是在核辐射环境下的高危作业,菅直人不想承担政治责任,就将"球"踢给了联合参谋长折木良一,让折木就是否派遣直升机问题作出决断。

第四,各省府缺乏统筹协调以及官僚们的消极等待,导致救灾行动效率低下

民主党甫上台就废除了跨省府的事务次官会议,以后又严令官僚间不得相互串联和斡旋,导致各省府间横向联络的管道陷于瘫痪。震灾后,虽然成立了许多"本部"和"会议",但彼此互不通气,更谈不上进行有效的统筹协调。3月14日,首相官邸批准东电公司对东京都和毗邻的8个县实行分区停电,忘了通知主管医疗单位的厚生劳动省,造成许多医院措手不及,无法及时启动应急电源。再如,菅直人在3月13日宣布将参加救灾的自卫队规模提升到10万人,事先却不和防卫省打招呼。防卫大臣北泽俊美等从电视报道中才得知要增加救灾兵力,不得不匆匆忙忙地修改派遣计划,一星期后部队方全部到位。菅内阁"瞎指挥"的另一个结果就是霞关的官僚们在大多数情况下只是消极地等待来自官邸的指示。重灾区之一的岩手县知事增田宽也如此抨击道:官僚们如果根据自己的判断采取行动,就会被政治家抨击为多管闲事,与其这样还不如什么都不做,等上面指示再说。"灾后重建之所以进展迟缓,

---

[①] (日)佐佐木毅、清水真人:《现代日本政治》,日本经济新闻社,2011年5月版,第10页。

根子就在于官僚们都在消极等待指示。"①

二、日本国内围绕要不要继续发展核能的争议

福岛核电站的核泄漏事故发生后，人们对核电站的抗海啸设计标准之低以及东京电力公司等相关部门应对乏力普遍感到困惑。随着时间的推移，日本媒体揭露出国内存在着一个由电力公司和核电设备商、经济产业省资源能源厅的主管官僚以及担任政府咨询专家、负监督之责的核物理、核工业专家学者组成的"原子能村"。

这原本应该是一套相互牵制、相互监督的体系，结果却成了一个盘根错节、利益均沾的小圈子。多年来，日本各地核电站陆续发生一些违反操作规程或篡改安全记录的问题，但都被"原子能村"环环相扣、严密地掩盖起来。更有甚者，经济产业省资源能源厅的长官退职后居然堂而皇之地当上东京电力公司的副总经理，直接为其"保驾护航"。

这次严重的核泄漏事故戳穿了日本核电站不会有事故的"安全神话"。据专家披露的数据，福岛核电站的报废需要假以时日。如果仅靠日本自身力量，至少需要30年的时间和超过1万亿日元的费用。日本国内的反核声浪空前高涨。3月27日晚，1000多名市民率先在东京最繁华的银座举行示威游行，要求"停止全部核电站运营"、"更换能源政策"。示威队伍转移到首相官邸门前，参加者越聚越多，并形成了每星期五晚上由来自全国各地的抗议者在首相官邸门前聚会的惯例。

5月6日，菅直人首相要求中部电力公司停止浜冈核电站的运行。理由是，根据日本文部科学省的预测，未来30年内发生8级左右的东海大地震的可能性高达87%，位于静冈县地震断层带的浜冈核电站危险性极大②。菅直人的这一强硬姿态让他在政治上得分。日本新闻网（NNN）进行的民意调查显示，71.2%的被调查者赞成菅直人的决定，

---

① （日）星浩："由于'政治主导'而进展迟缓的灾后重建"，《朝日新闻》，2011年5月14日。

② （日）"浜冈核电站全面关闭"，《读卖新闻》，2010年5月7日。

第五章 民主党"民生第一"方针受到严峻考验

而要求日本逐步减少核电站的人也达到了 64.3%。《东京新闻》的舆论调查也表明,超过 80% 的民众主张全面废弃日本国内现有的 54 座核反应堆。其中,主张"立即"废弃的有 9%,认为"在各核电机组进入定期检修后逐个报废"的占 19%,有 54% 的被调查者表示"最终废弃,但可以根据电力供应情况予以一定的缓冲时间",认为可以"维持现状"的仅占 14%[①]。

受民调结果的鼓舞,菅直人在摆脱对核能依赖的问题上态度日益坚定。7 月 13 日,菅直人在首相官邸举行记者招待会,出人意料地宣布了旨在摆脱对核电依赖的新能源政策。他宣布:"关于今后的核电政策,我认为日本应该以建立一个不依赖核能发电的社会为目标。这就是要有计划地、分阶段地降低对核电的依赖,争取建立没有核电站的社会。这就是今后我国应循的方向。"[②] 8 月 6 日,菅直人在出席在广岛举行的为原子弹爆炸牺牲者慰灵和祈求和平大会上,再次强调要降低对核电的依赖,建设一个不依赖核电的社会。这是迄今为止历届首相在参加这类纪念活动的演说中唯一提到国家的能源政策的一次。

在这一攸关民生的问题上,民主党领导层很快暴露出彼此间的分歧。菅直人的前任鸠山由纪夫上任不久曾提出将温室气体排放削减 25% 的计划。在他主持下出台的《能源基本计划》明确规定,核电作为供给稳定且经济高效的能源应当得到"积极推广",具体目标是到 2020 年在国内新建 9 座核电机组,到 2030 至少新建 14 座。菅直人的主张显然是与鸠山背道而驰的。分管核电的经济产业大臣海江田万里对菅直人没有与自己商量就发表"脱核电"的宣言感到不快。7 月 21 日,海江田在参议院预算委员会的答辩会上公然抨击菅直人的摆脱核电路线,他强调,如果政府走"摆脱核电"路线的话,日本传承了几十年的核电技术将会断绝,同时也将给日本的产业和经济带来重大的损失。他认为,根据日本的国情,如何提高核电的安全性才是关键,而不是一出事就要

---

① (日)《东京新闻》,2011 年 6 月 19 日。
② (日)菅直人:"在记者招待会上的讲话",2011 年 7 月 13 日,见首相官邸网站:http://www.kantei.go.jp/jp/kan/statement/201107/13kaiken.html。

"抹杀"核电站。一贯支持菅首相的民主党干事长冈田克也则抱怨菅首相的言行造成了日本核电站运营的障碍。

日本财界对菅直人内阁推行的"摆脱核电"路线从一开始就十分抵触。日本是一个缺少能源和资源的国家,在 20 世纪 70 年代的两次石油危机后,开始将发展核电作为摆脱对进口石油天然气依赖的出口。迄今已有 40 多年的历史。震灾前,日本共有 54 座核电机组,核能发电占全国总发电量的 29%,装机容量仅次于美国和法国,居世界第三位。如果停止发展核电的话,各大电力公司不仅投入核能发电的巨额投资打了水漂,关闭核电站和增加使用石油、天然气的火力发电站的高昂成本也使它们无法忍受。至于东芝、日立等核电制造商也将面临设备闲置、产业转型的难题,向海外出口核电设备与技术的梦想也将化为泡影。经团联的发言人甚至公开指责菅直人有关"脱核电"的宣言极其不负责任。

"3·11"震灾后,随着核泄漏事故严重危害性大白于天下,日本国内的舆论氛围出现了"一边倒"的态势。各地陆续发生大规模的反核示威。核电站所在的各府县慑于民众舆论的压力,对一些定期检修的核电站在完成检修作业后拒绝发放允许运营的许可证。截止到 2011 年 12 月 15 日,日本 50 台机组中尚在运行的仅剩 8 台。2012 年 5 月 5 日,最后一台机组、北海道电力公司泊核电站 3 号机组也因定期检修而停止运行。据经济产业省测算,日本核电站全部予以废除的话,电力业的资产损失将达 4.4 万亿日元,十大电力公司中对核电依赖较高的北海道电力、东北电力、东京电力和日本原子能发电公司将资不抵债,濒临破产[①]。

三、野田内阁重启大饭核电站带来严重后遗症

2011 年 8 月 30 日,野田佳彦接替菅直人出任民主党第 9 任代表和日本的第 95 任首相。

野田在要不要摆脱对核能依赖问题上与菅直人持相反的见解。事实

---

① (日)"核电站年内如全部废弃 特别损失 4.4 万亿日元",《读卖新闻》,2012 年 6 月 19 日。

上，他在当选代表后的演说中表示，日本至少在未来30年内还是应该合理利用既有的核电站。同年9月13日，野田在国会发表了他上任后的首次施政演说。他如此强调说："在核电问题上，老是争论'脱核电'还是'推进核电'是没有意义的。从中长期来看，应尽可能地降低对核电的依赖，这是大的方向。与此同时，在对安全运营与否进行彻底检查的基础上，在与地方自治体之间构筑起相互信赖关系的大前提下，应该让已经完成定期检修的核电机组投入运营。"①

随着时间的推移，野田逐步拉大了与菅直人的距离。10月31日，野田与来访的越南总理阮晋勇会谈，签署了由日本承建越南核电站的意向书。日本将向越南出口两台核电站机组，所需费用由日本向越南提供的日元贷款垫付。12月9日，参议院批准了日本分别与约旦、俄罗斯、越南和韩国等国签署的核能协定。按照这些协定，日本将向约旦、越南和韩国出口核电站相关设备和技术，并委托俄罗斯对使用过的乏燃料中的铀进行再浓缩。

野田内阁的这些举措在日本国内外引起强烈质疑。一方面，"3·11"震灾后福岛核电站的核泄漏事故的处理旷日持久，日本各地民众掀起声势浩大的反核抗议，现有的核电站陆续停运，而另一方面日本却继续将出口核电站设备作为撬动经济回升的杠杆，凸显了日本当权者在发展核能问题上的双重标准和急功近利、不顾后果的矛盾心理。

在重启关西电力公司所属的大饭核电站3号、4号机组问题上，野田佳彦和他的执政团队罔顾民意、孤掷一注，导致日本民众对民主党政权标榜的"民生第一"的方针产生强烈的不信任感，为日后民主党失去政权埋下了伏笔。

2012年5月5日，随着北海道电力公司泊核电站3号机组因检修停机，日本全国54台核电机组全部"趴下"。日本在时隔42年后再次进入"零核电"状态。这时候，与反核人士欢呼日本终于摆脱核电"魔

---

① （日）野田佳彦："在第178届临时国会上的施政演说"，2011年9月13日，见首相官邸网站：http://www.kantei.go.jp/jp/noda/statement/201109/13syosin.html。

咒"形成鲜明对比的是，以各大电力公司为代表的拥核阵营则为核电时代的落幕感到惶惶不可终日。

日本国内反核和拥核两派势力的角逐很快聚焦到关西电力公司设在福井县大饭郡的大饭核电站3号、4号机组的重启问题上。

大饭核电站的3号、4号机组分别于1991年、1993年投入运营，是功率为118万千瓦的加压水型轻水反应堆。这两台机组于2011年3月18日、7月22日先后停机检修。由于"3·11"震灾后福岛核电站发生严重核泄漏事故，日本政府对核电站的安全审查更加谨慎，而大饭核电站面对的若狭湾恰好有一道地震断层带，地方上反对重启大饭核电站3号、4号机组的声浪日益高涨。

2011年2月13日和3月23日，负责核电站安全运行的日本原子能安全保安院及原子能安全委员会分别批准了关西电力公司提交的大饭核电站3号、4号机组压力测试合格的报告。在同时提交的22台核电站的安全审查报告中，获得通过的就是这两台机组。

在日本各大电力公司中，关西电力公司对核电依赖的比例最高，达50%。在获悉原子能安全委员会批准安全审查报告后，关西电力公司展开一系列公关活动，尤其强调如果日本在即将到来的夏季遭遇2010年那样的酷暑，关西地区的用电形势将十分严峻，松下、夏普等业已遭遇巨额亏损的电器业巨头将濒临破产。松下、夏普等大公司所在的大阪市市长桥下彻一反其强硬的反核主张，转而主张在限定夏季的条件下重启大饭核电站。

从4月3日起，野田佳彦连续6次召集经济产业大臣枝野幸男、核电站事故担当大臣细野豪志和官房长官藤村修磋商重启大饭核电站3号、4号机组问题。4月14日起，野田派枝野幸男到核电站所在的福井县和大饭町就重启问题进行沟通。福井县和大饭町都强调在县邀请的专家作出评估前，无法对重启问题表态支持。

6月8日晚，野田佳彦在首相官邸召开的记者招待会上如此宣布道："占电力供应将近三成的核电站停止运营，日本社会将无法维持下去。从能源安全保障的视角来看，核电是重要的电力来源。""为了捍卫国民的生活，我决定重新启动大饭核电站。并将在取得地方自治体的同意后履行有关重新启动的手续。"① 野田随即邀请福井县知事到首相官邸磋商重启问题,并在获得知事首肯后于6月16日正式作出了重启大饭核电站3号、4号机组的决定。

"一石激起千层浪"。野田的这一决定引起强烈的反弹。一方面,经济界表示欢迎,并希望其他已停运的核电站也能陆续重启;另一方面,日本民众中反核声浪在政府的这一强势态度刺激下进一步高涨。诺贝尔文学奖得主、作家大江健三郎等人以"再见吧!核电站"为号召,发起了1000万人签名运动。在野田宣布重启大饭核电站决定的第4天,签名运动的实行委员会即将已经征集到的748万多人中的180万人的名单呈交众议院议长横路孝弘②。

6月22日,在首相官邸门前爆发了迄今为止规模最大的抗议示威。这一示威是由一个名为"首都圈反对核电站联合会"的市民团体在网络上发起的。从3月27日开始,每周五晚上在首相官邸门口静坐。起初只有300人左右。野田内阁决定重启大饭核电站后,示威人群一下子就达到了万人规模。

地方自治体的态度发生明显分化。福井县在野田内阁做工作后表示了合作的意向。但关西电力公司大主顾的大阪府、大阪市却发表《紧急声明》,坚持桥下彻有关限时重启的主张。《紧急声明》批评野田首相在核电安全基准尚未确定的情况下强行决定启动大饭核电站,是"将安全置之不顾","忘记了福岛核泄漏事故的教训",是"绝对不能容忍的"。《紧急声明》呼吁在夏季的用电高峰过去后,于9月底再次停止大饭核电站3号、4号机组的运营③。

执政的民主党内也闹起了"地震",在一年前提出"摆脱核电"路线的前首相菅直人率领下,至少有三分之一的议员对重启大饭核电站3号、4号机组表示反对。菅直人不仅积极参加反对核电的1000万人签

---

① (日)"大饭核电站重新启动 首相强调安全措施",《朝日新闻》,2012年6月9日。
② (日)"摆脱核电 已有748万人签名",《朝日新闻》,2012年6月13日。
③ (日)"大阪府大阪市紧急声明 重启限于9月为止",《每日新闻》晚刊,2012年6月9日。

名运动，还在参与签名的民主党议员集会上致辞说："今后一年是关键。要把摆脱核电作为国家的根本大计定下来，不要将核电站留给子孙后代。"①

6月29日，野田内阁为平息民众中的反对声浪，召开与能源、环境相关的阁僚会议，公布了有关2030年核电比例的三种选项方案，即"零方案"、"10％方案"和"20％至25％方案"，宣布将在七八月间选择11个城市举行听证会，进行讨论型的舆论调查和公众意见征集。这是它在强势重启大饭核电站后为缓和民意压力做出的一个姿态②。

野田重启大饭核电站在做法上十分草率、鲁莽。尽管他再三强调不能因为无法重启核电站而使国民正常生活受威胁，但在福岛核泄漏事故引起民众对核安全高度关注而政府又缺乏有效监管手段的情况下，强行决定重启大饭核电站3号、4号机组，既造成了党内的严重分歧，也使广大民众对其一贯标榜的"民生第一"方针产生怀疑和反感。

第三节 民主党推动消费税增税诱发政治"地震"

从20世纪80年代以来，消费税增税问题一直是日本政坛的敏感话题。民主党执政初期，在消费税增税问题上一直比较谨慎。但自从菅直人接替鸠山由纪夫出任首相后，大力推进所谓的"税与社会保障一体化改革"，引发了民众对民主党的强烈不信任感，也激化了民主党内的矛盾与对立。消费税增税法案在野田佳彦任内强行通过，导致民主党发生有史以来最大的一次分裂，并在半年后举行的众议院选举中丧失了政权。

---

① （日）"摆脱核电 已有748万人签名"，《朝日新闻》，2012年6月13日。
② （日）"核电比例有三种选项"，《朝日新闻》，2012年6月30日。

第五章 民主党"民生第一"方针受到严峻考验

一、民主党政权推动消费税增税失信于民

从上一世纪80年代以来，日本历届内阁普遍面临入不敷出的严峻财政形势。一方面，由于经济转型进展迟缓，加上外部环境日趋恶化，企业经营每下愈况，政府税收逐年萎缩，从巅峰时期的1990年度约60.1万亿日元下跌为2012年度的42.3万亿日元；另一方面，随着老龄化社会的到来，政府支出中用于社会保障的费用每年以1万亿日元的规模持续上升。1990年度这项开支为11.6万亿日元，2012年度预算中膨胀到了28.8万亿日元。目前，日本政府经常开支的一半靠发行国债来筹措。据日本财务省的发表，截止到2012年3月底，日本政府持有的国债、借款和短期政府债券合计已达959.9万亿日元，相当于国内生产总值（GDP）的两倍，比爆发债务危机的希腊、西班牙的情况还要严峻。

在自民党时期，有关消费税增税问题一直是个极其敏感的问题。1986年，时任首相的中曾根康弘曾设想引进销售税，但在媒体的强烈反对下被迫收回成命。1988年12月，时任首相的竹下登力排众议，决定引进消费税制度。在翌年的参议院选举中，自民党遭到了惨败。1994年4月，细川护熙被迫辞去首相职务的原因之一就是草率决定创立国民福祉税。而1997年桥本龙太郎首相将消费税税率由3％提高到5％，也使自民党在1998年参议院选举中一败涂地，桥本龙太郎不得不黯然引退。

民主党诞生后，在有关消费税增税问题上一直持谨慎态度。但也曾有过松动。如新进党提出停止增税法案时，民主党持反对立场。从2003年至2004年，民主党在竞选公约中曾写进用消费税的一部分充实养老金，暗含着提高消费税税率的主张，但在小泽一郎掌权后这一构想迅即被"冻结"起来。民主党在2009年众议院选举前夕发表的竞选公约"Manifesto 2009"中，一句也没有提及消费税增税问题。时任民主党代表的鸠山由纪夫在国会发言时明确表示，民主党在取得政权的最初4年里不会提高消费税。野田自己在竞选期间也宣称：竞选公约始于英国，它是政党对选民的一种承诺，凡是写进竞选公约的就要拼命去做，

没有写进竞选公约的就不能做①。

但是，民主党执政不到一年便开始变卦。2010年6月，刚刚接替鸠山由纪夫出任民主党代表和首相的菅直人在发表参议院竞选公约的记者招待会上声称："要在2010年度内着手处理税率适度水准和改革的方案。自民党提出的10％的税率可以作为一种选择。""有关消费税的议论在政界长期被视为禁区，我们将在竞选公约中明确写进去。"② 此言一出，顿时引起轩然大波。民主党在7月11日开票的第2届参议院选举中遭到惨败，以致日本政坛再次出现由朝野两大阵营分别控制众参两院的"扭曲国会"局面。

尽管如此，菅直人在其任内一直致力于推进有关税制与社会保障的一体化改革。2010年10月，菅直人设立了政府和民主党探索有关社会保障改革的本部。11月至12月连续召开有关社会保障改革问题的有识之士研讨会。12月8日，有识之士研讨会发表了有关社会保障改革的基本方针。这项基本方针强调，随着少子老龄化的进展，为了让广大国民安心，有必要在加强社会保障的同时促进作为其支柱的财政健全化，通过稳定国民生活、扩大雇佣、增加消费来推动经济的增长。2010年12月14日举行的内阁会议通过了这项方针。

2011年2月至6月，菅直人内阁又连续举行了一系列集中讨论社会保障改革问题的会议，并于同年6月30日发表了有关社会保障改革的研究报告。但是，这份研究报告对何时开始提高消费税税率语焉欠详。初稿中曾经出现过"2015年前"的提法，但最后发表的报告却只是笼统地说在2011年起的10年间的前半期分阶段将消费税税率提高到10％。而且，还特意加上一条限制：提高消费税税率的前提是"经济状况好转"。

日本国内对民主党政权不守承诺、出尔反尔的批评不绝于耳。京都大学教授冈田知弘直截了当地抨击称，菅直人的这一突然的转向表明民

---

① （日）参议院自由民主党："民主党政权的检证"，2012年8月，第31页。
② （日）读卖新闻采访组：《背信政权》，中央公论新社，2011年版，第166页。

第五章 民主党"民生第一"方针受到严峻考验

主党政权重新回到了财界主导的所谓"结构改革路线"上来①。庆应大学教授、小泉时代曾任金融财政大臣的竹中平藏则认为,"即便是增税也解决不了问题。政府支出如果这样放任不管的话,社会保障费将以每年1万亿日元的规模递增。当务之急是要抑制支出。消费税税率提高到10%只不过是弥补眼下的赤字而已。就算提高到30%也无济于事,但国民是绝不会容忍的。"②

由于在应对"3·11"震灾尤其是福岛核泄漏事故中失误不断,菅直人在其执政后期已无心恋战。推进税制与社会保障一体化改革的重任遂落到了其后任野田佳彦的肩上。

2011年8月29日,民主党举行代表选举。野田佳彦在第二轮决胜选举中逆转胜了第一轮中遥遥领先的海江田万里,当选为民主党的第9任代表。翌日,又顺利当选为日本第95任首相。他是第一位出身松下政经塾的首相。

9月13日,野田佳彦在他上任后首次发表的施政演说中提出:"我真诚地希望能与在野党在反复磋商的基础上,在下一届例行国会期间正式推出社会保障与税制一体化改革的法案。""希望各党各派都能参加有关的政策磋商,朝野双方都以开阔的胸襟进行探讨,尽快就通过相关法律形成共识。"③ 如果说这次演说中野田还有点语焉欠详的话,两个月后在戛纳召开的二十国集团峰会上则用最明确的语言宣布,日本将在未来几年里分阶段将消费税税率提高到10%以改善财政状况。在2011年度内,日本将会出台相关的法案④。不过,野田表明的这一立场事先既没有在内阁会议上讨论,也没有在民主党内形成共识,自然引起了党内

---

① (日)冈田知弘:"'地方主权改革'带来了什么",《全国保险医新闻》,2011年3月15日。

② (日)竹中平藏:"谈安倍经济学",2013年4月6日,见http://toyokeizai.net/article/—.13341。

③ (日)野田佳彦:"在第178届临时国会上的施政演说",2012年9月12日,见首相官邸网站:http://www.kantei.go.jp/jp/noda/statement2/20110913syosin.html。

④ "野田首相向国际社会承诺消费税税率要提高到10%",《朝日新闻》,2011年11月4日。

的强烈不满。

2011年12月30日，政府的税制调查会在民主党建议案的基础上，正式确定了税制与社会保障的一体化改革的方案。其内容大致为：1. 逐步提高消费税税率。第一步，从2014年4月1日起将现行的消费税税率由5%提高到8%；第二步，从2015年10月1日起再提高到10%。提高消费税的具体行动可根据经济景气决定是否中止；2. 除划给地方自治体支配的部分外，消费税税率提高后增加的税收将用于社会保障，其中包括养老金、医疗、看护与少子化对策；3. 从消费税税率提高后增加的税收中拨出一部分归地方自治体使用。具体比例是2014年4月起为0.921%，2015年10月起为1.54%；4. 在正式实施提高消费税前将众议员的定额由480人减为400人，同时削减公务员的薪给总额；5. 对高薪阶层课以重税，实际提高继承税税率。政府案决定对年收入在5000万日元以上者，所得税税率由现行的40%提高到45%，同时，降低免缴继承税的资产下限。显然，后两条主要是为平息民众对增税案不满情绪而拟定的。

二、野田内阁推进消费税增税导致民主党分裂

野田内阁果断推进消费税增税的政治姿态，在日本国内引起截然不同的两种反应。财界总体上持支持态度，但对增税后会不会导致消费疲软存有疑虑；各大报纸普遍表示理解和支持，称赞野田内阁敢于闯禁区；学术界则出现赞成与反对的两大阵营壁垒分明的对立；民众的反应如果仅仅从各大报纸发表的民意调查结果来看，似乎支持增税的比例要高于反对的比例，但从网络舆情来看，一般民众对野田内阁的增税案却并不领情，甚至抨击这是民主党违背选前承诺的背信行为。

平心而论，税制与社会保障的一体化改革法案如能成立，具有多方面的积极意义：从短期看，它有助于稳定国际社会对日本主权债务走势的预期，防止欧洲式的主权债务危机在日本重演；从中期看，为日本增加财政收入、缩小财政收支缺口、走向健全财政提供了法律依据；从长期来看，由于将消费税作为社会保障基金的专项财源，为应对人口结构

老龄化带来的财政支出持续增加奠定了制定基础,有助于日本社会的稳定[①]。

毋庸置疑,提高消费税的税率无疑增加了民众的负担,与民主党政权标榜的"民生第一"方针是相抵触的。消费税是一种直接税,其特点一是适用所有阶层,而且不受经济景气盛衰的影响,可望成为比较稳定的税收;二是消费税的负担具有递减效应。越是收入高的阶层越不在乎税率提高而增加的支出,而越是收入低的阶层负担却越加沉重。这就需要政府通过转移支付的手段进行平衡。据测算,消费税税率从5%提高到10%,政府每年的税收可望增加13.5万亿日元。这可是从消费者口袋里硬掏出来的。根据第一生命经济研究所的测算,消费税分别提到为8%和10%后,各阶层的年度负担如下:

表5—3 日本提高消费税税率后不同阶层民众税收负担变化的预测

(单位:日元)

家庭年收入(日元)	与消费税5%时相比,年度税收负担增加额(日元)	
	税率8%	税率10%
不满250万	71845	117565
250万至300万	68106	111446
300万至350万	81917	134046
350万至400万	72270	118261
400万至450万	71667	117274
450万至500万	76932	125889
500万至550万	81408	133214
550万至600万	85838	140462
600万至650万	95675	156559
650万至700万	101891	166730

---

① 张舒英:"2012年日本税制改革动态监测与分析",载《日本蓝皮书2013》,社会科学文献出版社,2013年5月版,第284页。

续表

家庭年收入（日元）	与消费税 5%时相比，年度税收负担增加额（日元）	
	税率 8%	税率 10%
700 万至 750 万	102933	168436
750 万至 800 万	100431	164342
800 万至 900 万	117238	191844
900 万至 1000 万	127698	208960
1000 万至 1250 万	138348	226387
1250 万至 1500 万	159830	261541
1500 万以上	157256	257328

资料来源：按照 2010 年的家计调查计算，标准家庭是成年夫妇中 1 人工作，另 1 人照看 2 名儿童。《朝日新闻》2011 年 12 月 31 日。

从上表不难发现，越是低收入的家庭，消费税增税后影响生计的程度越高。在日本经济持续滑坡。家庭开支日趋拮据的情况下，推行消费税增税确实是一项吃力不讨好的事情。北海道大学教授山口二郎一贯是民主党的坚定支持者，是民主党夺取政权的主要智囊。他也不看好消费税增税一举。山口说，在政府财政收入一半要仰仗发债的时代，提高消费税税率算是有勇气的行动。但是，"作为政治手法而言则是最糟糕的，即便被说成是一种欺诈行为也没有办法反驳。"经济分析家森永卓郎更是断言："如果要考虑经济状况的话，增税的时机恐怕没有比这次更坏的了。很可能遭致第二次震灾恐慌。……增税其实是完全没有必要的。1997 年度，国家的税收总额是 54 万亿日元，1998 年度却跌至 42 万亿日元。减少的部分恰恰是通货紧缩而造成的。政府和日本银行如能切实遏制通货紧缩的话，经济增长自然能导致税收的增加。"山口和森永给野田内阁增税案的评分分别是不及格的"50 分"和"零分"。[①]

民主党内以前代表小泽一郎为首，反对消费税增税的势力对菅直

---

① （日）"有识之士评估一体化改革"，《朝日新闻》，2011 年 12 月 31 日。

第五章 民主党"民生第一"方针受到严峻考验

人、野田佳彦的这一企图始终持强烈反对态度。2010年9月,民主党举行代表选举。3个月前刚刚辞去民主党干事长职务的小泽一郎与菅直人进行了"一对一"的决斗。这次选举虽然以菅直人获得地方票压倒性的支持、连任代表而告终,但在国会议员中双方基本上是旗鼓相当(206人支持菅直人,200人支持小泽一郎),这表明小泽一郎在民主党内还拥有相当大的势力。但是,由于小泽一郎涉嫌卷入政治资金丑闻,东京地方检察当局对他进行强制起诉,民主党常任干事会在2011年2月22日作出停止小泽党员资格的处分。小泽无法再像以前那样领头反对消费税增税。

民主党内围绕消费税增税问题的角逐随着野田上任进一步白热化。

2011年12月28日,以前总务省政务官内山晃为首的9名众议员以野田内阁违背竞选公约为由集体脱离民主党。内山晃等人于翌年1月1日宣布成立名为"纽带"的新党。这是民主党执政后第一次发生分裂。

2012年4月26日,东京地方法院对小泽一郎的政治资金案件作出"无罪"判决。判决下达的第二天,小泽便公开指责现内阁已经忘记了当初夺取政权时对选民的承诺[①]。5月8日,民主党常任干事会解除了对小泽的处分。5月30日,野田佳彦与小泽一郎在官邸举行会谈,试图说服小泽支持消费税增税法案。但小泽一口回绝了野田的请求。

野田在争取小泽的努力失败后,转而争取宿敌自民党、公明党的支持。6月16日,自民党、公明党在野田答应与小泽集团进行"切割"以及"尽快"解散众议院的条件后,就尽快通过以提高消费税为核心的税制与社会保障一体化改革法案与民主党领导层达成一致。

6月26日,税制与社会保障一体化改革相关的8项法案在众议院全体会议获得通过。在表决时,小泽一郎、鸠山由纪夫等57名民主党众议员投了反对票。加上弃权的前总务大臣原口一博、前环境大臣小泽锐仁等13人,缺席的2人,民主党内共有72人"造反",约占民主党

[①] (日)"小泽前民主党代表:'内阁忘记了原点'无罪判决后首次正式发言",《每日新闻》,2012年4月29日。

籍众议员的四分之一。

7月2日,小泽一郎率领支持他的参众两院议员提出退党申请。总共有37名众议员和12名参议员出走。这是民主党历史上最大的一次分裂。众议员中约三分之二(25人)是2009年刚当选的"一年生"议员①。参议员中,"一年生"的参议员也有9人。7月11日,小泽一郎成立了以他为代表的"国民生活第一党"。小泽一郎的出走虽然没有让民主党失去控制众议院所必须的过半数席位,但毕竟使民主党失去了一位从政经验丰富、擅长选举的"大将"。

7月9日至18日,民主党参议员米长晴信、谷冈郁子、舟山康江、行田邦子和众议员加藤学、中津川博乡等陆续提出退党申请。民主党领导层同意米长等4名参议员退党,对加藤、中津川则予以开除处分。至此,因消费税增税而退出民主党的国会议员已达55人。在参议院内,民主党与自民党的差距已缩小为2席。

民主党的分裂严重损害了它在国民中的形象,导致基层党组织甚至后援团体发生分裂,进而为民主党在2012年12月的众议院选举中遭到惨败埋下了伏笔。

三、是否坚持"民生第一"仍然是朝野角逐的焦点

野田在小泽等人出走后继续强势推进税制和社会保障一体化改革。

8月10日,参议院全体会议在民主党、自民党和公明党支持下,通过了税制与社会保障一体化改革相关的8项法案②。至此,从菅直人到野田佳彦两届内阁孜孜以求的消费税增税终于尘埃落地。从1996年以来历届自民党内阁想做而没有做成的事情,终于在民主党掌权期间得以实现。野田在法案通过后颇为得意地宣称,"可以作出决断的政治"

---

① 这37名从民主党出走的众议员中,在2012年12月第46届众议院选举中,仅小泽一郎、小宫山泰子、铃木克昌、青木爱、畑浩治、村上史好和玉城康裕等7人继续当选。

② 在表决时,有田芳生、水户将史等8名民主党籍参议员投了反对票,但民主党领导层未对他们进行处分。

第五章 民主党"民生第一"方针受到严峻考验

在他的任内得以实现了。

野田的所作所为严重动摇了民主党脆弱的执政基础。党内反对消费税增税的非主流派猛烈抨击民主党领导层违背了2009年竞选公约中的承诺。在野党和媒体也纷纷指责民主党政权是"背信政权"。在这种情况下,是否坚持"民生第一"的方针再次成为朝野角逐的焦点。最典型的事例就是以"国民生活第一"为标榜的小泽新党的问世。

7月11日,与小泽一郎一起从民主党出走的参众两院议员共49人成立了名为"国民生活第一党"的新党,小泽一郎被推举为新党的代表。同日,也是由民主党出走的议员组成的新党纽带宣布与"国民生活第一党"在众议院结成名为"国民生活第一·纽带"的统一会派。

据说,新党名是小泽一郎从募集到的350个名字中亲自选定的。之所以起这个名字是因为民主党从2007年第21届参议院选举、2009年第45届众议院选举都提出了"国民生活第一"的口号。用"国民生活第一"作为党名(英文名 People's Life First),意味着这个从民主党脱胎而出的新党,将秉承民主党原先的宗旨,继续高举"民生第一"的旗帜。日本各大报纸似乎都不看好小泽新党,各报的民意调查表明,国民生活第一党的支持率仅有3%至4%,蹊跷的是,在日本雅虎等网站上,国民生活第一党的支持率却超过40%,与民主党的3%形成了鲜明的对比[①]。

"国民生活第一党"成立仅仅4个月便从政治舞台上消失了。2011年11月27日,滋贺县知事嘉田由纪子领衔组建了名为日本未来党的新党。该党的宗旨反映在它成立时发表的《琵琶湖宣言》中。其中,很多主张与民主党2009年竞选公约相似或一致。例如,主张对有孩子的家庭每人每年发放31.2万日元的补贴直至初中毕业,实行高中免费教育;分阶段废弃所有的核电站,彻底摆脱对核电的依赖;冻结消费税增税法案,在实施增税前首先压缩和杜绝税金的浪费,等等。这与民主党当年倡导的"民生第一"方针如出一辙。有鉴于此,小泽率领的"国

---

① (日)"小泽新党'国民生活第一'网络舆论调查的支持率为41%",《现代日刊》,2012年8月3日。

民生活第一党"在日本未来党成立的第二天便宣布解散，与日本未来党实行合并。与"国民生活第一党"同样宣布解散并加入日本未来党的还有"反TPP党"和"绿色之风"等新党。嘉田由纪子担任日本未来党党首。所属的前众议员和参议员超过70名，是仅次于民主党和自民党的第三大党。

但是，这段政治联姻维持了不到一个月便告解体。在同年12月的第46届众议院选举中，日本未来党推荐的121名候选人仅9人当选，其中在小选举区当选的只有民主党前代表小泽一郎和国民新党前代表龟井静香。由于嘉田由纪子与小泽一郎间产生严重对立，12月27日，日本未来党决定改名为生活党，党首由滋贺县知事嘉田由纪子改为森由子。所属议员包括小泽一郎在内共15人。嘉田另组名为日本未来的政治团体。

2012年下半年，民主党虽然还执掌着政权，但一系列的民意调查表明，其支持率已远远低于老对手自民党，尤其是在标榜"第三极"势力的日本维新会问世后，民主党大有被边缘化的迹象。在这种情况下，民主党内开始对3年来的执政历程进行检讨，探讨如何与自民党、维新会对抗的对策。11月1日，民主党召开各都道府县支部负责政策的干部会议。会上，民主党领导层就未能实现2009年竞选公约中有关承诺表示道歉，并决定在即将到来的众议院选举中高举"中道政治"的旗帜。

坦率地说，"中道政治"远不如"民生第一"那么容易抓住选民的心理。不过，经过这3年的折腾，"中道政治"也罢，"民生第一"也罢，都不再对选民有太大的吸引力了。事实上，在2012年12月的第46届众议院选举中，民主党遭到了有史以来最惨重的失败。所获议席仅有57席，仅及上一届大选的1/5强，与自民党的294席根本不在一个档次。

东京大学教授宇野重规如此分析道："自民党的议席增加这么多，而民主党的议席跌至50多席，让人们感到意外。'西瓜傍大边'的潮流造成如此局面。选举结果表明，'中道左派出现了毁灭性的后退'。就整个世界而言，旨在实现社会平等的中道左派境况都不妙。日本与其说是

第五章 民主党"民生第一"方针受到严峻考验

独善其身，倒不如说也遭到了毁灭性的失败。不仅是社民党、共产党，民主党的左派议员也大批落选。取而代之的是某种民族主义的势力大行其道，新自由主义的倾向日益凸显。我最关心的是支持中道左派的势力会不会卷土重来，会不会延续下去。"[1]

---

[1] （日）"回顾自民党在众议院选举中的压倒性胜利"，《每日新闻》，2012年12月18日。

第六章

"平成开国"与围绕 TPP 的论争

进入 21 世纪以后，随着全球化潮流汹涌澎湃地推进，日本国内也出现了必须与时俱进、深化改革的强烈呼声。小泉纯一郎任内推进以道路公团民营化、邮政事业民营化为代表的结构改革，就是一次比较大规模的尝试。民主党执政后，日本会不会在与世界经济潮流接轨方面再次迈出大的步子呢？

第一节 鸠山由纪夫有关"东亚共同体"构想的挫折

20 世纪 80 年代，东亚地区一度曾形成所谓"雁行模式"的国际分工框架。这一雁群按照日本（"领头雁"）、亚洲"四小龙"（"大雁"）、东盟和中国（"小雁"、"随从雁"）的次序有条不紊地鱼贯向前[①]。随着

---

① 进入新世纪以后，"雁行模式"随着中国经济的迅速崛起而趋于解体。中国不再是亦步亦趋、无足轻重的"小雁"和"随从雁"，而是引领亚洲"雁群"的"超级大雁"，至少是和日本并驾齐驱的"领头雁"之一。

第六章 "平成开国"与围绕TPP的论争

这一地区商品、资金和劳动力等生产要素的流动日益频繁。有关各国和地区在共同利益基础上建立经济贸易共同体的构想应运而生。1990年，时任马来西亚总理的马哈蒂尔倡议建立"东亚经济集团"（East Asia Economic Grouping，简称EAEG），后来改称"东亚经济论坛"（East Asia Economic Caucus，简称EAEC）。但是，由于美国反对，日本消极，这一构想很快被束之高阁。2001年11月，东盟和中日韩（"10+3"）领导人会议通过了东亚研究小组（East Asia Vision Group，简称EAVG）提出的有关建立"东亚共同体"（East Asia Community）的报告。"东亚共同体"这一字眼开始频繁出现在各国首脑的讲话和大众传媒的报道中。

一、鸠山由纪夫热心推进"东亚共同体"构想

在日本历任首相中，小泉纯一郎是最早呼吁建立"东亚共同体"的。2002年1月14日，小泉纯一郎在东盟之行的最后一站新加坡发表演讲，呼吁要在东盟和中日韩三国合作的基础上，吸收东亚地区更多的国家参加，建立"东亚共同体"。这一演讲被认为是小泉这次东盟之行的"压轴戏"，也是日本政府就"东亚共同体"的第一次表态。

2003年12月，东盟10国与日本在东京举行特别首脑会议。这是东盟成立以来第一次在非成员国举行峰会。会议签署了由小泉纯一郎首相倡议的、旨在建立"东亚共同体"的《东京宣言》。然而，在小泉卸任后，他的继承者安倍晋三、福田康夫和麻生太郎明显失去了对"东亚共同体"的兴趣。但是，日本的这种消极态度在民主党夺取政权后发生了重大的转变。

2009年9月16日，鸠山由纪夫在日本国会第172次临时会议上被选为日本第93任、第60位首相。他和1954年12月至1956年12月执政的鸠山一郎是日本历史上第一对"祖孙"首相。鸠山由纪夫是有自己的政治理念和外交构想的，这就是"友爱哲学"和"新亚洲外交"。

鸠山在担任首相前发表的《我的政治哲学》一文中披露，"友爱哲学"源于他的祖父鸠山一郎，它是一种"作为革命旗帜的战斗概念"，是最适合战后日本发展的意识形态。按照鸠山的分析，日本在冷战结束

后完全被美国以"全球化"推行的"市场原教旨主义"操控,人们不择手段地追逐利润,尊严之类的荡然无存。这种丧失了"道义"与"节度"的"金融资本主义"和"市场至上主义"是导致全球性金融危机的罪魁祸首。所以,有必要用"友爱"的理念来克服走向极端的现代资本主义,重新构筑在过度市场经济重压之下的农业、环境、医疗和教育等领域的秩序。鸠山强调,民主党执政以后将致力于恢复被市场化严重扭曲了的日本的传统价值观念,充实社会保障体系;增强非营利组织(NPO)、市民活动、社会公益活动在社会生活中的作用,打造"互助共生"的社会;同时,要进一步向地方放权,发挥地方政府的能动性,使日本成为一个"地方分权——地域主权"的国家。

关于"新亚洲外交",鸠山是如此阐述的。日美同盟无论过去、现在还是将来都是日本外交的基轴。但是,"日本不能忘记自己作为亚洲国家的主体性"。"充满经济活力,而且日益走向一体化的东亚地区,是日本赖以生存的基本生活空间。日本必须持续不断地为在这一地区创建稳定的、旨在推进经济合作、安全保障的框架而作出努力。"[①]

就在发表《我的政治哲学》差不多同一时候,民主党在时任代表的鸠山由纪夫主持下发表了面向2009年众议院选举的竞选公约《Manifesto 2009》。在具体政策的第七项"外交"中,第一次写进了有关"东亚共同体"的主张。公约的第52项政策是:"构筑东亚共同体,强化亚洲外交"。其主要内容有三:一是"致力于构筑与中国、韩国等亚洲各国的信赖关系";二是"在贸易、金融、能源、环境、救灾和防治传染病等领域,建立亚太地区的区域合作机制";三是"积极推进与以亚太地区各国为首的世界各国就缔结涉及投资、劳动和知识产权等广泛领域的经济合作协定(EPA)、自由贸易协定(FTA)谈判。"[②]

鸠山由纪夫出任首相后,于2009年10月10日出席了在北京举行的第二届中日韩峰会。会上,他进一步阐述了有关"东亚共同体"的构

[①] (日)鸠山由纪夫:"我的政治哲学",《Voice》月刊,2009年9月号,第139页。

[②] (日)民主党:《Manifesto 2009》,2009年7月27日发行,第22、23页。

第六章 "平成开国"与围绕 TPP 的论争

想。鸠山说:"日本一直以来对美国有点过于依存。日本在重视日美同盟的基础上,作为亚洲的一员,应该制定更多重视亚洲的政策。"紧接着,他便呼吁中日韩三国要为建立"东亚共同体"问题携手合作,发挥核心作用。鸠山如此强调:"我想(东亚共同体的)关键在于中日韩三国,首先就要从强化彼此的经济合作开始。"他还希望,中日韩三国要像欧洲的法德两国一样在东亚地区经济整合中发挥核心作用[1]。

10月26日,鸠山由纪夫发表了就任首相后的首次施政演说。他认为,日本应该在国际社会扮演重要的"桥梁作用"。"日本在应对地球变暖、核扩散、以非洲为代表的贫困问题等全球性课题时,可以成为沟通东西方、发达国家与发展中国家以及多种文明的'桥梁'。""日本是位于亚太地区的海洋国家。……重要的是必须不断努力使这片海域永远成为友好和合作的、富有成果的海洋。这不仅符合日本的利益,也符合亚太地区乃至全世界的利益。"

在这篇演说中,鸠山还强调,日本不仅要与东亚地区各国加强经济贸易和环境保护等领域的合作,还要在教育、文化和志愿者服务等领域加强合作,积极推进对其他所有地区开放的、透明度较高的"东亚共同体"构想[2]。

11月15日,鸠山由纪夫在出席新加坡召开的APEC峰会后,在新加坡发表有关日本对亚洲政策的演讲,题目就是《对亚洲的新承诺——为了实现东亚共同体构想》。鸠山如此说道:

"我提出的东亚共同体构想,其思想源流可以追溯到我非常重视的'友爱'哲学。'友爱'有时也被译成'博爱',就是在尊重自身的自由和人格的同时也要尊重他人的自由和人格。也可以将它称作'自立和共生'的思想。

"我从担任政治家以来一直在想一个问题,就是'日本和其他亚洲

---

[1] "鸠山在中日韩峰会上承认日本过于依赖美国",《环球时报》,2009年10月10日。

[2] (日)鸠山由纪夫:"在第173次临时国会上的施政演说",见首相官邸主页 http://www.kantei.go.jp/jp/hatoyama/statement/200910/26syosin.html。

国家，推而广之则是与亚太地区各国间能不能结成友好的纽带？'之所以这么说，是因为日本过去对许多国家特别是亚洲各国带来极大的损害与痛苦。60年过去了，日本和这些国家还不能说已经实现了真正的和解。

"不妨将目光转向欧洲。在经过两场惨痛的世界大战以后，一直互相仇恨的德法两国通过对煤炭和钢铁的共同管理，开展各种各样的合作，再加上两国国民间相互不断深化交流，形成的事实上的非战共同体。以德法两国为中心的合作历经曲折仍持续发展，才有今天的欧盟。欧洲的这种和解和合作的经验，可以说是我有关东亚共同体构想的原型。

"我有关东亚共同体的构想是以'开放的地区合作'为原则的。通过各国在各种领域的合作，在这一地区形成多层次、能有效发挥作用的共同体的网络。在贸易、投资、金融、教育等领域广泛地具体地开展合作，比什么都重要。

"在合作过程中，我们大家共同制定规则，共同开展行动，共同运用智慧，也一起遵守规则。其结果，大家不仅能获得现实的利益，还能培育相互信赖的感情。"

在这篇演说中，鸠山还列举了"东亚共同体"的四大合作领域：第一是实现共同繁荣的合作；第二是维护"绿色亚洲"的合作；第三是保护生命的合作；第四是实现"友爱之海"的合作①。

鸠山有关"东亚共同体"的论述有两个鲜明的特色：

第一，强调中日韩三国的核心作用。在小泉时代，日本在有关"东亚共同体"的"路线图"问题上一直坚持由东盟和中日韩，再加上印度、澳大利亚和新西兰的"10+6"方案，与中国和部分东盟国家期盼的东盟加中日韩的"10+3"方案相左。鸠山是第一个明确主张要发挥中日韩三国核心作用的日本首相。

---

① （日）鸠山由纪夫："对亚洲的新承诺——为了实现东亚共同体构想"，2009年11月15日，见首相官邸网站：http://www.kantei.go.jp/jp/hatoyama/statement/2009.11/15singapore.html。

第六章 "平成开国"与围绕TPP的论争

第二，排除美国的参与。鸠山一再强调日本要减少对美国的依存，要更多地重视亚洲国家。在"东亚共同体"问题上也是如此。在中日韩峰会前夕，与鸠山一起与会的外相冈田克也在记者招待会上被问到是否吸收美国参加东亚经济合作。冈田明确地回答说"不"。这让国际社会颇感意外[1]。美国当然就更紧张了。据"维基揭秘"透露，鸠山在第二次中日韩峰会上的讲话公开报道后，正在东京访问的美国负责东亚事务的助理国务卿坎贝尔向多名日本政要表达了美国的担心，希望日本不要牺牲与美国的关系来改善与其他国家的关系。并且强调如果美国的高官也发表类似的见解，势必会导致美日关系的危机[2]。

但是，鸠山由纪夫却依然热心地推进"东亚共同体"构想。他的这一方针在日本政府的正式文件中也逐渐地反映了出来。2009年10月，在外务省汇总的《日本有关EPA协定的谈判——现状与课题》中，分别描绘了三幅蓝图：一是由东盟和中日韩三国构成的东亚自由贸易圈设想（East Asia Free Trade Area，简称EAFTA），二是由东亚峰会目前的16个成员国构成的东亚全面经济伙伴关系设想（Comprehensive Economic Partnership in East Asia，简称CEPEA），三是由APEC成员国组成的亚太自由贸易圈设想（Free Trade Area of the Asia-Pacific，简称FTAAP)[3]。

鸠山由纪夫是民主党三任首相中唯一一位连续参加两次中日韩峰会的。他对"东亚共同体"构想的执着追求得到了中韩两国领导人的积极响应。在有关各方共同努力下，2009年10月在北京举行的中日韩第二次峰会发表了《中日韩合作十周年联合声明》、《中日韩可持续发展联合声明》和10项合作倡议，2010年5月在首尔举行的第三次中日韩峰会

---

[1] （日）"冈田外相'东亚共同体'并不包括美国"，时事通信社，2009年10月7日，见时事社通信网站：http：//www.jiji.com。

[2] （日）"美国政府密电翻译 如宣布与日本相比更重视中国如何"，《朝日新闻》，2010年5月9日。

[3] （日）外务省："日本有关EPA协定的谈判——现状与问题"，2009年10月，见外务省网站：http：//www.mofa.go.jp/mofaj/gaiko/fta/pdfs/genjo_kadai.pdf。

发表了《2020年中日韩合作展望》，更就设立中日韩峰会的秘书处达成了共识。这是中日韩合作在机制化、框架化道路上迈出的重要一步。

二、日本对"东亚共同体"态度消极的深层原因

毋庸置疑，鸠山由纪夫倡导的"东亚共同体"并不是一时的心血来潮。就其本人而言，固然是基于"友爱"哲学和试图拉开与美国距离的"新亚洲外交"的政治理念，而从东亚地区的现实来看，有关各国和地区间在经贸领域日益加深的相互依存关系已经为东亚地区的经济一体化奠定了坚实的物质基础。

统计资料表明，1982年至1991年的10年间，东亚区域内贸易额由1043亿美元递增为3331亿美元，扩容约2.2倍；在下一个10年即1992年至2001年间，更达到了7028亿美元，增加1.1倍。这一期间，中日贸易增加了3倍。中国和亚洲"四小龙"间的贸易增加6.8倍，中国和东盟间增加3.8倍，日本和亚洲"四小龙"间增加40%，日本和东盟间增加60%，亚洲"四小龙"和东盟间增加1.3倍[1]。2003年，东亚地区的区域内贸易比率为54.2%，低于欧盟的66.3%，却比北美自由贸易区的44.9%要高出近5个百分点[2]。

冷战结束以后，随着欧盟和北美自由贸易区相继问世，东亚地区也出现了要求加强地区经济一体化的强烈呼声。1997年12月，东盟首脑在吉隆坡举行第七次会议，邀请中日韩三国领导人与会。"10加3"机制由此诞生。在此之前，东盟和中日韩三国已于1996年参加了在曼谷举行的首届亚欧会议。在会议准备期间，东盟和中日韩分别举行了经济部长会议和首脑会议，为"10加3"机制的问世作了铺垫。

在1999年举行的第三次"10加3"峰会上，通过了《东亚合作的联合声明》，强调与会各国除经济领域外，在社会、政治和安全保障领域也要加强合作。这就使得"10加3"框架机制超越了单纯经济合作的

---

[1] （日）经济产业省：《通商白皮书》，国立印刷局，2003年版，第67页。
[2] （日）经济产业省：《通商白皮书》，国立印刷局，2005年版，第285页。

第六章 "平成开国"与围绕TPP的论争

范畴。两年后的 2001 年举行的第五次"10 加 3"会议上更通过了题为《走向东亚共同体——和平、繁荣和进步的区域》的报告，倡议东亚自由贸易区和举行东亚地区的峰会①。嗣后，在"10 加 3"的成员国之间，不仅有一年一度的峰会，还形成了一系列部长级的工作机制。如经济部长会议、外长会议、劳动部长会议、农业部长会议和旅游部长会议等等。其中影响最大的是自 2000 年起每年一度召开的财长会议。首届财长会议在泰国清迈召开，签署了建立区域性货币互换网络的协议，即《清迈协议》(Chiang Mai Initiative)。《清迈协议》主要包括两项内容，一是扩大东盟货币互换协议的规模，二是建立中日韩三国与东盟国家的双边货币互换协议。截止到 2003 年 12 月，东盟与中日韩三国间共签署了 16 个双边协议，累计金额达 440 亿美元。

由此看来，小泉纯一郎在 2002 年 1 月 14 日访问新加坡时提出的"东亚共同体"构想是有现实基础的。事实上，在小泉发表这一讲话后，日本朝野对"东亚共同体"都非常关注。最典型的是，在前首相中曾根康弘推动下，日本在 2004 年 5 月成立了日本国际论坛理事长伊藤宪一领衔的"东亚共同体评议会"，集中了一批顶级的专家、学者开展有关"东亚共同体"的研究，并出版了一系列报告和论文集。其中最享盛名的是 2005 年 8 月"东亚共同体评议会"发表的题为《东亚共同体构想的现状、背景和日本的国家战略》的政策报告。

不过，日本国内围绕"东亚共同体"问题从一开始就有激烈的争论。主要集中在两个问题上：一是建立"东亚共同体"究竟是在"10 加 3"基础上推进还是在更广的范围内发展？二是有没有可能在没有美国参与的情况下建成"东亚共同体"？

先看第一个问题。如前所述，"10 加 3"的合作从 1997 年启动，已有相当成熟的基础。但由于担心迅速崛起的中国很可能在"10 加 3"中取得凌驾于日本之上的主导权，日本一些政要遂提出将"10 加 3"扩容

---

① 这份报告是由"10 加 3"各国专家组成的东亚展望小组（EAVG：East Asian Vision Group）提出的，英语全称是"Towards an East Asia Community——Region of Peace, Prosperity and Progress"。

为"10加6",即除了中日韩三国外,再加上澳大利亚、新西兰和印度参加。2002年1月小泉在新加坡演讲时就主张吸纳澳大利亚和新西兰参加"东亚共同体"。而前述日本"东亚共同体评议会"提出的政策建议报告又增加了印度这样一个人口居世界第二的南亚大国。人们注意到,澳大利亚、新西兰和印度不仅与日本的关系密切,而且都是实行议会民主、尊崇"自由、民主和基本人权"等价值观的国家。其中,印度又与中国有着边界纠纷和历史宿怨。这三个国家加入到"东亚共同体"来,可望大大增加对中国的牵制。所以,有关"东亚共同体"是"10加3"还是"10加6"的路线图之争,实质是反映了日本对中国的戒心和牵制。

但是,让印度、澳大利亚和新西兰这三个地理上与东亚地区相隔甚远的国家参加东亚峰会,在东盟国家中引起了争议。新加坡、印度尼西亚等国由于同印度或澳大利亚关系密切,赞成将局限于"10加3"的东亚区域合作扩大为"10+6",而马来西亚等国则反对扩大。2005年12月12日,在马来西亚首都吉隆坡召开的"10加3"峰会通过了一份宣言,强调"'10+3'是达成东亚共同体这一目标的主要手段"。而两天后在吉隆坡召开的第一届东亚峰会,则邀请了澳大利亚、新西兰和印度与会。峰会通过的《吉隆坡宣言》强调,"东亚峰会将为地区共同体的形成发挥重要的作用。"这显然是各方争论和妥协的结果,在两种意见之间维持了一定的平衡[①]。但日本国内的主流意见则是"10加6"而不是"10加3"。

第二个问题也比较突出。对日本来说,让美国在多大程度上参与"东亚共同体"是涉及到日美同盟这一日本外交基轴的大是大非问题。1990年,时任马来西亚总理的马哈蒂尔倡议建立"东亚经济集团"(EAEG),后来改称"东亚经济论坛"(EAEC)。但无论是EAEG还是EAEC,都是将美国排除在外的。美国当然极力反对,而日本也亦步亦趋,致使这一构想很快被束之高阁。"东亚共同体"同样也遇到了这一

---

① (日)国立国会图书馆:"各国有关东亚峰会和东亚共同体构想的调查",2006年3月24日,见国立国会图书馆网站:http://www.ndl.go.jp/jp/data/publication/issue/0525.pdf.

第六章 "平成开国"与围绕 TPP 的论争

问题。日本"东亚共同体评议会"的两位灵魂人物——日本国际论坛理事长伊藤宪一和东京大学教授田中明彦就明确主张,日本的"东亚共同体"构想必须建筑在美国参与东亚事务以及日美关系进一步发展的基础上。东亚地区在开放的基础上保持和平与繁荣,有助于促进美国对这一地区的贸易与投资;而"东亚共同体"发展成为尊崇自由、民主主义和法治等价值观的共同体,也符合美国的东亚政策[①]。

在日本国内,始终有一些人认为中国与美国以及亚洲多数国家在社会制度和意识形态上格格不入,所以,"东亚共同体"只不过是一种幻想而已,甚至是对日本未来的一种威胁。持这种观点的代表人物是担任拓殖大学校长的渡边利夫。渡边利夫是日本著名的发展经济学家,著述颇丰,其中《成长的亚洲,停滞的亚洲》一书获"吉野作造奖",《西太平洋的时代》一书获"亚洲·太平洋奖"。他对包括亚洲"四小"、东盟、中国在内的东亚经济发展一直持积极肯定的态度。但近年来却成了唱衰东亚经济合作的"主角"。例如,他在 2006 年投书《中央公论》,称"在幕后推动东亚共同体的是中国的地区霸权主义。……东亚共同体对日本来说自不待言,对整个东亚来说都是十分危险的道路。"[②] 渡边在 2008 年出版的《新"脱亚论"》这本书里更进一步指出:"我现在终于理解明治 18 年福泽瑜吉写《脱亚论》的心情了"。"中国之所以倡导东亚共同体,目的是要通过把日本吸纳到东亚共同体从而离间日美两国,而日美两国分道扬镳的话,中国便能充当东亚共同体的主角,其霸权地位就得以巩固。……日本必须避免让东亚共同体这个彷佛'鵺'一样的怪物把自己吞并掉。"[③]

综上所述,日本在东亚地区一体化问题上一方面非常警惕中国取得

[①] (日)伊藤宪一、田中明彦:《东亚共同体和日本的针路》,NHK 出版社,2005 年 11 月,第 295 页。

[②] (日)渡边利夫:"亚洲屈服于中国支配的这一天",《中央公论》,2006 年 3 月号,第 222 页、第 224 页。

[③] (日)渡边利夫:《新"脱亚论"》,文春新书,2008 年版,第 12 页、284 页、285 页。"鵺"是日本传说中源赖政在紫宸殿射杀的一种猿头、狸身、蛇尾、手足如虎、鸣声如画眉的怪物。

凌驾于日本之上的主导权,千方百计地试图对中国进行牵制;另一方面又摆脱不了"对美一边倒"的冷战型思考,试图用西方价值观主导东亚地区的一体化合作。这就是鸠山由纪夫的"东亚共同体"构想遭到冷遇的深层原因。在民主党执政后推行的各项政策中,鸠山由纪夫倡导的"东亚共同体"堪称最短命的了。虽然在2010年民主党的竞选公约中再次出现"东亚共同体"的口号,但恰如"人在政在,人走政亡"这句话所显示的,随着鸠山由纪夫的引退,民主党政权热心推进"东亚共同体"的这一页就很快翻过去了。

第二节　菅直人与野田佳彦推动日本加入 TPP 谈判

2010年6月2日,菅直人接替担任首相只有266天的鸠山由纪夫,成为"日本丸"的新掌舵人。然而,首相的更迭却使日本在"东亚共同体"问题上的态度发生根本的变化,最具代表性的就是民主党政权另起炉灶,宣布要加入美国主导的"跨太平洋伙伴关系协定"(Trans-Pacific Partnership Agreement,简称 TPP)[①]。

一、菅直人将加入 TPP 定位为"平成开国"

2010年10月1日,菅直人在第176届临时国会发表施政演说。人们注意到,他对前任鸠山由纪夫热心提倡的"东亚共同体"只是轻描淡写地提了一句,倒是颇为引人注目地提出了日本要加入正在酝酿中的 TPP 的主张。菅直人是如此强调的:

[①]　"跨太平洋伙伴关系协定"的前身是"跨太平洋战略经济伙伴关系协定"(Trans-Pacific Strategic Economic Partnership Agreement),是由新西兰、新加坡、智利和文莱等4国发起,从2002年开始酝酿的自由贸易协定。

第六章 "平成开国"与围绕TPP的论争

"由我担任议长的APEC首脑会议,将为日本与美国、韩国、中国、东盟、澳大利亚、俄罗斯等亚太地区各国构筑共享经济增长与繁荣的环境。作为沟通的桥梁,EPA和FTA是非常重要的。其中重要的一环则是跨太平洋伙伴关系协定。日本将以构筑亚太地区自由贸易圈为目标,考虑参加这一协定的谈判。我们将为实现东亚共同体构想,加大开放力度,一步一步地推进具体的交涉。"[1]

2006年6月3日,新加坡、文莱、智利、新西兰等4个国家正式缔结了"跨太平洋战略经济伙伴关系协定"。这项协定要求成员国在一定期限内将关税逐步降到"零",但发起TPP的这4个国家在世界贸易中所占比重比较小。

表6—1 TPP加盟国一览表

类别	国名	人口（万人）	GDP（亿美元）	人均GDP（美元）	备注
原加盟国	新加坡	473.7	1,819	38,972	
	智利	1,724.8	1,695	10,121	
	新西兰	426.6	1,284	30,030	
	文莱	40.0	145	37,076	
谈判国	美国	31,465.9	142,646	46,859	
	澳大利亚	2,129.3	10,106	47,395	
	越南	8,423.8	898	1,040	
	秘鲁	2,916.5	1,275	4,451	
	马来西亚	2,746.8	2,222	8,140	
	加拿大	3,412.7	15,109	46,215	2012年12月加入
	墨西哥	10,961.0	10,881	9,566	2012年12月加入
参考	日本	12,805.6	54,589	42,821	

资料来源：Wikpedia："跨太平洋战略经济伙伴关系协定",2013年9月11日阅读,见Wikpedia网站：http://ja.wikipedia.org/wiki/。

---

[1] （日）菅直人："在第176届临时国会上的施政演说",2010年10月1日,见首相官邸网页：http://www.kantei.go.jp/jp/kan/statement/201010/01syosin.html。

2009年11月14日，奥巴马宣布美国加入这一协定。随后，澳大利亚、秘鲁、越南、马来西亚也陆续宣布加入TPP的谈判，形成了9国框架。协定的名称改为"跨太平洋经济伙伴关系协定"（Trans-Pacific Partnership，TPP）。美国为首的9国从2010年3月到2011年11月先后举行了12轮政府间谈判，内容涉及物品贸易、投资、服务、政府采购等广泛领域。按美国原定的计划，有关国家将在2011年11月夏威夷召开的APEC会议上正式签订TPP。届时，成为一个由美国主导的功能性、覆盖性较强的、跨越太平洋的经济合作体。9国的国内生产总值（GDP）合计约占世界的28%，其中美国一家就占20%。

美国一向是日本最大的贸易伙伴，直到2007年以后才被中国所取代。但它仍与日本有密切的经济贸易关系。而美国外的其他TPP加盟国与日本的经贸往来也很密切。根据2010年的数据，日本与这9个国家的贸易总额约为11323亿美元，分别占其出口总额的25.7%，进口总额的24.6%；在日本的对外直接投资总额中，这9个国家约占40%左右。从这个意义上说，日本加入TPP似乎是理所当然的，但是，由于TPP强调"零"关税，不承认任何特殊领域，而且，它还涉及服务贸易、政府采购、知识产权、劳工权利等24个领域[①]，"门槛"明显高于现有的各种EPA、FTA协定。有鉴于此，亚太地区许多国家如泰国、菲律宾等尽管对加入TPP有兴趣，却始终未能作出最终的决断。TPP即便是要覆盖APEC的21个成员国也绝非一朝一夕之事。

菅直人有关日本要加入TPP的发言立即在日本国内引起强烈的反弹。自民党等在野党抨击说，菅直人的这一政策宣示恰如民主党以往主张将普天间基地搬出冲绳县一样，是极其不负责任的表态。民主党内与农林水产有关的议员也如同晴天霹雳一般受到强烈的冲击。

---

① 在九国间进行的谈判中，共设立了24个工作小组。分别是：1. 首席谈判官；2. 农业；3. 纤维和服装；4. 工业制成品；5. 原产地规则；6. 贸易手续便捷化；7. 卫生植物检疫；8. 贸易技术障碍；9. 贸易救济；10. 政府采购；11. 知识产权；12. 竞争政策；13. 越境贸易；14. 商业人士的出入境；15. 金融服务；16. 通信；17. 电子商务；18. 投资；19. 环境；20. 劳动；21. 制度；22. 争端解决；23. 合作；24. 跨领域事务。

第六章 "平成开国"与围绕TPP的论争

菅直人在施政演说后立即指示国家战略担当大臣玄叶光一郎在2010年10月15日召开的第二次"新增长战略会议"上组织有关专家具体研讨日本参加TPP谈判的方针,打算在同年11月APEC横滨首脑会议上宣布日本加入TPP,给美国总统奥巴马一个"见面礼"。

10月24日,菅直人将全体阁僚召到首相官邸,强调保护日本的农业和国土与他所倡导的加入TPP、实行进一步开放的主张是不矛盾的,要求在政府内和党内就此问题进行磋商,尽快得出结论。

10月27日,日本内阁府、经济产业省、农林水产省分别发别了有关日本加入TPP的分析报告。根据内阁府的测算,日本加入TPP后由于能享受关税全免的好处,日本的实际国内生产总值(GDP)预计可增加0.48至0.65个百分点(2.4至3.1万亿日元);经济产业省则警告说,如果日本不加入TPP,则将由于韩国已先行与美国、欧盟缔结自由贸易协定(FTA),将在美欧市场上夺取原先属于日本的汽车、电器产品和机械设备等产品的出口份额,到2020年日本的实际GDP将下挫1.53个百分点(相当10.5万亿日元),减少81.2万人的雇佣机会;而农林水产省则持反对态度。农林水产省的分析表明,日本一旦加入TPP,大米等19种主要农产品将被迫实行"零"关税,如政府不采取任何措施的话,日本的粮食自给率将从目前的40%下降到14%,实际GDP将下挫1.6个百分点(相当于7.9万亿日元),而且将有340万人失去工作岗位。显然,在加入TPP问题上,政府内部的意见分歧是非常明显的[①]。

在国内反对呼声日渐升高的情况下,菅直人于11月9日举行内阁会议,决定将推迟至2011年6月作出日本是否加入TPP的决定。但在11月13日横滨举行的APEC非正式领导人会议上,他还是宣布了日本将为加入TPP与相关各国进行磋商。这虽然比正式宣布加入TPP谈判退了一步,但最终目的还是要"挤"上这班车。

2011年1月24日,菅直人在第177届例行国会的施政演说中再次

[①] (日)赤间清广:"加入TPP影响 测算五花八门",《每日新闻》,2010年10月27日。

提及 TPP，并表示将在 6 月份作出日本是否加入 TPP 谈判的决断。在这次演讲中，菅直人将加入 TPP 定位为日本的"平成开国"。而"平成开国"与"实现尽量消除不幸的社会"、"纠正不合理的政治"并列为他的三大治国理念。

菅直人说："我的第一个治国理念是'平成开国'。日本在这 150 年间成功实现了'明治开国'和'战后开国'，在不稳定的国际形势下，依靠大力变革政治及社会结构、进行富有创造性的经济活动，最终使国家走出困境。我将承前启后挑战'第三次开国'。其间也将伴随过去开国中未曾有过的困难。在从未经历过的变化、价值观的多样化之背景下，单纯地谋求先例或典范，不会找到有效的解答，必须靠我们自己的新思维和坚定的信念去解决课题。我将以这样的意念投身于'平成开国'大业。"

"落实开国的第一步是，实现贸易和投资的自由化以及顺畅的人才交流。为此，将全面推进经济合作。经济开放是与世界共享繁荣的最佳手段。我国对此有充分的认识，并在战后一贯付诸于实践。……至于跨太平洋伙伴关系协定（TPP），将继续与美国等相关国家展开磋商，争取在今年 6 月份作出是否参加谈判的结论。"[1]

"平成开国"论并不是菅直人的首创。从 20 世纪 80 年代以来，日本国内一直有人主张日本应实行足以与明治维新、战后改革相比拟的彻底的改革或对外开放。诸如"第三次远航"、第三次开国、"平成维新"等等。只不过，菅直人将日本是否应该加入 TPP 与再一次实行果敢的对外开放的"开国"联系起来，引起了朝野上下的热烈议论。

在这次演讲后，为最大限度地争取各界人士赞同加入 TPP 的方针，菅直人内阁决定在全国九大城市展开名为"开国论坛"的说明。2 月 26 日，在千叶县埼玉市举行的第一次"开国论坛"上，时任国家战略大臣的玄叶光一郎强调日本有必要从亚洲各国蓬勃发展的经济中吸取活力。

---

[1] （日）菅直人："在第 177 届例行国会的施政演说"，2011 年 1 月 24 日，见首相官邸网站：http://www.kantei.go.jp/jp/kan/statement/201101/24siseihousin.html。

第六章 "平成开国"与围绕TPP的论争

3月5日，在日本海沿岸金泽市举行了第二次"开国论坛"是由经济产业大臣海江田万里主讲。在回答有关TPP倡议的减免所有关税的问题时，海江田宣称日本政府将通过谈判争取有1%至5%的商品不列入减免关税的清单。

3月11日，日本福岛县、宫城县、岩手县等东北地区发生里氏9.0级的特大地震和海啸。其间，福岛核电站发生与前苏联切尔诺贝利核爆炸事故相同等级的严重核泄漏。用菅直人的话来说，这是战后日本遭遇的"最严重的危机"。原定在3月12日在六大城市同时举行的"开国论坛"不得不予以中止。5月17日，菅直人内阁通过了有关灾后重建的"政策推进指针"，宣布对日本是否加入TPP作出决断的期限"作综合性的检讨"，实际是将原定在6月作出决断的期限大幅度推迟了①。

可是，由于菅直人的执政团队在处理"3·11"震灾过程中应对失误，备遭批评，最后连自己的政治生命也搭了进去。日本加入TPP谈判的这一方针虽然由菅直人提了出来，但最终付诸实施的却是他的后任野田佳彦。

二、野田佳彦作出日本加入TPP的决断

菅直人于2011年8月29日宣布辞职。在随后举行的民主党代表选举中，时任财务大臣的野田佳彦在众多挑战者中脱颖而出，成为民主党第八任代表。9月2日，日本国会选举他为历史上第95任、第62位首相。

如果说在日本加入TPP问题上菅直人只是始作俑者的话，真正启动这一进程的当数其继任者野田佳彦。他在就任首相后短短一个多月里发表了两次施政演说，回回都提及TPP。

第一次是2011年9月13日，野田在第178届临时国会上如此披露

---

① （日）"政策推进指针"，2011年5月17日，见首相官邸网站：http://www.cas.go.jp/jp/tpp/pdf/2012/2/4.001.pdf.

他的政治抱负：

"为了在多极化世界中培育与各国的稳固纽带关系，需要拥有一同挑战解决世界共同课题之大志。这种'大志纽带'之圈，必须通过官民等各种主体从多个层面进行扩大。

"'经济合作'是从经济方面加强国与国之间关系的措施。这是共享世界经济增长、防止产业空洞化所不可或缺的课题。我们将基于'关于综合性经济合作的基本方针'，战略性地追求缔结高层次经济合作协定（EPA）。具体来说，力求在推进日韩及日澳谈判、尽早开始进行日欧及日中韩谈判的同时，就参加 TPP 的谈判进行周密探讨，并尽快得出结论。"①

第二次是在一个半月后的 10 月 28 日，在第 179 届临时国会上，野田佳彦在施政演说中再次提及 TPP 问题，其急迫的心情由此可见一斑。在这篇演说中，野田是这样展开的："日本将战略性、多方面地推进同更多国家的高级别经济合作。在前些时候日韩首脑会谈中，就加快经济合作协定的实务人员协商达成了协议。此外，今后还将推进日澳谈判，并力求尽快开启日欧谈判和日中韩谈判，并就是否加入 TPP 协定继续深入探讨，并尽早做出结论。"②

野田佳彦如此迫不及待地要就日本加入 TPP 作出决断，美国政府显然是施加了压力的。如果不能将日本拉进来，美国主导的 TPP 充其量只是一个超级经济体与一群小伙伴的游戏，起不了多大的作用。9 月 21 日，在纽约举行的日美首脑会谈中，奥巴马总统强烈敦促野田佳彦尽快就日本加入 TPP 作出决断。是时，日本恰好酝酿与欧盟缔结 EPA 协定。奥巴马尖锐地责问野田："日本是不是忙于与中韩两国和欧盟的谈判，无暇参加 TPP 谈判呢？"日本一向唯美国马首是瞻。野田见奥巴马如此开腔，忙不迭地回答说："日本将切实地进行讨论，争

---

① （日）野田佳彦："在第 178 届临时国会上的施政演说"，见首相官邸网站：http://www.kantei.go.jp/jp/noda/statement/201109/13syosin.html。

② （日）野田佳彦："在第 179 届临时国会上的施政演说"，2011 年 10 月 28 日，见首相官邸网站：http://www.kantei.go.jp/foreign/noda/statement/201110/28syosin_ch.pdf。

第六章 "平成开国"与围绕 TPP 的论争

取尽早得出结论。"①

与此同时，日本国内围绕赞成还是反对 TPP 也展开了激烈的辩论。赞成日本加入 TPP 的经团联与代表农协立场、坚定反对日本加入 TPP 的全国农业协同中央会议各自在全国性报纸上发表声明甚至组织游行示威，表达自己的意见。民主党籍国会议员也受到各自支持者的影响纷纷选边站，以致时任民主党代理政调会长的仙谷由人亲自出马做反对派、动摇派的分化工作，要求他们赞同加入 TPP。由民主党国会议员组成的"经济合作课题小组"为达成有关 TPP 问题的民主党统一见解，连续举行了 10 多次讨论，终因反对派略为超过赞成派，于 11 月 9 日作出了要求野田内阁谨慎从事的最终决议。

野田原定在 11 月 10 日举行记者招待会宣布自己的决定。受这一决议的影响，不得不临时取消这一安排。11 月 11 日，众参两院的预算委员会就加入 TPP 问题进行了集中审议。11 月 11 日晚，在国会意见严重分歧的情况下，野田佳彦赶在第二天出发去夏威夷出席 APEC 领导人非正式会议前夕举行记者招待会，公布了日本将参与 TPP 谈判的决定。野田表示，日本加入 TPP 有助于进一步将世界经济的发展纳入到日本经济复苏的进程中，同时有助于防止日本国内产业的空洞化。不过，为缓和反对派的批评，野田强调这只是参加谈判而不是立即加入，并保证将在今后的相关谈判中优先考虑日本的国家利益，充分提供各类信息，加强对受冲击最大的农业等领域的补偿措施。

11 月 13 日，野田在与美国总统奥巴马会晤时正式通报了日本政府的这一决定。嗣后，白宫发表消息称，野田表示日本"将把所有的物品和服务摆在贸易自由化的谈判桌上"，并称奥巴马对此表示欢迎。这一来，野田觉得难以向国内交代了。于是便向美方提出抗议并要求更改。孰料美国一口拒绝了日本的要求，白宫副发言人厄内斯特在记者会上解释说，美方公布的内容是基于此次日美首脑会谈以及野田政府此前所表明的方针而汇总的。《朝日新闻》记者评论说："（日本）在即将开始谈

---

① （日）"美国总统在首脑会谈中催逼野田首相加入 TPP"，《每日新闻》，2011 年 10 月 12 日。

判前就凸显出自己在外交上无法与美国进行对等交涉的软弱性。"①

促使野田内阁在 TPP 问题上作出决断的动因，除了经济上的考量外，还有深化日美同盟关系的战略考虑。TPP 是美国在战略上"重返亚洲"、防止在东亚地区出现排除美国的经济一体化趋势、牵制中国在东亚发挥影响力的重要布局。鉴于日美关系由于美军驻冲绳的普天间基地转移问题久拖不决而出现裂痕，日本宣布加入 TPP 可以在一定程度上满足美国对日本的要求，配合美国"重返亚洲"的战略意图，充实日美同盟的内涵。TPP 加盟国在日本加入后形成 10 国框架，而日美双边贸易总额就要占到 10 国对外贸易总额的 91%。换言之，日本参与 TPP 谈判等于事实上启动了日美自由贸易谈判。而且，日本在 TPP 建章立制阶段赶上"末班车"，也可借此与美国共同主导未来亚太自由贸易协定。这就是野田佳彦执意要在 2011 年 11 月夏威夷 APEC 峰会前作出加入 TPP 谈判决定的深层战略考虑。也许是怕人们看不懂这层关系吧，在野田内阁中负责外交和安全保障事务的首相助理长岛昭久在东京都举行的一次研讨会上如此表态："TPP 的得意之处就是不让美中两国操控亚洲事务。反过来说，亚太地区的秩序要由美日两国来制定。要从这种积极的视角来看 TPP 问题。"②

野田作出日本加入 TPP 的决断后，迅速于 2011 年 12 月 13 日组织了跨省厅的 TPP 谈判架构。核心是以首相为召集人的、全体阁僚参加的"经济合作问题阁僚委员会"。担当团队分三大层次，顶端是由国家战略担当大臣、官房长官、外务大臣、经济产业大臣和农林水产大臣组成的阁僚会议，中间是由各省厅副大臣、政务官组成的干事会，低层则是由 50 来人组成的事务局，负责与有关各国进行交涉，同国内的业界团体和相关省厅进行沟通，并及时发布有关消息。

在同年 12 月 22 日举行的第 6 次国家战略会议上通过了名为"日本重建基本战略"的报告。其中明确规定，为加入 TPP 而与有关国家进

---

① （日）"在 TPP 谈判中日美两国存有深刻分歧"，《朝日新闻》，2011 年 11 月 17 日。

② （日）"TPP 有遏制中国的考虑"，《朝日新闻》，2011 年 11 月 13 日。

行磋商是日本当前最重要的经济政策之一。要通过这些磋商掌握有关国家对日本的要求,在让国民进行充分议论的基础上,立足与日本的国家利益,就日本加入TPP问题达成协议。这一战略在12月24日的内阁会上获得通过,从而正式启动了日本加入TPP的谈判进程。

野田的执政团队围绕加入TPP问题从两个方面进行运作:一是与有关国家就日本加入TPP进行事先磋商。在2011年11月至2012年1月间,先后完成了与越南、文莱、秘鲁和智利等国的事先磋商,取得了这4个国家对日本加入TPP谈判的首肯。2012年2月7日起,日本开始与美国就加入TPP的事先磋商。5月18日,大岛正太郎被任命为内阁审议官,担任日本与有关国家就TPP问题进行谈判的政府代表。二是继续就日本加入TPP问题对各地方自治体、行业团体进行游说,在全国各地举行研讨会和开展宣传。

野田佳彦标榜他这一任内阁是敢于作出决断的政权,日本加入TPP就是其业绩之一。但他也清醒地意识到,这实际上是一场深刻的结构改革的序幕战。

第三节 加入TPP和日本经济的结构性改革

在菅直人和野田佳彦担任首相期间,有关日本加入TPP的问题始终是政坛的一个热门话题。它反映了日本各行业团体以及中央与地方间复杂的利益对立和博弈关系,也凸显了日本在席卷全球的经济一体化潮流中保守僵化、相对滞后的矛盾,更关系到日本能不能利用外部压力深化经济结构改革的这一关键议题。

一、日本国内围绕TPP出现尖锐对立

近年来,很少有哪一个话题像加入TPP问题引起日本国内如此尖锐的对立。从菅直人开始提出日本应该加入TPP的政策议题后,日本国内几乎分为壁垒分明的两大阵营。

赞成的首先是经团联、经济同友会和日本商工会议所等主要由大企业组成的经济团体。素有"财界总理"之称的经团联会长米仓弘昌在2010年10月1日菅直人的施政演说后立即为之喝彩。10月26日，米仓针对政府和执政党内部意见纷纭的现状，在富山县举行的记者招待会上毫不客气地批评说："如果现在不参加TPP的话，日本就将成为'世界的孤儿'，希望政府和国会议员们认真考虑日本的国家利益，采取必要的行动"①。2011年"3·11"特大震灾后，经团联担心民主党政府忙于救灾有可能懈怠加入TPP的努力，特意在4月18日向菅直人内阁提交了有关日本通商战略的政策建议，强调就是为推进灾后重建，日本也要基于投资和贸易立国的立场，尽快加入TPP。

日本的各大全国性报纸和电视台对TPP基本上也是持积极态度的。《读卖新闻》、《朝日新闻》和《日本经济新闻》等全国性报纸迅速推出社论，主张日本应该毫不迟疑地加入TPP。耐人寻味的是，2011年以来日本各大报纸发表的民意调查基本上是"赞成者"多于"反对者"。例如，《日本经济新闻》在2011年10月31日进行的民调表明，赞成日本加入TPP的比例为45％，超过反对者的32％；《读卖新闻》2011年11月12日至13日举行的调查，肯定野田佳彦有关日本加入TPP谈判决断的占被调查者总数的51％，远高于反对的35％；同期，《朝日新闻》的民调结果是，赞成日本加入TPP的比例是46％，超过反对的28％。坦率地说，媒体的民调结果与提问方式有关，有一定的引导成分，所以，这只是媒体影响政策的一种手段而已。近年来在日本颇受欢迎的网络媒体"NIKONIKO动画"在2011年10月27日对84012名用户的调查却显示，认为日本应该加入TPP的比率是20.9％，远远低于反对加入TPP的44.4％。

日本的大牌学者中，竹中平藏、高桥洋一、大川良文等都是持赞成TPP立场的。他们纷纷撰文建言，极力渲染加入TPP将有助于日本经

---

① （日）"经团联会长就TPP问题向政府和执政党建言'不参加会成为世界孤儿'"，《日本经济新闻》，2010年10月26日。

第六章 "平成开国"与围绕TPP的论争

济的结构性改革。2011年10月26日，赞成派的学者由日本综合研究开发机构理事长、东京大学教授伊藤元重发起，在东京都大手町一家饭店举行有400多人参加的研讨会，正式组成了"争取尽早参加TPP谈判国民会议"，为民主党政权推进的日本加入TPP的政策造势。

反对派则以全国农业协同中央会议（"农协"）、日本医师会、全国商工团体联合会、全国劳动组合总联合会等团体为急先锋。2011年10月24日，全国农业协同中央会议向内阁府提交了一份有1100万签名的、反对日本加入TPP的请愿书。同年11月8日，全国农业协同中央会议和有关农业团体、消费者团体在东京都墨田区的国技馆联合举办了有6000人参加的抗议集会，呼吁保护日本的粮食和生活。一些右翼团体也掺和了进来。如"加油吧！日本"全国行动委员会就曾在2011年11月4日在东京都市中心的国会周围举行了反对日本加入TPP的示威游行。

日本的各都道府县在TPP问题上是反对派、慎重派多于积极推进派。共同社在2011年10月实施的一项紧急问卷调查表明，在47个都道府县知事中，赞成TPP或是主张有条件地加入TPP的只有6人，反对者倒有14人之多。持保留态度的27名知事中，也有很多人批评民主党政府解释、说明严重不足。从2010年10月至2011年9月底的一年间，共有42个道、县议会通过反对加入TPP、要求慎重处理这一问题或必须采取积极的农业对策的决议。

反对派的舆论导向主要通过由学者等有识之士组成的"思考TPP问题国民会议"展开。

庆应义塾大学教授金子胜一针见血地指出，TPP将使日本"面目全非"。他在《平成的"附属国"化：TPP的谎言》一文中如此分析："在金融领域，邮政民营化可能再次成为问题……。雷曼公司冲击后，美国主导的、以金融自由化为基轴的全球化战略归于失败。如果日本几年前急于实现邮政民营化，让美国的金融机构代为运营，那日本的邮政储蓄和简易保险肯定会受到美国次贷危机的冲击而蒙受巨额损失。因此，日本目前没有任何理由献出百姓的小额存款，让饱受呆坏账损失之苦的美国金融机构觅得攫取利益的机会。

"关于医疗保险领域，日本可能被迫扩大昂贵的非医疗保险诊疗，全面解禁医保和非医保并存的'混合诊疗'。这恐怕会摧毁日本常年建立起来的全民参保制度。

"此外，由于美国企业和美国大农场主一直难以打入日本市场，日本设定的较高安全标准也可能成为问题。汽车的安全标准、农药的安全标准或者牛肉进口限制等监管标准可能成为谈判对象。

"还有就是公共项目的招投标条件。美国可能要求日本进一步放宽政府采购项目的招标条件。劳动力市场也势必面临接纳外国劳工问题。医生、护士和律师等行业从业资格标准也可能产生问题。"

金子的结论是："未来，作为日本出口市场的重要性不断提高、充当全球经济增长引擎的地区，是以中国为代表的东亚市场。……日本其实先要加强与东盟和中日韩的纽带，让中国等国家融入环太平洋地区的自由贸易框架以后，再参加有关TPP的谈判为好。"[1]

日本朝野两大阵营的政党，唯一举党一致、持鲜明支持态度的是渡边喜美任代表的"大家的党"。该党干事长江田宪司强调："日本是缺乏资源的国家，只能依靠人才和技术实行'贸易立国'才能生存下去。应该尽快参加TPP，这对日本是不可缺少的。""日本的农业要充实、发展，未来应该使其成为增长产业和出口产业。"[2]

持反对和慎重立场的是公明党、社会党、共产党、国民新党以及从民主党分化出来的新党"绊"、新党大地·真民主党等。公明党曾以全党的名义明确表示反对日本加入TPP谈判，理由是过于草率。社民党也表示，野田政权决定加入TPP谈判，是将民主主义置于脑后，应该受到谴责。

令人惊诧的是，在执政的民主党内和最大在野党自民党内部既有赞成派，又有反对派。毋庸讳言，民主党的两任掌门人菅直人、野田佳彦

---

[1] （日）金子胜："平成的'附属国'化：TPP的谎言"，《世界》月刊，2011年12月号，第34、第37页。

[2] （日）江田宪司："要让农业成为增长产业、出口产业——TPP（上）"，2010年12月6日，见江田宪司官网：http://www.eda-k.net/column/week/2010/12/20101206.html。

第六章 "平成开国"与围绕 TPP 的论争

是 TPP 的始作俑者和实际推动者,民主党的主流派如舆石东、冈田克也、前原诚司、仙谷由人、玄叶光一郎等也都是赞成 TPP 的。可以说,菅直人和野田佳彦之所以能力排众议,捡起 TPP 这个"烫手山芋",没有党内这些骨干的鼎力支持,恐怕也是力难从心的。自民党在菅直人首次提出 TPP 问题时,还是在野党。以谷垣祯一为首的领导层一度曾提出质疑,但随着时间的推移,自民党内赞成 TPP 的中坚议员日渐增多,其中又以后来担任自民党总裁的安倍晋三、干事长石破茂以及菅义伟、河野太郎、小泉进次郎等态度最坚决。

也许是与原先的出身母体和支持团体有关的缘故,在民主党、自民党这两个最大的政党中,反对 TPP 的议员也不在少数。2011 年 10 月 24 日,全国农业协同中央会议向国会提交了一份反对日本加入 TPP 的请愿书,上面有 356 名国会议员署名,差不多占现职国会议员的一半。其中,自民党有 166 人,约占其议员总数的 80%;民主党有 124 人,虽然在比例上不及自民党,但其中不乏前农林水产大臣山田正彦等重量级的政治家。

事实上,从菅直人内阁到野田佳彦内阁,民主党领导层强行推进的 TPP 政策成为导致民主党分裂的导火线之一。2011 年 2 月 24 日,山田正彦请反对 TPP 的东京大学名誉教授宇泽弘文领衔,成立了"思考 TPP 问题国民会议",山田自任召集人。同年 10 月 21 日,山田正彦又在国会内领头成立了有 180 多名议员组成的、名为"慎重思考 TPP 问题之会"的超党派议员联盟。山田俨然成为反对 TPP 的领军人物,他甚至扬言,如果野田内阁执意要推进加入 TPP 谈判,参加该议员联盟的民主党籍议员将不惜退党以示抗议。2012 年 11 月 21 日,山田终于从民主党破门而出,与同样反对 TPP 的国民新党前代表龟井静香一起成立了"反 TPP、摆脱核电、冻结消费税增税党"(简称反 TPP 党)。同年 11 月 27 日,该党加入到佐贺县知事嘉田由纪子发起的日本未来党。在民主党内,类似山田这样的坚持反 TPP 立场、最终与民主党分道扬镳的议员还有不少。

二、加入 TPP 能否成为日本经济结构改革的突破口

从目前 TPP 加盟国之间进行的一系列磋商来看，TPP 与迄今为止的 EPA、FTA 协定相比，涉及金融监管、竞争政策、经济立法、市场透明、知识产权、劳工标准、环境标准和促进中小企业发展等多项内容，是一个涵盖商品贸易、服务贸易和金融投资的综合性协议。加入 TPP，对日本来说意味着进一步与国际惯例接轨，实现贸易、投资及人员往来等众多领域的全面自由化。

毋庸讳言，美国作为当今世界唯一的超级大国，所拥有的国际规则制定权和话语权是其他任何国家都望尘莫及的。自然，在它主导下的 TPP 谈判，自然有最大限度地发挥美国在金融、保险、高端制造业乃至规模化农业领域的优势，在与其他成员国的经济博弈中自会争取美国利益最大化。前一节引用的庆应义塾大学教授金子胜的分析可谓鞭辟入里，一针见血。但是，任何事物都有两面性。TPP 拟议中的很多规定，都要高于世界贸易组织（WTO）的现行标准。在 WTO 现行框架内的多边贸易谈判迟迟无法取得进展的情况下，TPP 和其他一些区域性、多边性的贸易、投资和金融一体化谈判，在一定程度上可以对相关国家改革不适应时代潮流的落后体制形成"倒逼"效果。事实上，日本国内很多支持加入 TPP 的人士都是将它视为启动新一轮经济结构改革的突破口的。

首先，加入 TPP 可以改变日本在贸易自由化领域相对滞后的状况。进入新世纪以后，国际范围内出现了缔结 FTA（Free Trade Agreement）协定的热潮。日本也先后与新加坡等 13 个国家和东盟等缔结了相关的协定。但出于保护国内市场的需要，它对关税减免设置了很多例外。这些协定都不用 FTA 的名字，而是别出心裁地称为 EPA（Economic Partnership Agreement）协定。以日本与东盟的经济合作框架协定为例，日本按照国际商品分类（HS）第 8 至第 10 位列表的贸易自由化程度仅为 86.2%，虽然高于越南、柬埔寨、老挝和缅甸，却比新加坡、泰国等其余东盟 6 个成员国都低。而在通常情况下，发达国家理应

第六章 "平成开国"与围绕 TPP 的论争

比发展中国家的市场开放度更高，这种不均等的自由化凸显了日本经济外交的弱点①。日本的汽车产业、电子产业居于国际市场的高端位置，有较强的出口竞争力。但由于日本对外缔结在 EPA、FTA 协定的进展迟缓，迄今尚未与美国、欧盟缔结相关协议，而其竞争对手韩国却抢先一步先后同欧盟、美国签署了 FTA 协定，能以"零"关税将汽车、电子产品长驱直入地打进这两大发达市场。日本对韩国的竞争优势将越来越被削弱。这显然是日本难以下咽的一枚"苦果"。而如果日本加入 TPP，全面实现"零"关税，虽然可能在农业等少数缺乏国际竞争力的领域不敌外国同类商品，但同时也为日本开启了全面进军欧美发达市场的大门。日本内阁府有关日本在加入 TPP 的 10 年后 GDP 可望有 2.4 至 3.2 万亿日元的增加，拉动 0.48 至 0.65 个百分点增长的调查结论，就是基于日本汽车、电子产品进军 TPP 各成员国市场的前景估算的。《每日新闻》的调查显示，有 73.8% 的企业支持加入 TPP，并认为这是日本增强国际竞争力所不可或缺的。

其次，加入 TPP 后日本可望增加来自海外的直接投资和廉价劳动力。在发达国家中，日本在吸引外国直接投资和劳动力方面是最消极的。进入新世纪以后，为了给它的国内经济注入活力，才逐渐打开吸收外资的大门。到 2006 年底，日本吸收的外资累计总额为 1113 亿美元，仅相当于英国的 1/18，韩国的 1/3。2007 年，全世界的跨境直接投资总额为 15379 亿美元，美国吸收了其中的 1929 亿美元而独占鳌头，位居第二的中国也吸收了 748 亿美元的直接投资，而日本却只有 228 亿美元②。但是，一旦加入了 TPP，日本必须改变迄今为止对外国投资者的各种歧视政策，降低外国资本进入日本的门槛，终将摘去"对外投资大国，外来投资小国"的"帽子"。此外，随着少子老龄化的发展，日本劳动力不足的矛盾日益凸显。根据厚生劳动省的人口动向预测，日本人口在 2007 年达到巅峰（12778 万人）后，呈净减少趋势。预计到 2030

---

① （日）木村福成："加入 TPP 的意义 国际责任的视点不可缺少"，《日本经济新闻》，2011 年 10 月 12 日。
② （日）天儿慧：《日本再生的战略》，讲谈社，2009 年版，第 28、29 页。

年，日本的总人口为 11500 万人，65 岁以上人口占 32%；2055 年，日本总人口将跌破 1 亿大关，为 9000 万人，老龄人口比重为 40%。1995 年时 20 岁至 64 岁的劳动人口每 4.3 人抚养 1 名 65 岁以上的老人，到 2010 年这一比例将缩小到 2.7 人对 1 人，2025 年是 2.1 人对 1 人[1]。如果在今后 25 年各个年龄段劳动人口比例不变的话，到 2020 年，日本的劳动人口将比 1993 年减少 7.6%。事实上，"3·11"震灾后的重建事业就由于灾区建设业者普遍人手不足而进展迟缓。难怪经团联会长米仓弘昌在菅直人首相提出加入 TPP 后的第一反应就是呼吁日本要鼓励外国劳工移民。他在记者招待会上如此表示："来自海外的劳动力，只要他们愿意效忠日本，就应该鼓励他们在日本定居。"[2]

第三，加入 TPP 可加快日本落后产业的改造步伐。东京大学教授伊藤元重曾经将日本经济比喻为学校的一个班级。班级里有一批优等生，但他们只占班级总人数的 20%。日本经济也是如此，是由 20% 的"优等生"和 80% 的普通学生所组成。属于"优等生"的是日本的汽车、电器等拥有强大国际竞争力的产业，但其他产业的表现平庸无奇，而农业则是最缺乏竞争力、拖了整个经济后腿的产业。目前，日本农业的问题在于规模小、高度分散和资金有限，现行法律严格限制农业用地的转让，每户农户平均耕地 1.2 公顷，严重限制了农业机械的推广与使用，缺乏国际竞争力，长期依赖贸易保护和财政补贴。日本农产品的关税普遍较高，其中魔芋高达 1708%，大米为 778%，淀粉为 583%。而日本政府为确保大米自给，政府每年拨巨款维持大米的高收购价格，而当市场价格有下降之虞时又通过所谓"减反"的政策，补贴给农户促使其自主休耕。以 2010 年为例，日本农业产值仅占 GDP 的 1.2%，但政府对农业补贴金额却高达 GDP 的 1.1%。在经济持续低迷，税源不断

---

[1] （日）野村综合研究所编：《1997 年，日本的优先课题》，1996 年 12 月版，第 102 页。

[2] （日）"经团联会长 加入 TPP 后要奖励外国劳动者移民日本"，《读卖新闻》，2010 年 11 月 8 日。

萎缩，财政赤字膨胀的情况下，这种高额补贴显然难以持久。更严重的问题是，目前日本农业就业人口仅为260.6万，平均年龄高达65.8岁，如果不进行改革，到2015年务农人口还将减少22.4%。日本政府认为，加入TPP固然会给农业造成冲击，但压力同时也是一种动力，且有10年的缓冲期对农业进行结构改革，可以用开放海外农产品进口作为一种"倒逼"机制，促使日本的农业经营趋向集约化、精细化、高效化，特别是鼓励有意愿的企业向农业领域发展；推动日本农户扩大生产规模、提高竞争力；加强品牌管理和全球营销，出口高端农产品到海外，以弥补国内农业领域由于加入TPP而招致的损失。

三、日本将在TPP和RCEP间采取平衡政策

民主党执政3年间在经济领域基本上没有什么建树。唯一值得评价的是在菅直人内阁、野田佳彦内阁期间就日本加入TPP问题作出了决断。

在为民主党上台奠定基础的2009年众议院选举的竞选公约"Manifesto 2009"里，根本不见TPP的踪影；在2010年参议院选举和2012年众议院选举的竞选公约中，同样也只字未提。但它却恰恰是民主党3年执政留下的最大遗产之一。它不仅引发了日本国内一场旷日持久的争论，也在一定程度上激活了中日韩FTA谈判和东亚地区经济一体化进程。

2012年底，也就是民主党政权即将谢幕之际，日本已先后完成与越南、文莱、秘鲁、智利、加拿大和墨西哥的事先磋商，取得了这些国家对日本加入TPP谈判的许可[①]。尚在艰难谈判中的是美国、澳大利亚和新西兰。许多迹象表明，日本加入TPP不可能一帆风顺，而将是一场旷日持久的艰难博弈。

首先，美国利用日本急于赶"末班车"的心理加大对日施压力度。美国对野田内阁表态加入TPP一方面表示欢迎，因为日本的参

---

① 加拿大、墨西哥是在2012年12月宣布加入TPP谈判的。

加是让美国摆脱了只是与一些中小国家折腾的尴尬局面,但另一方面,它对日本的参与会不会增加 TPP 达成最终协议的难度也心存疑虑。美国贸易代表处(USTR)于 2011 年 12 月向美国企业界公开征询对日本的要求。美国的医药界、保险界将会要求日本改变对药品价格的管制,允许价格自由化,允许美国的高端诊所到日本开业。在谈判 TPP 过程中,美国势必会不断加大对日施压力度,引起日本国内的强烈反弹。

其次,日本加入 TPP 的进程还遭到了国内各种既得利益集团的阻扰。日本农业一向是政府重点保护的行业。代表农户利益的全国农业协同中央会议是目前日本国内最活跃的反对团体之一。在日本一直存在着"大米等于农业"、"大米进口自由化等于农业的毁灭"的说法,而实际上日本农业总收入中大米仅占 20%。由于总数达 250 万户的农户中将近一半是种植大米的,所以,这部分农户的话语权特别高。日本政府一方面维持大米的收购价格,另一方面又为控制大米种植面积给予休耕的农户高额的补贴。这些优厚的待遇在日本加入 TPP 后都将不复存在。难怪农协会如此执拗地反对日本加入 TPP 了。未来,在日本磋商 TPP 时,势必还会遭到强烈的反弹。类似的情况在日本金融、保险和医药等行业也存在着。正如有些评论家所指出的,日本加入 TPP 的主要障碍还是在于日本国内市场的半封闭性。

第三,日本加入 TPP 的实际利益未必有预想的那么高。如前所述,日本加入 TPP 是一场需要伴随着剧烈阵痛的国内改革进程。但目前看来,加入 TPP 的回报存在着两大局限:一是包括美日在内的 TPP 成员国,其经济规模虽然占到世界的 36% 左右,但没有将亚洲最具活力的新兴经济大国中国、印度等包括在内,市场潜力有限,日本能得到的扩大出口的好处也比较有限;二是在谈判 TPP 过程中,如同日本将会试图保护国内的农业特别是大米生产一样,各国都会有一些保留。日本政府有关省厅按照"零"关税为前提计算出来的 GDP 的提升效应含有相当大的水分。得失相较,未必会如人们想象的那样,在加入 TPP 后获得巨大的经济收益。

日本内阁府曾就日本参与区域经济一体化各种可能模式的经济效果

做过如下分析。

表6—2 菅直人内阁对各种经济一体化模式的经济效果比较

评估对象	对日本实际GDP的提升效果	备注
FTTAP、日本欧盟EPA	增加1.62%（8.0万亿日元）	
FTAAP（完全自由化）	增加1.36%（6.7万亿日元）	
TPP＋日中韩EPA＋日本欧盟EPA（完全自由化）	增加1.23～1.39%（6.1～6.9万亿日元）	
TPP＋日中韩EPA＋日欧EPA（部分进口例外）	增加0.84～1.11%（4.1～5.5万亿日元）	含国内追加支援
日中韩EPA（完全自由化）	增加0.66%（3.3万亿日元）	
TPP（完全自由化）	增加0.48～0.65%（2.4～3.2万亿日元）	
日中韩EPA＋日本欧盟EPA（部分进口例外）	增加0.50～0.57%（2.5～2.8万亿日元）	
日美EPA（完全自由化）	增加0.36%（1.8万亿日元）	
日本欧盟EPA（完全自由化）	增加0.36%（1.8万亿日元）	
日中韩EPA（部分进口例外）	增加0.27%（1.3万亿日元）	
日本欧盟EPA（部分进口例外）	增加0.24%（1.2万亿日元）	
维持现状	减0.13～0.14%（减0.6～0.7万亿日元）	

资料来源：内阁官房："关于EPA的各种测算"，2010年10月27日，第8页，见外务省网站：https://www.mof.go.jp/pri/research/conference/zk097/zk097_10.pdf。

日本是一个重视实利的国家。日本在东亚地区经营多年，与中国、韩国以及东盟各国的经贸交流日益扩大。日本与目前参加TPP谈判的9国间的贸易总额甚至还比不上它与中韩两国贸易总额。近年来，东亚地区的"10＋3"、"10＋6"以及中日韩三国的合作机制取得长足的进步，并给有关各方带来实实在在的利益。日本与新加坡、泰国等多个东盟成员国乃至东盟本身缔结了EPA协定，与中韩两国的FTA谈判也酝酿多年。日本政府在推进 TPP 的同时，不愿也不能放弃与东亚地区各国继续加强合作的选择。

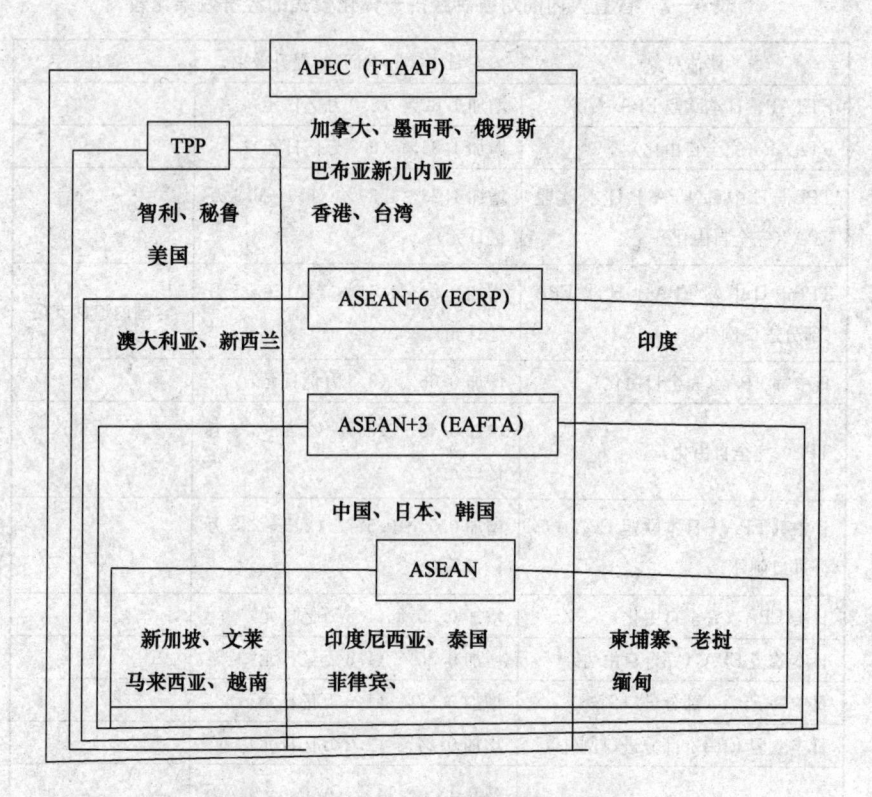

图 6—1　亚太地区的区域经济合作构想

资料来源：瑞穗综合研究所报告，转引自菅原澄一论文，2011 年 11 月 22 日。

在东亚区域经济一体化问题上，原本曾有"10＋3"和"10＋6"的路径之争。从 2010 年起，东盟开始摸索将两者折中起来的方案。"区域全面经济伙伴关系"（Regional Comprehensive Economic Partnership，简称 RCEP）的构想便应运而生。2011 年 2 月 26 日，在缅甸首都内比都举行的东盟经济部长会议上，东盟 10 国首次提出了 RCEP 的草案。即在东盟与中国、日本、韩国、印度和澳大利亚及新西兰间缔结的 5 个"10＋1"FTA 协定的基础上，通过削减关税及非关税壁垒，建立涵盖多国的自由贸易协定。从表面上看，RCEP 似乎与"10＋6"一致，但

第六章 "平成开国"与围绕 TPP 的论争

RCEP 秉承自愿加入原则,最终加入国并非一定就是这 16 国。在 2011 年 11 月 13 日—19 日举行的东盟首脑会议通过了推进 RCEP 的声明。翌年 8 月召开的第一届东盟与 FTA 伙伴部长级会议就 RCEP 框架下的商品贸易、服务贸易和投资自由化等问题进行磋商后,通过了《RCEP 谈判指导原则和目标》。东盟秘书长素林形容这项决议是"一项重大成就"。

2012 年 11 月 18 日至 20 日在柬埔寨首都金边召开的第 21 届东盟系列峰会期间,东盟 10 国与中国、日本、韩国、印度、澳大利亚和新西兰达成战略性共识:在 2015 年建成由东盟 10 国加中国、日本、韩国、印度、澳大利亚和新西兰的"区域全面经济伙伴关系"(RCEP)。届时,这一地区将形成一个涵盖 30 亿人口、GDP 总额超过 20 万亿美元的自由贸易区,这实际上就是"东亚共同体"的雏形。

民主党政权对 RCEP 的态度比较积极。在 2011 年 10 月的东盟系列峰会上,野田佳彦首相与中国总理温家宝共同提出了在"10+6"框架内进一步加强东亚地区跨境合作的建议。鉴于 RCEP 的核心是中日韩 FTA。在这次峰会后,野田佳彦在 11 月访问韩国的首尔,12 月接待了来访的韩国总统李明博。12 月 25 日、26 日,野田佳彦又对中国进行了国事访问,并与中方就日本购买中国国债、加强两国在金融领域的合作达成了共识。2012 年 11 月 20 日,在东盟系列峰会上宣布 16 国共建 RCEP 的同一天,中日韩 3 国经济部长举行会谈,宣布启动中日韩 FTA 的谈判。

民主党政权一面宣布加入 TPP,表现出向美国靠拢的意图,但同时依然注重与东亚地区各国加强经贸领域的合作,它实行的是一种"两面下注"的策略,目的是使自己处在可进可退、左右逢源的有利态势。当然,美国也对 RCEP 持欢迎态度。美国贸易代表柯克公开表态说,亚太区有足够空间让 TPP 和 RCEP 这两个协定并存。这也使日本感到放心。

这里不妨介绍一下著名评论家、双日综合研究所副所长吉崎达彦的观点。他在《产经新闻》上如此写道:

"迄今为止,亚洲的贸易自由化谈判主要是以 APEC 为舞台进行的。……APEC 有两大支柱分别是'贸易自由化'和'经济合作'。发达国家倾心前者，而发展中国家关注后者，彼此间的鸿沟逐渐拉大。东盟和中日韩的这一合作框架，在 APEC 中属于反发达国家的一种组合，可以视为'大陆亚洲'。

"与此形成对比的是，TPP 是发达国家为构筑 APEC 经济圈的新的挑战。原本是新西兰等 4 个国家小规模的统合，由于美国的加入骤然扩大起来。从日本的视角来看，这是'海洋亚洲'的联盟，不仅是贸易自由化，也包括制度上的相互调整。这是 TPP 的特色所在。

"今后，TPP（海洋亚洲）和'东盟加 3'（大陆亚洲）将在相互竞争中推进亚太地区的经济圈建设。日本通过前者瞄准'制度的相互调整'，通过后者推动关税的下降，以最终建成涵盖 APEC 整个区域的经济圈发挥主导性的作用。"[①]

吉崎达彦对民主党政权一直持批评态度，但他的这番分析倒是相当精准地反映了过去 3 年里给"日本丸"掌舵的民主党领导人的想法。

---

① （日）吉崎达彦："加入 TPP 扩大'海洋亚洲'"，《产经新闻》，2011 年 12 月 2 日。

第七章

"新国防族"主导下的安全政策调整

民主党执政3年中,最让人们吃惊的是它在以往竞选公约几乎从未涉及的安全保障领域进行了一系列重大的政策调整,有些方面比自民党走得更远。而这一切都是在民主党内的"新国防族"议员取得掌控权的背景下展开的。

第一节 民主党"新国防族"主导安全政策调整

与民主党的社会、经济政策相比,安全政策一向是它的"软肋"。不仅很少见之于公开的宣言和政策文件,而且,即便在竞选公约中有所涉及,多半也是点到为止、语焉欠详。这是因为民主党是由具有不同意识形态和政策主张的人组成的,在安全保障领域很难形成比较一致的见解。但是,这一状况在民主党执政后期发生了变化。由党内"新国防族"议员主导的安全政策调整,其涵盖面之广,变化幅度之大,引起了国内外的普遍关注。

一、民主党内围绕安全政策历来存有分歧

民主党成立之初，其成员多来自社会党、先驱新党等社会民主主义、自由主义色彩较浓的政党。1998年，民主党与新进党解散后形成的若干小党合并，形成了足以与自民党分庭抗礼的最大在野党。随着时间的推移，党内思想多元、意见分歧的特征也日渐凸显。在安全政策上既有比自民党还要强硬的"鹰"派主张，也有和社民党十分接近的"鸽"派立场。民主党曾尝试制定统一的党纲，但由于在安全保障领域的分歧太大，始终未能形成共识，公诸于世。

如果说自民党内担任过防卫厅长官、副长官和防卫大臣、副大臣的议员可以挤爆一间会议室的话，民主党在执政前几乎没有任何一名议员有过掌管防卫厅（防卫省）的经历。曾经担任过"未来的内阁"防卫大臣的政治家也屈指可数。在安全保障领域能独树一帜、形成一家之言的政治家就更少了。一般来说，在民主党执政前，党内在安全保障领域大致上存在着分别以小泽一郎和前原诚司为首的两大派别的对立。

小泽一郎是日本政坛新保守主义的领军人物之一。1993年5月，小泽撰写的《日本改造计划》由讲谈社出版。这本书被誉为"平成维新的宣言书"，其中有关日本应该成为能派兵出兵的"正常国家"的主张被朝野两大阵营的政治家广泛接受。这是他在很长时间内被认为是"改宪派"的主要理由。自从自由党与民主党合并后，小泽一郎在安全保障问题上的立场有明显转变。小泽一郎从2006年4月至2009年5月连任3届民主党代表。卸任代表后又担任代理代表和民主党干事长。他不仅是民主党内最大派系的领袖，还与鸠山由纪夫、菅直人3人组成号称"三驾马车"的领导核心，长期掌控民主党的最高权力。

前原诚司虽然年龄比小泽一郎小了整整20岁，担任国会议员也晚了21年。但他作为民主党"少壮派"集团的代表，曾在2005年9月至2006年4月担任民主党代表，还是小泽一郎的前任。前原诚司是民主党内很少几个"科班"出身的战略派议员之一。他在京都大学曾师从高坂正尧，后又进入松下政经塾深造，对日美关系和日本的海洋战略有一

第七章 "新国防族"主导下的安全政策调整

定的研究。前原诚司是民主党内"凌云会"的掌门人,并与他在松下政经塾的前辈野田佳彦私交密切,而野田佳彦是民主党内"花齐会"的召集人,两人同为民主党"少壮派"集团的领袖。

小泽一郎与前原诚司两派的主要分歧是:

第一,小泽一郎主张"联合国中心主义",而前原诚司及其追随者虽然主张日本应该摆脱对美国"一边倒"的从属外交,但在对待美国的态度上显然更接近自民党的主流派立场。

小泽一郎一贯重视日美同盟,但主张日美平起平坐,反对唯美是从的"亲美外交"。2006年9月11日,小泽在为竞选民主党代表发表的《我的基本政策》中提出:"日美两国要确立相互信赖关系,构筑对等的、真正的日美同盟"[①]。2009年2月16日,小泽在会见美国国务卿希拉里时进一步阐述了这一思想。小泽强调:"我是很早以来一贯主张日美同盟比什么都重要的政治家之一。但是,同盟不应该是一方从属于另一方的关系,而应该是相互交换意见,充分议论,寻求更好的结论,而且相互都要切实地维护这一共识。"[②] 与此同时,小泽从发表《日本改造计划》起始终主张"联合国中心主义",认为日本应在联合国的框架内履行国际贡献。他把冷战结束后世界上发生的局部战争分为两类,一类是有联合国决议授权的"海湾战争型",另一类是没有联合国决议、纯粹是志愿者联盟参加的"伊拉克战争型"。前者,日本应该积极参加,甚至包括加入联合国维持治安部队(International Security Assistance Force,简称ISAF);后者,日本就不应参加。这也是他在民主党代表任内旗帜鲜明地反对日本向伊拉克派兵、反对海上自卫队在印度洋为多国部队提供燃油的缘由。小泽一郎在2007年《世界》月刊11月号上发表文章,强调民主党掌握政权后,将参加在阿富汗的联合国维持治安部队。同时,将响应联合国秘书长潘基文的呼吁,向苏丹达尔富尔地区派

[①] (日) 小泽一郎:"我的基本政策——建设公正的社会、共生的国家",2006年9月11日,见 http://www.dpj.or.jp/news/files/060912rinen(2).pdf,第7页。

[②] (日)"小泽一郎代表与美国国务卿希拉里会谈",《日本经济新闻》,2009年2月17日。

遣部队，参加联合国历史上规模最大的维和活动。这是因为维和活动完完全全是联合国主导的活动①。

前原诚司和他周围的"少壮派"议员虽然也鄙弃对美"一边倒"外交，但强调要在关键时刻与美国站在一起。前原主张："美国是日本唯一的盟国，毫无疑问也是对日本来说重要的国家。"② "我们不能忘记日本所在的东北亚地区还存在着朝鲜半岛问题、台海问题这样的冷战遗留问题。为促进亚太地区长期的和平与稳定，民主党将推进日美同盟的深化。"③ 与小泽不同，前原是反对"联合国中心主义"的。他认为："日本应在日美同盟和联合国间保持平衡，将日本的安全保障与日本的国际贡献结合起来，不能因此陷入联合国中心主义。"④ 他强调，"联合国中心主义就像是一种信仰，是极端形而上学的一种想法。""美国从来就是用得着联合国的时候找联合国，而更多的时候根本不把联合国放在眼里。将来，随着中国、俄罗斯影响的抬头，联合国很可能出现无法运作的局面。这种将联合国视为金科玉律的想法完全是没有道理的。"⑤

第二，小泽一郎主张维持现行宪法第九条的表述，自卫队只限国防任务，但可组织专门的联合国应急部队参加维和行动，前原诚司及其追随者则主张要通过修改宪法第九条，确保日本能够行使集体自卫权。

如前所述，小泽一郎曾主张日本应该成为可以派兵出国的"正常国家"，但在他加入民主党后，大幅度修正了自己的立场。2004年3月，小泽一郎与民主党副代表、社会党出身的横路孝弘达成有关安全保障政策的协议。其中明确提出应该遵守宪法第九条，贯彻"专守防卫"原

---

① （日）小泽一郎："现在正是确立国际安全保障原则的时期"，《世界》，2007年11月号，第151、152页。

② （日）"松下政经塾出身国会议员之会"编：《21世纪日本的繁荣谱》，PHP研究所，2000年1月出版，第251页、252页。

③ （日）前原诚司："民主党追求的国家定位和外交展望"，2005年12月9日，见http://www.dpj.or.jp/news/?num=683。

④ （日）前原诚司："日本外交的基轴是日美同盟"，《产经新闻》，2009年1月24日。

⑤ （日）前原诚司："民主党能够生存下来吗？"，《中央公论》，2008年6月号，第75页。

第七章 "新国防族"主导下的安全政策调整

则,把不行使以国家行为发动的武力作为日本永久的治国方针。为了参加联合国维和行动,可在自卫队以外组建常设的联合国应急待命部队。将来联合国如创建由它指挥的联合国军,日本应率先参加[①]。

前原诚司 2005 年 12 月 9 日在美国战略与国际问题研究中心(CSIS)的演讲中首次以民主党代表身份提出修改宪法的主张。他如此说道:"在直接遭遇危机时,例如有某个国家向日本发射导弹,或者是日本周边地区出现不测事态时,日本虽然可以拥有集体自卫权,但限于宪法的规定不能行使。这就有必要研究通过修改宪法来解决这个矛盾。我认为保留集体自卫权的这一权利也罢,行使集体自卫权也罢,归根结底还是要日本自己进行判断。"[②] 这篇讲话在民主党内引起巨大反响。因为民主党在 1996 年 9 月发表的"基本政策"强调的是"论宪"而不是"改宪"。2004 年 6 月该党宪法调查会《中间报告》更明确提出要继续向日本国民和世界舆论强调《日本国宪法》特别是其中的第九条所弘扬的和平主义精神。前原却扬言要通过表决让民主党内的认识统一到他这篇演讲所阐明的立场上来。

第三,小泽一郎主张加强亚洲外交,与中国、韩国等亚洲国家构筑互利合作和信赖关系。前原诚司及其追随者虽然也批判自民党在小泉内阁时期疏远亚洲的对美"一边倒"外交,但在所谓的"中国威胁论"问题以及朝鲜绑架人质问题上态度强硬。

小泽一郎在他的政见演讲中将加强亚洲外交与构筑真正的日美同盟并列为日本外交的两大课题,强调:"(日本)作为亚洲一员应努力构筑与中国、韩国等亚洲各国的信赖关系,加强与亚洲各国的合作,特别是

[①] (日)横路孝弘:"与小泽一郎有关安全保障问题的协议",2004 年 3 月 19 日,见横路孝弘的官网:http://www.yokomichi.com/monthly-message/2004.03.19.htm。

[②] (日)前原诚司:"民主党追求的国家定位与外交展望",2005 年 12 月 9 日,在美国战略与国际问题研究所(CSIS)的演讲,见http://www.dpj.or.jp/news/?num=683。

要在能源、通商领域推进亚太地区的合作机制。"① 作为日本政坛一名资深的政治家,小泽从 1986 年以来始终热心推进旨在促进中日两国青年交流的"长城计划"。2007 年 12 月,他率领由 1000 名国会议员、各界人士组成的庞大代表团访华,为促进新世纪中日关系的发展作出了有目共睹的贡献。小泽对朝鲜发展核武器和绑架日本人质总体上是持批评态度的。但他早在 1990 年就与当时的社会党委员长土井多贺子联袂访朝,并一贯主张通过与朝鲜的接触和对话,促使朝鲜融入国际社会。2006 年 10 月,朝鲜进行核试验后,小泽与民主党代理代表菅直人、干事长鸠山由纪夫共同发表声明,旗帜鲜明地表示朝鲜半岛局势不能适用《周边事态法》。但是,前原等人却利用他们所把持的民主党"外交防卫部门会议"通过决议,声称小泽一郎等"三驾马车"的观点不代表民主党的"正式见解"。前原心腹之一的长岛昭久还在众议院绑架问题特别委员会呼吁立即启动对朝鲜的经济制裁,声称这是迫使朝鲜回到谈判桌的唯一方法。长岛认为,日本在朝鲜绑架日本人质问题上必须"鲜明地表示不妥协的态度","平壤宣言已经毫无意义,应宣告无效。"②

2009 年 9 月,民主党第一次组建内阁时,鸠山由纪夫让前原诚司接掌国土交通省,而没有如外界猜测的那样,将外务省或防卫省让一向以外交、安保政策通自诩的前原诚司掌管,这说明民主党"三驾马车"对前原等人的"鹰"派立场是了然于心的。

二、民主党"新国防族"比自民党同行走得更远

前原诚司、野田佳彦属于新世纪在日本政坛十分活跃的"新国防族"。他们的主张在自民党内得到的支持远远超过在民主党内所能得到

---

① (日) 小泽一郎:"我的基本政策——建设公正的社会、共生的国家",2006 年 9 月 11 日,见 http://www.dpj.or.jp/news/files/060912rinen(2).pdf,第 7 页。
② (日)"对北朝鲜发射导弹的追加制裁论日益高涨",《产经新闻》,2006 年 7 月 7 日。平壤宣言是时任首相的小泉纯一郎 2002 年 9 月访朝时与朝鲜领导人金正日签署的有关推动日朝关系正常化的文件。

第七章 "新国防族"主导下的安全政策调整

的支持,他们走得也比自民党内的同行更远。

"新国防族"是从传统的"国防族"脱胎而来的跨党派议员团体。传统的"国防族"主要由三部分人构成：1. 曾担任过防卫厅长官和防卫厅政务次官的议员。他们在卸任后仍经常就防卫政策问题进行磋商,并且凭借在防卫厅任职期间积累的经验和广泛的人际关系,在日本的防卫政策问题上发挥重要的影响；2. 曾在旧军队或自卫队任职,随后步入政界的退役军官,用日本习惯的说法,他们是所谓的"制服组"。他们往往具有较深的"国防情结",以加强国防为己任,是"国防族"中呼声最高、主张最激进的一翼；3. 以自民党政调会所属的"国防部会"为代表的、擅长安全保障和外交政策研究的议员。他们多数是比较年轻的议员,代表所属政党就防卫问题向政府质询,参与制定或审议有关防卫问题的法案。"国防族"议员和"建设族"、"农林族"等议员集团一样,熟悉有关政策,与官厅和经济界有密切联系,具有相当的发言权,尤其在国会审议预算和有关政策时总是格外活跃。

"新国防族"的崛起始于新世纪之初。"9·11"事件以后,安全保障问题成为日本举国上下普遍关注的焦点。一批三四十岁的年轻议员在时任参议院外交防卫委员会委员长武见敬三倡议下,于2001年秋发起成立了"确立新世纪安全保障体制年轻议员之会"。该会宗旨是探讨在新的形势下如何推进日本安全战略的调整,最终制定《国家安全保障基本法》。由于参加该会的年轻议员频频就日本的安全保障问题发表自己的见解,积极推动国会审议通过一系列相关法案,如2001年10月的《反恐活动特别措施法》、2003年6月的《有事立法》、2003年7月的《伊拉克重建特别措施法》,等等,其鲜明的政治立场和充沛的活动能量远远超过传统的"国防族",日本传媒遂将他们命名为"新国防族"。

长期以来,日本的"族议员"包括"国防族"在内几乎清一色是自民党人。然而,"新国防族"却是一个跨党派的议员集团。"确立新世纪安全保障机制年轻议员之会"成立时的3名召集人中来自自民党的分别是时任参议院外交安全保障委员长的武见敬三、时任防卫厅长官长石破茂，以及前原诚司——最大在野党民主党"未来的内阁"的防卫大臣[①]。"确立新世纪安全保障机制年轻议员之会"在2001年11月成立时仅有12人，到2003年初便发展为103人。其中，来自民主党的除前原诚司外，还有吉良州司、细野豪志、长岛昭久等32人。

民主党内的"新国防族"主要由三部分人构成：一是在民主党"未来的内阁"（Next Cabinet，简称NC）中担任过"NC防卫厅长官"、"NC防卫大臣"的议员；二是在外务省、防卫厅有过任职经历、有一定实践经验的议员；三是毕业于松下政经塾这一政治家"摇篮"，对外交、防卫问题有着较其同行有更浓厚兴趣的议员。

民主党"NC内阁"最早没有专设防卫厅长官或防卫大臣，从第一届起一直由资深议员伊藤英成任"NC外交和安全保障担当大臣"。2002年12月，"外交"和"安全保障"实施分流，伊藤英成任"NC外务大臣"，而"NC安全保障大臣"则由前原诚司接掌。2003年10月，伊藤英成从政界引退，前原接任"NC外务大臣"职务。所遗"NC安全保障大臣"一职先后由松本刚明、长岛昭久、笹木龙三和浅尾庆一郎担任。从2004年1月28日起，民主党"NC安全保障大臣"改称"NC防卫厅长官"，2006年9月26日起又改称"NC防卫大臣"。

第二类的代表是松本刚明、山口壮和末松义规。松本刚明于东京大学法律系毕业后考入日本兴业银行。1989年，松本刚明辞去银行职务担任其父亲、时任海部内阁防卫厅长官松本十郎的政治秘书。2000年6月，松本由民主党推荐当选为众议员。山口壮东京大学法律系毕业后赴美国霍普金斯大学深造，获国际政治学博士学位。加盟外务省后，先后在日本驻美国、中国和巴基斯坦的大使馆任职，一度还派到防卫厅工作。山口曾任外务省综合外交政策局的课长，2000年6月才辞官从政。与山口壮同为外务省"跳槽者"的末松义规曾先后在一桥大学、美国普林斯顿大学深造，在外务省官至首席事务官，负责处理海湾危机和政府开发援助。他是因为对日本政府在海湾危机中的表现强烈不满，才走上

---

① 吴寄南：《日本"新国防族"的崛起及其影响》，《日本学刊》，2003年第5期。

第七章 "新国防族"主导下的安全政策调整

从政道路的。2001年和2004年,末松分别任民主党"NC外务副大臣"和"NC防卫副大臣"。

第三类的代表是野田佳彦、笹木龙三。民主党内出身松下政经塾的国会议员有17名之多。毕业于松下政经塾第1期的野田佳彦堪称其"大哥大"。他在早稻田大学拿到硕士学位后又进了松下政经塾镀金。笹木龙三毕业于松下政经塾第3期,曾在福井县经济同友会任干事,1993年首次当选众议员,翌年加入新进党。2000年一度落选,直到5年后才卷土重来。笹木是"松下政经塾出身议员之会"的首任会长。

与自民党内的同行相比,民主党的"新国防族"议员从来不把日本政坛"论资排辈"的传统当一回事,也从未放弃过对最高权力的争夺。野田佳彦仅仅当选过两次议员就敢出马竞选民主党代表,向声望如日中天的菅直人挑战;2005年10月,年仅43岁的前原诚司就成为民主党的新掌门人。这是自民党石破茂、武见敬三等"新国防族"根本不敢奢望的。

另一方面,民主党内的"新国防族"在宣扬其"鹰"派观点时口无遮拦、骄横狂妄,这也是自民党内的同行所望尘莫及的。这一方面是由于民主党内思想多元,而领导层也从来不愿意也不敢对议员发表个人意见予以约束,而另一方面也说明民主党内"新国防族"的思想倾向比其自民党的同行更保守、更强硬。

例如,自民党在2009年失去政权前,从未有过哪一位总裁公然鼓吹过"中国威胁论",但前原诚司当上民主党代表不到两个月就跑到美国发表演讲,抨击"中国军事力量的增强及其现代化是个现实威胁。日本必须采取毅然措施,抑制中国的膨胀"。[①] 两天后的12月12日,他在北京外交学院演讲时再次宣称:"中国的军事力量正以空军、海军和导弹战能力为中心迅速地向上提升,坦率地说这不能不让人们感到是一

---

① 裴军:"日本最大在野党党首访华前称中国是现实威胁",《中国青年报》,2005年12月12日。

种威胁。"① 针对中方取消原定高层会见的安排,前原诚司还举行记者招待会批评道:"如果不能坦率地发表意见,'友好'岂不是成了空中楼阁?!"② 这种故意挑衅东道主的言论,既是他一贯立场上的流露,也凸显了他性格中乖戾、莽撞和张扬的一面。

野田佳彦的父亲是自卫官,他从小在军人大院里长大,其价值观与政治哲学、外交理念较为保守,有些观点即使在自民党内也算是比较极端的。例如,他主张日本政要应该参拜靖国神社,认为"甲级战犯并非战争罪人";主张日本必须制定《安全保障基本法》和《紧急事态法》,对宇宙空间进行军事利用。

野田在出任首相前的一次媒体采访中,强调自己是"普通的人",没有"庞大的财力资源","外表不是卖点",将自己比喻为"泥鳅",而不是闪闪发亮的"金鱼"。但是,随着时间的推移,其"鹰"派政治家的色彩日渐显露出来。2011年10月16日,野田在出任首相后首次检阅自卫队时如此给日本的防卫政策定调:"朝鲜不断进行挑衅,中国的军事力量持续增强并频繁进出周边海域,使得我国安全环境的不确定因素正在增加。正如中国古籍《司马法》中提出的,'天下虽安,忘战必危'。平时就要时刻作好应对不测事态的准备。"③ 如此露骨的战争叫嚣,连自民党时代的历任首相也不敢轻言。

事实上,在民主党执政后,"新国防族"逐渐掌控了安全领域的决策权,他们对日本的防卫政策进行了堪称有史以来最大的一次调整。这是自民党的同行多年想做而一直没有做成的。本章的第二节、第三节将详细展开叙述。

---

① (日)西冈省三:"前原代表「中国軍事力は脅威」",《东京新闻》,2005年12月13日。

② (日)"高层会见突然取消'前原外交'陷入空转",共同通信社,2005年12月13日。

③ (日)野田佳彦:"在出席2011年度航空检阅时的训词",2011年10月16日,见首相官邸网页:http://www.kantei.go.jp/noda/statment/2011/1016kunji.html。

三、民主党"新国防族"逐渐掌控安全领域决策权

民主党执政后,鸠山由纪夫领衔组阁。在鸠山任内,一应大事基本上还是由鸠山由纪夫、菅直人和小泽一郎组成的"三驾马车"说了算。如前所述,由于小泽一郎与前原诚司在安全保障领域存在着尖锐的意见分歧,"三驾马车"在组阁人事上有意识地对前原诚司等"新国防族"主要成员采取了"隔离"措施。例如,担任外务大臣呼声较高的前原诚司被委派为国土交通大臣;外务大臣一职由民主党前代表、在安全保障问题上持稳健立场的冈田克也担任;至于防卫大臣的人选,鸠山由纪夫一度曾属意野田佳彦,但由于野田的"鹰"派立场过于明显,民主党内"鸽"派议员以及与民主党联合执政的社民党均表反对,鸠山遂被迫放弃初衷,委派野田担任财务副大臣,而由曾任参议院外交防卫委员长、说话行事一向比较低调的北泽俊美接掌防卫省。

鸠山的这一安排自然使民主党"新国防族"如骨鲠在喉,难以接受。但大臣、副大臣的位置毕竟还是颇有诱惑力的,他们觉得自己反正还年轻,加上有一定专业知识的积累,心仪已久的安全领域决策权迟早是会落入囊中的。

在民主党执政的 3 年里,"新国防族"接掌安全领域的决策权大致经历了三个阶段:

第一阶段:占领外围,确保话语权

鸠山组建民主党执政后的第一届内阁时并没有完全封杀掉党内的"新国防族"。前原诚司、野田佳彦虽然与外务大臣、防卫大臣无缘,但鸠山任命的防卫省政务官长岛昭久是民主党"新国防族"的干将之一。他名为辅佐北泽俊美,实质悄悄地在防卫省布下了"眼线",拓展了人脉,是"新国防族"影响日本防卫政策调整的重要管道。不仅如此,前原诚司等人还通过他们把持的民主党"安全防卫部门会议"和"外交安全保障调查会"这两个机构,确保了"新国防族"对安全保障领域的话语权。

长岛昭久的作用不可小觑。他的防卫省政务官一直做到鸠山下台。

在菅直人组建新内阁后依然留在原岗位。菅直人改组内阁后,他才转任民主党的"外交安全保障调查会"的事务局长。在野田佳彦出任首相后又被遴选为负责外交和安全保障事务的首相助理,可以说参与了民主党执政后所有有关防卫问题的重大决策。长岛在担任民主党"外交安全保障调查会"事务局长期间,对2010年12月出台的民主党版"防卫计划大纲"在幕后发挥了推波助澜作用,其中,有关加强西南诸岛的防御、放宽对"武器出口三原则"及对联合国维和活动五原则的限制,乃至倡议成立日本版的"国家安全会议"(NSC)等,都是长岛一贯的主张。

第二阶段:中央突破,取得控制权

由于民主党议员普遍缺乏执政经验,多数人只熟悉民生问题。在适任人选有限的情况下,有关外交、防卫政策的人事安排迟早是会给"新国防族"让出位置的[①]。

菅直人接替鸠山由纪夫出任民主党代表、首相后,有意识地与"三驾马车"时的盟友小泽一郎拉开距离,大量启用过去被小泽冷落的干部,这就给民主党"新国防族"提供了脱颖而出、施加影响的绝好机遇。2010年9月17日,菅直人改组内阁,前原诚司如愿以偿地接掌了外务大臣的职务。这既是他人生最得意的时刻,也是民主党"新国防族"走上舞台中央的突出标志。防卫大臣仍由北泽俊美担任,野田佳彦却由财务副大臣"扶正"为财务大臣,日本防卫预算在接连十多年减额后终于迎来一位可以信赖的"财神爷"踩"刹车"了。

前原诚司的外务大臣只做了半年,便因他接受在日外国人政治捐款的负面消息曝光而被迫挂冠而走,但接任的副大臣松本刚明是前原的"新国防族"同门兄弟,依然可以确保"新国防族"对防卫政策的控制权。在菅直人内阁任内,民主党版的《防卫问题恳谈会报告》和新的《防卫计划大纲》相继问世,标志着日本整体防卫思路和战略发生了重大的转变。

[①] 吴寄南:"浅析民主党外交安保团队及其政策构想",《日本学刊》,2009年第3期。

第三阶段：全面接管，掌握主导权

2011年8月，在菅直人卸任后举行的民主党代表选举后，野田佳彦得到前原诚司等人的支持，顺利当选民主党的第九任代表和日本的第95任首相。

野田接掌日本最高权力让民主党"新国防族"议员弹冠相庆。他既是松下政经塾毕业生中的第一位首相，也是民主党"新国防族"的第一位首相。虽然在组阁人事上，野田为塑造"举党一致"的形象，有意将防卫大臣的位置先后让给了接近小泽一郎的一川和夫、田中直纪，但外务大臣一职则由与其意气相投且一贯主张修改宪法第九条和主张日本应该行使集体自卫权的玄叶光一郎担任。在接受外国人捐款丑闻暴光后蛰伏一年多的前原诚司也重新出山，先是担任民主党政调会长，继而在野田第三次改组内阁时出任国家战略大臣。也许是"举贤不避亲"吧，在野田任命的大臣、副大臣、政务官乃至首相助理中，出身松下政经塾的民主党议员最多时有8人之多。野田内阁因此被调侃为"松下政经塾"内阁。

在野田执政的一年又3个月里，日本的防卫政策出现了一系列重要的调整。诸如放宽"武器出口三原则"的限制、允许宇宙空间的军事利用以及以强化西南诸岛防御为代表的防卫战略方向的转变等等。用长岛昭久的话来说，民主党完成了自民党时期无法完成的安全保障政策改革。

第二节　民主党执政后在安全领域的主要举措

民主党在上台前曾表示要重新审视国家的安全防卫政策。从它执政3年的实践来看，这一目标应该说是基本实现了的。它总体上继承了自民党时期的一贯路线，但在某些方面走得比自民党更远。民主党执政后在安全领域政策调整的主要标志是民主党版的《防卫问题恳谈会报告》和新的《防卫计划大纲》。

一、民主党版"防卫问题恳谈会报告"

在日本,"防卫问题恳谈会"最早问世于1994年2月细川护熙内阁期间。根据细川首相的指示,由朝日啤酒公司董事长樋口广太郎领衔,成立了一个由学者、企业家和退职官僚组成的首相私人咨询机构。该恳谈会在当年8月推出了一份名为《日本的安全保障和防卫力量的应循状态——面向21世纪的展望》的报告。这份报告在分析日本面临的国际环境变化的基础上,提出了调整日本防卫思想、军事部署和军事战略的一系列见解,勾勒了冷战后日本防卫战略的大致轮廓。它为翌年12月出台的《防卫计划大纲》作了理论上和政策上的铺垫。

进入21世纪以后,日本防卫战略调整的幅度和速度明显加快,出现了一系列试图突破原有框架和法律、制度约束的动向。这些尝试主要反映在小泉内阁任内(2004年10月)和麻生内阁(2009年8月)任内先后推出的两份"防卫问题恳谈会"报告中。这两份报告都是由首相的私人咨询机构"防卫问题恳谈会"提出来的。小泉内阁和麻生内阁的"防卫问题恳谈会"分别由东京电力公司顾问荒木浩和东京电力公司董事长胜俣恒久牵头。这两份报告也因此得名为"荒木报告"和"胜俣报告"。以"胜俣报告"为例,其中有一些提法相当出格,如主张修改宪法解释,使日本能部分行使集体自卫权、对"武器出口三原则"进行部分解禁以及重新审视"专守防卫"原则,等等[1]。由于"胜俣报告"问世恰值众议院选举前夕,麻生内阁忙于应对在野党的选举攻势而无暇顾及,"胜俣报告"这块"石子"在日本政坛居然连一滴"水花"也没有溅起。

民主党掌握政权后,对自民党时期的内外政策自然也包括安全政策进行了全面清理。在时任防卫省政务官长岛昭久的推动下,鸠山由纪夫仿照其自民党前任麻生太郎的做法,请京阪电铁的CEO佐藤茂雄牵头,

---

[1] (日)"防卫问题恳谈会报告",2009年8月,见首相官邸网站:http://www.kantei.go.jp/jp/singi/ampobouei2/200908houkoku.pdf,第49页。

成立了民主党版的"防卫问题恳谈会"。其组成与自民党时期不一样，分正式委员和专门委员。正式委员共有 8 位，除领衔的佐藤茂雄外，还有亚洲经济研究所所长白石隆、京都大学教授中西宽、政策研究大学院教授岩间阳子、专修大学教授广濑崇子、庆应大学教授添谷芳秀、东京大学副教授松田康博和日本国际交流中心理事长山本正；专门委员共有 3 位，分别是防卫省前事务次官佐藤康成、前自卫队统合幕僚长斋藤隆和前驻美大使加藤良三。但他们都用退职后的身份参加，以尽量减少官僚色彩[①]。

在第一次全体会议上，鸠山由纪夫要求"恳谈会"的成员在讨论中"不要有任何顾忌"。新一届"防卫问题恳谈会"在佐藤茂雄的主持下，共举行了 14 次听证会、8 次正式讨论，于 2010 年 8 月 27 日出台了题为《有关新时代安全保障和防卫力量的未来构想——走向创造和平的国家》的最终报告。但这时鸠山由纪夫早已挂冠而去，继任首相的菅直人在官邸会见佐藤等人，接过了这一份堪称民主党时代安全政策指南的报告。

也许为了凸显与自民党时期的不同，"佐藤报告"一上来就批评日本的安全政策是被动的、应付事态型的政策，明确表示日本要从"被动的和平国家"变为"能动的创造和平的国家"。

"佐藤报告"的最大特征是否定了从 1978 年以来差不多沿袭了 30 多年的"基础防卫力量"构想。报告强调，随着军事作用的多元化，特别是在可以预见的未来，不会发生危及日本国家存亡的正式入侵，将防卫力量的作用仅仅限定为抵御侵略的"基础防卫力量"构想已经失去有效性。日本"没有必要保留那些重要性、紧迫性已大大下降的部队和装备"。

堪称"佐藤报告"核心内容的是它倡议用"动态遏制力"取代"静态遏制力"。报告指出，"静态遏制力"是建立在"基础防卫力量"构想之上的，仅仅着眼于武器数量和部队规模。"动态遏制力"则是通过平

[①] 佐藤康城的头衔是三井住友海上火灾保险公司顾问，斋藤隆是日立制作所顾问，加藤良三是日本专业棒球协会专员。

时进行警戒监视，适时、适度地应对侵犯领空等事件，显示出来的高度的部队运用能力，而让潜在的入侵国家望而却步。其重要性已日益凸显[①]。

"佐藤报告"在要求松动"武器出口三原则"这一问题上也颇为引人注目。"胜俣报告"中只是稍稍涉及这一敏感话题，而"佐藤报告"则明确提出："无视国际形势的变化，认为仅仅日本一个国家禁止武器出口就能对世界和平有所贡献，是一厢情愿，也是落后时代的。"报告强调，考虑到防卫产业对日本安全保障的重要性，有必要对"武器出口三原则"进行重大调整，允许日本与美国等进行共同开发与生产。这也是"佐藤报告"的一大特点。

引人瞩目的是，这份报告对"胜俣报告"中没有提及的"非核三原则"也有涉及。日本媒体分析，这可能是日美核密约在民主党执政后不久便曝光于世有关。报告一方面强调，当前没有必要修改"非核三原则"，另一方面则强调通过事先确定的原则，单方面地将美国的手足束缚起来未必是妥当的。

"佐藤报告"还有一个特点就是加强离岛防御。报告提出，日本拥有众多的离岛，周边海域又蕴藏着丰富的资源。确保离岛的安全关系到维护日本的领土主权，而鉴于离岛是日本防卫力量的薄弱环节，有必要加强在离岛地区的"动态遏制力"。主张通过部署部队、储备物质和进行机动训练，加强对领空领海的警戒监视、综合运用乃至与美国共同应对的方法强化离岛防御。

"佐藤报告"在集体自卫权问题上比较谨慎。尽管它指出，针对要不要击落针对美国领土的弹道导弹，要不要就导弹发射问题与美国采取共同行动，需要政府作出政治决断，但最终没有像"胜俣报告"那样强硬主张采取修改宪法解释等法律行动。这也许是民主党上台不久的缘故，但是从半年后发表的新《防卫计划大纲》来看，在集体自卫权问题上民主党走得比历届自民党政权还要远。

---

① （日）《有关新时代安全保障和防卫力量的未来构想——走向创造和平的国家》，2010年8月27日，见首相官邸网站：http://www.kantei.go.jp/kakugikettei/h22-dex。

第七章 "新国防族"主导下的安全政策调整

二、2010年《防卫计划大纲》

日本从1976年发表首份《防卫计划大纲》后，在1995年、2004年又相继发表了第二、第三份《防卫计划大纲》。从其出台的经过来看，通常都是先由首相的私人咨询机"防卫问题恳谈会"汇总报告，以为拟定《防卫计划大纲》做理论、政策铺垫和准备。但是，与主要是民间人士在讨论基础上汇总的"防卫问题恳谈会"报告相比，《防卫计划大纲》是由防卫厅或防卫省组织专门班子撰写，由内阁会议批准的，因此更具权威性和法律地位。它是日本未来5至10年防卫战略、军事部署调整的依据。

菅直人内阁在2010年的"压轴戏"无疑就是12月17日问世的新《防卫计划大纲》。这份大纲是日本战后的第四份《防卫计划大纲》，也是民主党执政期间唯一的一份有关日本防卫力量建设的指南。那么，它究竟向国际社会传递了一些什么样的信息呢？

第一，在评估日本周边安全形势时露骨地渲染所谓的"中国威胁"论

在包括新《防卫计划大纲》在内的4份大纲中，有关日本周边安全形势的评估历来占有重要的份量。其中对中国的防范意识逐渐上升，而以这次出台的新《防卫计划大纲》最甚。例如，在1976年发表的第一份大纲中，也许是中日实现邦交正常化不久的缘故，叙述日本周边安全形势时并没有特别提到中国；1995年的第二份大纲开始提及日本周边存在着不透明和不安定的因素，虽未点名却隐隐看得出有某种暗示；2004年的大纲明确提出鉴于中国海空军、核和导弹力量等的发展和活动，"有必要对中国的动向予以关注"。2010年的新《防卫计划大纲》则极力渲染东北地区的紧张局势，进一步将矛头指向中国，称"中国的国防经费持续增加，核和导弹力量及以海空军为中心的军事力量正在大范围和迅速地实现现代化。除增强远距离投送兵力的能力外，在周边海域的活动也有扩大化、频繁化的趋势，再加上中国在军事和安

全保障领域的透明度不高,已成为地区和国际社会的担忧事项。"[1] 至此,中国显然已成为日本潜在的"主要威胁"甚或某种意义上的"假想敌"[2]。

第二,用"动态防卫力量"的概念取代沿袭多年的"基础防卫力量构想"

"基础防卫力量构想"是在1976年第一份《防卫计划大纲》中首次提出来的。它强调日本应保持一支小规模、高质量的防卫力量以应对"有限的、小规模的侵略事态"。1995年和2004年的两份《防卫计划大纲》仍坚持这一提法。但2010年的新《防卫计划大纲》明确否定了沿袭30多年的这一提法,断言"基础防卫力量构想"已经不适用了。仅仅保持防卫力量的存在是不够的,应该打造以动态遏制来应对"多种事态"的动态防卫力量。这种动态的防卫力量必须具备应急性、机动性、灵活性、持续性和多目的性,依照军事技术水平的动向,以高度的技术能力和情报能力为支撑。而且,从平时起就要加强包括情报搜集、警戒监视、侦察活动的适时、适度的运用,显示日本的国家意志和高度的防卫能力。显然,动态防卫力量的构想是在佐藤茂雄领衔的"防卫问题恳谈会"报告中有关"动态遏制力"概念的基础上形成的。它被写进《防卫计划大纲》,标志着日本防卫战略的重大转向,也就是用更积极、更具进取性和外向性的战略方针来取代比较被动、守成和内向的战略方针[3]。

第三,在防卫部署上突出岛屿防卫和西南诸岛的重点。

2010年的新《防卫计划大纲》在强调要在有效威慑及应对针对日本周边海空领域的入侵、针对岛屿的入侵、游击队和特种部队的攻击、弹道导弹的攻击外,加上了"应对网络攻击"这一新的威胁事项。但最

---

[1] (日)《平成23年度以后防卫计划大纲》,2010年12月17日,转引自《防卫白皮书2011年版》,行政出版社,2011年8月版,第447页。

[2] 吴怀中:"日本新《防卫计划大纲》评析",载《日本发展报告(2011)》,社会科学文献出版社,2011年4月版,第83页。

[3] 杨伯江:"日本民主党安全战略",载《日本发展报告(2011)》,社会科学文献出版社,2011年4月版,第59页。

第七章 "新国防族"主导下的安全政策调整

引人注目的是它第一次提出了日本防卫部署重点的转移。长期以来，日本自卫队在兵力部署上一直强调在全国均衡配置相对侧重北海道。2004年的《防卫计划大纲》虽然强调"岛屿防卫"与"周边海空领域的警戒"，但并没有采取实际步骤。但这一次就不同了。作为2010年新《防卫计划大纲》附件而发表的《中期防卫力量整备计划》中，多次提及的部署重点就是从鹿儿岛到冲绳的西南诸岛及其海域。其中，明确要求陆上自卫队在未来5年改编5个师团和1个旅团，总兵力约减少1000名，主战坦克由600辆缩减为400辆，但须组建部署在日本西南地区岛屿上的、负责对海监视的部队，组建一旦发生不测事态便能迅速出动、予以应对的作战部队；海上自卫队的"宙斯盾"级护卫舰由4艘增加到8艘，潜艇从16艘增加到22艘，还要配备能迅速将部队投送到西南诸岛的、能搭载直升飞机的两栖登陆舰；航空自卫队要在西南诸岛部署移动式警戒雷达，编织没有空隙的警戒监视网络，要在西南地区派驻E-2C早期预警机，部署在冲绳那霸基地的航空自卫队战斗机数量翻番，等等[①]。如此露骨地采取针对中国的防范措施，在日本战后防卫史上还是第一次。

《防卫计划大纲》由防卫省官僚执笔，但基本贯彻了以菅直人为首的民主党领导层的意图。在大纲拟定过程中，菅直人内阁的官房长官仙谷由人、外务大臣前原诚司、防卫大臣北泽俊美和财务大臣野田佳彦频繁磋商，发挥着核心作用，而由中川正春担任会长、长岛昭久任事务局长的民主党外交安全保障调查会更在2010年11月29日公布了对新版《防卫计划大纲》的建议。其问题意识与8月份出笼的"防卫问题恳谈会"报告如出一辙。其中特别强调的是：1. 应彻底抛弃"基础防卫力量"构想，充实动态的遏制力；2. 将西南诸岛列为防卫重点，增强海空自卫队的警戒监视能力和岛屿的防御能力；3. 自卫队官兵实行年轻化；4. 对"武器出口三原则"进行重新审视，除规定的禁止出口国以

---

① （日）《中期防卫力量整备计划（平成23年度至平成27年度）》，2010年12月17日，转引自《防卫白皮书2011年版》，行政出版社，2011年8月版，第452、453页。

外，允许日本与其他国家进行共同开发和生产；5. 修改自卫队参加联合国维和活动（PKO）的五项原则；6. 创建以国会议员为主体的"国家安全保障室"，强化官邸的指挥功能，等等①。营直人担心，由于社民党激烈反对对"武器出口三原则"作大幅度调整，为避免政权运营出现障碍，最终没有将调查会的这一主张写进大纲。但即便如此，民主党"新国防族"主导和催生新《防卫计划大纲》的事实是谁也否认不了的。

2010年新《防卫计划大纲》问世后，在日本国内外引起强烈震撼。《读卖新闻》、《产经新闻》等保守系的媒体大声喝彩。以往批评民主党政权的评论家也称赞这份大纲让人"耳目一新"，具有划时代的意义②。《朝日新闻》等媒体则对大纲流露出强烈的对华挑衅色彩感到担忧，认为它有可能播下导致混乱的"火种"。而日本的亚洲邻国则普遍怀疑，日本是不是要重走战争的老路。中国外交部发言人姜瑜答记者问时就日本出台新《防卫计划大纲》表示，中国坚持走和平发展道路，奉行防御性国防政策，我们无意也不对任何人构成威胁。事实是，改革开放以来中国的发展，给包括日本在内的世界各国带来了共同繁荣的巨大机遇。这在国际社会是有目共睹的，自有公论。个别国家无权以国际社会的代表自居，不负责任地对中国的发展说三道四③。

新《防卫计划大纲》是日本"鹰"派势力整军经武的一次新尝试。它表明日本已经不再拘泥"专守防卫"方针，而财政拮据不会成为它寻求建立海空军事威慑的障碍。日本的和平宪法像一层"窗户纸"那样被捅破可能只是时间早晚的问题了。

---

① （日）"防卫大纲 民主党调查会批准建议"，《每日新闻》，2010年11月29日，见《每日新闻》网站：http：//www.mainichi.jp/select/seiji/news/20101130k0000m010104000.html.

② （日）细谷雄一："民主党政策安全保障政策的停滞与前进"，见http：//www.nippon.com/ja/carrents/d00039.

③ "外交部就日本出台新防卫计划大纲答记者问"，新华社，2010年12月17日。

第三节 日本在军事安全领域酝酿新突破

民主党执政先后诞生了三位首相，他们在安全领域采取的政策使人们很难想象是出自同一个政党的。鸠山由纪夫上任后，拒绝延长海上自卫队在印度洋为多国部队提供燃油的活动，试图与美国拉开距离，表现出与自民党政权截然不同的反战姿态。但是，从菅直人开始，民主党政权的安全政策逐渐与自民党趋同，2010年的新《防卫计划大纲》甚至比自民党时代制定的三份大纲走得还要远。到了野田佳彦时代，民主党内的"新国防族"掌控了最高权力，在安全保障领域虽然没有推出什么公约、宣言之类的文件，但日本在一些重要的军事安全领域迈出的步伐让所有关心地区和平与稳定的人们感到吃惊。

一、呼之欲出的美日韩三国军事同盟

从2010年起，美日韩同盟骤然成为亚太地区的一个热门议题。这主要是源于朝鲜半岛的两场危机以及中日间围绕钓鱼岛撞船事件而引起的激烈冲撞。

2010年3月26日，韩国海军的一艘警戒舰"天安"号在韩国西部海域值勤时突然爆炸沉没，舰上104名官兵仅58人生还。5月20日，韩国发表有关事件原因的调查，断定"天安"号是遭到朝鲜潜水艇发射的鱼雷攻击而沉没的。这起事件使朝鲜南北双方的关系急剧恶化。半年后的11月23日，朝韩双方又发生交火事件，朝鲜火炮击中有韩国军事设施的延坪岛，造成韩方较大伤亡。这起事件进一步加剧了朝鲜半岛的紧张局势。

在朝鲜半岛的这两场危机间，日本海上保安厅的巡视船9月7日拦截在钓鱼岛海域正常作业的中国渔船而发生相撞事件，日方扣押了中方船长并扬言要按照日本的国内法进行审讯。这起事件导致两国严重对

立，酿成了一场危机。最终，日本不得不释放中方船长。但事件造成的恶劣影响却一直延续了下来。

美国很早就有将它在东亚地区的两大盟国日本和韩国撮合在一起、构筑亚洲版"小北约"的意图。2006年3月，美国太平洋司令部司令威廉·法伦在参议院军事委员会作证时曾建议，美国应突破现行的与日本、韩国分别建立双边同盟关系的体制，推动建立美日韩三边军事合作架构。但是，由于日韩之间的历史问题、民族矛盾以及现实岛屿主权争端，美日韩三边军事合作始终处于非常低的水平。

2010年，东亚地区先后发生的"天安"号沉船事件、钓鱼岛撞船事件和延坪岛炮击事件，为美国筹谋已久的美日韩三国同盟提供了绝好的机会。美国此番牵线搭桥，得到了韩国的李明博政权和日本的菅直人内阁积极响应，美日韩三国军事同盟的话题骤然热了起来。

首先，美日韩三国举行共同军事演习

这是美国最起劲推动的，也是比较容易见成效的。但迄今为止还只限于日本、韩国分别参加对方国家与美国的联合军演。例如，2010年7月25日至28日，在美韩两国联合举行的、名为"不屈的意志"军事演习中，4名日本海上自卫队军官受邀全程观摩。这是日本军官首次作为观察员参加美韩联合军演。同年12月3日至10日，日美两国在日本周边海域和空域展开迄今为止最大规模的联合军演，美军核动力航母"乔治·华盛顿"号也加入进来。韩国则首次派遣观察员登舰观摩。不仅如此，在10月13日至14日由韩国牵头的、于釜山附近海域举行的2010年度多国"防扩散联合演习"中，日本海上自卫队出动了驱逐舰和P3C反潜巡逻机参演，创造了日本在朝鲜半岛附近海域进行军演的先例。上述三个"第一次"的突破，标志着美日韩三边军事关系的加强，特别是美日韩三边关系最弱的韩日军事关系也得到了一定程度的推进，双方已突破以往的禁忌，开启了军事安全领域合作的大门。

其次，美日韩三国的沟通机制渐臻完善

与美日、美韩间已臻机制化、高效化的沟通机制相比，日韩间的沟通最差，而美日韩三边的沟通机制从"零"起步，渐臻完善。比较正常

第七章 "新国防族"主导下的安全政策调整

运行的是有关朝核问题六方会谈中的美日韩三方协调机制。这是诞生于1999 年的美日韩"三边协调与监督小组"(Trilateral Coordination and Oversight Group,简称 TCOG)。TCOG 起初是为应对朝韩中美四方会谈而问世的。2004 年 6 月,鉴于四方会谈将由日本、俄罗斯也参加的六方会谈取代,美日韩三国便抢在即将在北京举行六方会谈第一次会议之前,在华盛顿分别举行了双边和三边会谈以协调彼此间的立场。但由于三国对朝政策不尽相同,TCOG 在 2005 年以后一度陷于停顿,一直到 2006 年 10 月朝鲜进行了第一次核试验,三方磋商再度恢复,其对朝政策立场也渐趋一致。TCOG 目前已成为美日韩三国间重要的沟通平台。2009 年 5 月,在新加坡举行了第 8 次亚洲安全保障会议("香格里拉会议")。其间,美国国防部长盖茨、日本防卫大臣滨田靖一与韩国国防部长李相熹就朝核问题进行了三边磋商。这是历史上美日韩防卫首脑首次聚会。2010 年 6 月"香格里拉会议"期间举行了第二次会谈。2012 年,美日韩防长会晤再次启动。

第三,缔结有关物品、劳役和情报互换协定。

美日、美韩间早就缔结了《相互提供劳役和物品的协定》和《军事情报保护协定》。日韩间从 2010 年起开始磋商缔结这两项协定。一旦正式生效,等于美日韩三国间形成松散的军事同盟。双方已经就大致框架达成协议,唯独缺乏"临门一脚"。

美国一向热衷于撮合美日韩三国军事同盟。奥巴马上任后,美国决定逐步从中东和阿富汗脱身,在亚太地区推进战略再平衡。这一战略的关键就是要强化美国在亚洲的同盟体系。如果能将日本和韩国拉在一起,自然是最符合美国意愿的。2010 年 12 月 8 日至 9 日,美国参谋长联席会议主席马伦带着高级别的军事代表团马不停蹄地访问了韩国和日本。马伦在访问韩日期间,再三表示要将美日韩三边防卫合作提升至战略水平,并希望日本能参加美韩联合军事演习。美国国防部长盖茨也是美日韩三边同盟的积极鼓吹者之一。在他 2011 年 1 月 9 日至 14 日的东亚之行期间,先后与日韩两国防长会晤,强调对国际社会采取挑衅态度的朝鲜是一个危险的存在,美日韩三国在对付这样的"流氓国家"上有着"共同的利益",需要进一步加强同盟关系①。

日本一向唯美国马首是瞻,在美日韩三边同盟问题上也是如此。在民主党执政后期,菅直人和野田佳彦这两位首相顺从美国意愿,卖力地推进美日韩三边同盟。

在菅直人主政时期出台的2010年《防卫计划大纲》中特意强调,日本要与"同为美国的盟国、与日本拥有共同的价值观和安全保障领域共同利益的韩国、澳大利亚等加强双边的以及包括美国在内的多边合作"②。这段话就暗含着日本要与美国一起推动美日韩三边军事同盟的意思。事实上,日本在"天安"号沉船事件、延坪岛炮击事件后都在第一时间表态支持韩国,意在争取韩国的好感。就在盖茨游说日韩两国组成亚洲版"小北约"的那次东亚之行期间,日本防卫大臣北泽俊美奉菅直人之命,赴首尔与其韩国同行进行磋商。据说,此行目的就是要敲定日韩间的《相互提供劳役和物品的协定》以及《军事情报保护协定》的框架③。

不过,由于日本历史上曾经在朝鲜半岛实行殖民统治,韩国民众对日本的反感一直难以消除。日韩两国要想提高军演层次、推进同盟进程,面临着一些现实的巨大障碍。2010年12月25日,菅直人在国会回答质询时表示,日本政府正在考虑在朝鲜半岛出现紧急事态时派遣自卫队前往韩国,营救在韩的日本侨民。这番言论在韩国引起强烈反弹。韩国媒体抨击日本想趁朝鲜半岛紧张之际"浑水摸鱼",韩国官员则批评菅直人"发言太有失谨慎"④。2011年7月,韩国国防部长官金宽镇在《中央日报》与现代经济研究院联合举办的"东北亚未来论坛"上,

---

① (美)"盖茨的'美日韩同盟'构想",美国《新闻周刊》,2011年1月14日,http://www.newsweekjapan.jp/stories/world/2011/01/post—1913.php。
② (日)《平成23年度以后防卫计划大纲》,2010年12月17日,转引自《防卫白皮书2011年版》,行政出版社,2011年8月版,第448页。
③ (美)"盖茨的'美日韩同盟'构想",美国《新闻周刊》,2011年1月14日,http://www.newsweekjapan.jp/stories/world/2011/01/post—1913.php。
④ 仲伟东:"韩国强烈回应菅直人出兵论",《环球时报》,2010年12月15日。

针对有关构筑韩美日同盟的主张,直言不讳地指出,韩国"根本不考虑建立这样的同盟"。① 2012年6月29日,就在日韩两国预订签署《军事情报保护协定》的当天,韩国外交通商部紧急宣布推迟原定于当天下午举行的签字仪式。这不能不给美日韩三边同盟的前景笼罩上一层浓重的阴影。

二、实质性松动"武器出口三原则"

野田佳彦继任首相后,在安全领域所作的最大动作之一,就是实质性地松动了日本沿袭30多年的"武器出口三原则"。

与强调不保持陆海空军和否认国家交战权的宪法第九条一样,"武器出口三原则"也是日本向国际社会表明决不做军事大国的一种承诺。1967年4月21日,正值美苏冷战巅峰期,当时的佐藤内阁在国会答辩时首次提出"武器出口三原则",内容是禁止向共产主义阵营国家、联合国决议列入武器禁运清单的国家以及国际冲突当事国或有冲突风险的国家出口武器。1976年2月21日,三木武夫首相又作了新的限制:即不仅对上述三类地区继续实施武器禁运,即使是三类地区以外的也要按照宪法以及《外汇与外国贸易管理法》的有关规定慎重处理武器以及武器制造设备的出口问题。这实际上意味着日本全面关闭了武器出口的大门。

日本国内一直存在着要求放宽甚至取消"武器出口三原则"的势力。首先,是来自防卫产业的压力。1990年的统计表明,在防卫厅登记的、从事武器及其他军需物资生产的所谓"防卫产业"共有1377家,包括航天、航空、船舶、化工、机械和电子工业等各类企业②。考虑到日本盛行的转承包制度,实际上与防卫生产有关的企业远远不止这一数

---

① (韩)"韩国国防部长官说'不考虑韩美日同盟'",韩国《中央日报》,2011年7月21日。
② (日)《防卫产业数据介绍》,朝云出版社,1992年版,转引自木原正雄所著《日本的军事产业》,新日本出版社,1994年版,第21页。

字。比较权威的估计认为,在防卫产业就业的约有15万至20万人,其规模与汽车行业不相上下[①]。"武器出口三原则"对日本的防卫产业来说无疑是套在孙悟空头上的"紧箍咒"。由于无法对外出口,加上每年的订货有限,致使武器生产成本极其昂贵。近年来,由于日本的财政拮据,防卫预算一再缩减,防卫产业更有难以为继之虞。所以,日本的防卫产业特别是它们所加盟的经团联等财界团体一再呼吁尽早松动"武器出口三原则"的限制。其次,日本朝野两大阵营的"国防族"、"新国防族"的影响也不可低估。在"国防族"、"新国防族"的政治家看来,日本能不能对外出口武器,特别是能不能向美国出口至关重要的武器技术,不仅关系到防卫产业的存活,更关系到日美同盟能不能延续的问题。

事实上,在民主党执政前,自民党历届内阁已经在一点点地肢解"武器出口三原则",不断为防卫产业"松绑"。1983年1月,中曾根内阁以官房长官发表讲话的形式宣布,根据日美两国有关防卫领域开展技术交流的协议,日本向美国提供武器技术不属于违反"武器出口三原则"。1996年4月,日美两国签署了《相互提供物资和劳务的协定》(ACSA协定),其中规定,日本可以作为"武器出口三原则"的特例向美国提供武器零件。2004年小泉内阁宣布,日本与美国合作开发导弹拦截系统不属于"武器出口三原则"范围。2006年6月和2008年12月,日本又以配合反恐和打击海盗为由,向印度尼西亚和也门提供了配备机关炮的装甲防护武装巡视船。

不过,上述松动都是针对特定的范围,而日本防卫产业和"国防族"议员梦寐以求的是全面放宽"武器出口三原则"。2010年8月,麻生内阁任内出台的"防卫问题恳谈会报告"("胜俣报告")认为,"武器出口三原则"对日本的防卫产业过于苛刻。日本如果不参加国际共同研究生产机制,有被淘汰的风险。报告呼吁,要防止"武器出口三原则"成为制约日美防卫合作的"瓶颈","要在严格管理的条件下,将共同研究、开发、生产武器装备的对象限于拥有自由、民主主义等共同价值观

---

① (日)《朝日新闻》,1994年8月19日。

第七章 "新国防族"主导下的安全政策调整

的国家，以不违反和平国家的理念为底线。""只要是在确保严格管理的前提下，都不属于'武器出口三原则'的限制范围内。"①

"胜俣报告"问世没有几天，麻生内阁就倒台了。鸠山由纪夫领衔的民主党新内阁虽然没有全盘接受"胜俣报告"，但其中有关松动"武器出口三原则"的呼吁却多少在鸠山内阁得到一些响应。如前所述，鸠山由纪夫在2010年2月成立了由京阪电铁的CEO佐藤茂雄牵头的、民主党版的"防卫问题恳谈会"。同年8月，该恳谈会发表了最终报告（"佐藤报告"），其中明确指出："无视国际形势的变化，认为仅仅日本一个国家禁止武器出口就能对世界和平有所贡献，是一厢情愿，也是落后时代的。"报告强调，考虑到防卫产业对日本安全保障的重要性，有必要对"武器出口三原则"进行重大调整，允许日本与美国等进行共同开发与生产。同时，为了促进在非传统安全领域的国际合作，"应改变每年为个别案件设置例外的做法，将（禁止出口原则）变为原则上可以出口。"② 这是"佐藤报告"在"武器出口三原则"上的一大突破。

不过，由于民主党内依然存在着强大的和平主义力量，"武器出口三原则"暂时还被视为是"禁区"。例如，时任防卫大臣的北泽俊美在2010年1月12日出席日本防卫装备工业会举办的新年酒会时，首次就"松绑""武器出口三原则"问题表态，表示将在年底出台的《防卫计划大纲》中对"武器出口三原则"进行修改③，可向美国出口按照许可证在日本生产的美国武器装备的零件，也可向发展中国家出口武器。党内"鸽"派议员以及与民主党联合执政的社民党立即表示强烈反对，鸠山由纪夫不得不予以纠正④。由于同样的原因，菅直人没有采纳民主党

---

① （日）"防卫问题恳谈会报告"，2009年8月，见首相官邸网站：http://www.kantei.go.jp/jp/singi/ampobouei2/200908houkoku.pdf，第49页。

② （日）《有关新时代安全保障和防卫力量的未来构想——走向创造和平的国家》，2010年8月27日，见首相官邸网站：http://www.kantei.go.jp/kakugikettei/h22-dex。

③ （日）"对武器出口三原则的调整 防卫大臣持积极态度"，《读卖新闻》，2010年1月12日。

④ （日）"首相表示'坚持武器出口三原则'批评防卫大臣发言"，《读卖新闻》，2010年1月13日。

"新国防族"议员的意见,在 2010 年 12 月问世的《新防卫计划大纲》中按照"佐藤报告"的精神对"武器出口三原则"作大幅度的修改。

但是,在野田佳彦出任首相后,在"武器出口三原则"问题上的政治风向发生了根本的变化。

首先,野田的政治盟友、民主党政调会长、民主党"新国防族"领袖之一的前原诚司在 2011 年 9 月 8 日在美国战略与国际问题研究中心(CSIS)发表演讲。就上一年 12 月的新《防卫计划大纲》没有对"武器出口三原则"进行修正表示"遗憾",强调日本将不仅与美国,还准备与其他国家对武器装备进行跨国共同研究和生产[①]。前原诚司在大洋彼岸的这番表态,立即得到代表防卫产业利益的经团联会长米仓弘昌的热烈响应。他称赞前原在美国作出的这一承诺具有"划时代的意义",予以高度评价。

紧接着前原,野田佳彦以首相身份表明态度了。野田上任才一个月就暗示,他将放宽"武器出口三原则"的限制,并将在 11 月预定在夏威夷举行的日美首脑会谈中向美国总统奥巴马做出说明。但也许是阁僚中还有反对的声音,野田在夏威夷的日美首脑会谈中并未涉及这一敏感问题。到了 12 月 27 日,野田觉得时机成熟了,于是就召集内阁会议,就全面放宽"武器出口三原则"限制问题作出决定,并以官房长官谈话的形式,正式对外宣布。新的评估标准是:1. 有助于对和平和国际合作作出贡献;2. 日本与同自身在安全保障领域有共同利益的国家合作研制、生产武器[②]。

野田内阁再三强调,它将严格管理武器出口,避免出现违背上述规定的情况。但是,"武器出口三原则"毕竟是 44 年来历届自民党内阁都不敢越雷池一步的"禁区",野田内阁的这一举措自然引起了日本国内外的极大关注。《读卖新闻》称赞说,放宽"武器出口三原则"是在野

[①] (日)河口健太郎:"前原表示日本将在 PKO 行动中'放宽使用武器规则保护别国军队'",《朝日新闻》,2011 年 9 月 8 日。

[②] (日)"内阁正式决定放宽武器出口三原则,允许国际共同开发",《朝日新闻》,2011 年 12 月 28 日。

第七章 "新国防族"主导下的安全政策调整

田首相强烈的意愿下实现的,目的是"为了深化日美同盟","日本通过与以美国为首的、包括澳大利亚和北约在内的盟国加强武器装备的合作,将扩大日本的国际贡献。"[1] 与此同时,也有很多媒体和评论家予以严厉谴责。《朝日新闻》发表社论,批评野田内阁放宽"武器出口三原则""过于轻率",是"不可容忍的","(武器出口)三原则表明日本贯彻专守防卫方针,不威胁他国,是战后日本推行受严格控制的防卫政策的主要支柱。首相在做决定的时候有没有想过日本作为和平国家的对外形象的意义和重要性呢?"[2] 著名政治评论家森田实更是抨击野田内阁是"最糟糕的政权","民主党应该为'民主'的名字哭泣"。"野田政权事实上放弃了'武器出口三原则',这是历代内阁都没有做到的。这太恶劣了!这是否定和平宪法的,也是放弃我国的和平主义,是绝对不能容忍的粗暴行径!"[3]

野田内阁决定大幅度放宽"武器出口三原则"后,英国、法国及澳大利亚等国纷纷向日本提出进行武器装备共同研制、开发和生产的要求。日本拥有的高技术和自卫队武器装备市场的潜力使它骤然成为各国军火工业巨头眼里的"香饽饽"。

2012年4月10日,野田佳彦与访日的英国首相卡梅伦在官邸举行会晤,就两国共同开发武器装备和相互转移技术问题达成协议。据透露,英方提出的开发清单中包括新一代战斗机、榴弹炮、枪械、舰艇发动机和防化学武器防护服等。《每日新闻》如此报道说:"迄今为止,日本作为'武器出口三原则'的例外,一直与美国进行有关导弹防御技术的共同开发。日本还是第一次和美国以外的国家进行共同开发。选择英国的理由除了英国对日本的高技术期盼甚殷外,也有弥补日本在去年年底确定下一代主力战斗机时选择了美国的F-35而没有采纳英国为主

---

[1] (日)"武器出口三原则的转折点",《读卖新闻》,2011年12月28日。

[2] (日)社论:"不要放宽武器出口三原则",《朝日新闻》,2011年12月25日。

[3] (日)森田实:"打倒追随美国、军事优先的野田内阁",2011年12月30日,见森田实网站:http://moritasouken.com/sC0519.HTM。

的欧洲阵风式战斗机的考虑。"① 据悉，日本防卫省已派员前往英国进行考察和事务性的磋商。双方倾向于先进行化学战防护服的共同开发和生产。

野田内阁事实上废弃了日本沿袭了 44 年的"武器出口三原则"。这就像"多米诺骨牌"一样，第一块牌倒下了，以后便一发不可收拾了。

三、强化海洋和太空领域的战略态势

民主党执政的 3 年里，尤其是在"新国防族"取得安全政策主导权的菅直人内阁、野田佳彦内阁，日本在军事安全领域调整的幅度之大、速度之快是自民党时期所无法比拟的。除前面介绍过的日本防卫战略的大转向以及实质性松动"武器出口三原则"外，日本强化海洋和太空领域的战略态势也是颇为引人注目的。

1. 民主党政权强势推行"海洋战略"

民主党"新国防族"领军人物前原诚司是日本著名国际政治学者高坂正尧的弟子，而高坂早在 20 世纪 60 年代就提出了"海洋国家日本的构想"，将广阔的海洋视为日本的新边疆。

民主党执政后，前原诚司出任外务大臣的呼声甚高，但最后他被任命为国土交通大臣。在旁人看来这显然是小泽一郎有意排除前原对外交、安保政策影响的做法，但前原却欣然就任新职，将这一职务视为推行"海洋战略"的绝佳平台。这是因为在日本各省厅中，与海洋关系最密切的就是国土交通省，其辖下的海上保安厅更是日本守护其"蓝色领土"的准军事力量或者说是"第二海上自卫队"。果然，在前原掌管国土交通省以后，日本大大加快了"离岛立法"的进程，即以 2007 年 4 月问世的《海洋基本法》为"母法"，通过规定一系列实施细则的手段强化对离岛及其领海和专属经济区的司法管辖。前原任国土交通大臣期间，先后通过的"离岛立法"有《促进保全及利用专属经济区及大陆

---

① （日）横田爱、朝日弘新："三原则放宽后首选英国进行武器共同开发"，《每日新闻》，2012 年 4 月 4 日。

第七章 "新国防族"主导下的安全政策调整

架、保全低潮线及建设据点设施的法律》(2010年2月9日)、内阁有关《促进保全及利用专属经济区及大陆架、保全低潮线及建设据点设施等法律实施令》(2010年6月24日)和内阁有关《促进保全及利用专属经济区及大陆架、保全低潮线及建设据点设施基本规划》(2010年7月13日)。

就在日本政府公布上述《基本规划》一个月后,在前原诚司主导下,日本海上保安厅的巡视船在钓鱼岛海域抓扣了中国渔船船长,并扬言按日本国内法进行审讯。这是日本为实施其离岛法制,取缔"违法行为",蓄意制造日本对钓鱼岛实行司法管辖案例的挑衅行动[①]。这次事件使中日关系骤然恶化起来。

无独有偶,前原诚司的政治盟友、时任首相的野田佳彦在两年后更一手挑起了中日间围绕钓鱼岛归属的严重争端。2012年7月7日,野田佳彦在"七·七卢沟桥事变"75周年这一敏感日子,公布了对钓鱼岛及其附属岛屿实施所谓"国有化"的方针;两个月后的9月10日,他竟然不顾中方的一再规劝和警告,通过内阁决议对钓鱼岛及其附属岛屿实施所谓的"国有化",由此导致了中日两国邦交40年来最激烈最深刻的一场对立。更有甚者,野田在国会接受质询时表示,如果有外国船只非法入侵钓鱼岛周边海域,政府将会考虑在必要时出动自卫队来应对[②]。9月12日,野田再次宣称,在对钓鱼岛实施"国有化"后,将"举全国之力强化对岛屿及其周边海域的警备"。这些讲话不仅是对中国政府和人民的露骨威胁,也是违背了日本宪法有关不得动用武力及武力威胁解决国际争端的规定。

日本在新一轮"海洋圈地"运动中如此咄咄逼人,无非是仗着有美国的撑腰,也仗着它有一支在亚洲堪称第一流的海上强力队伍。在加大对海上自卫队和海上保安厅的资源投入方面,民主党政权与自民党政权

[①] 李秀石:"日本'离岛'立法对中日关系的影响及挑战",《日本学刊》,2011年第4期。
[②] "日首相野田佳彦:若钓鱼岛遇袭将考虑动用自卫队",凤凰卫视网站,2012年7月27日。

相比可以说是毫不逊色，某些方面还有所发展。主要表现在：

第一，推动海上自卫队舰艇的现代化、大型化和远洋化。

由于受政府财政拮据的影响，日本的防卫费用自 2003 年度以来持续走低。但从主要装备的构成来看，与陆上自卫队主战坦克、火炮的数量逐年下降形成鲜明对比的是，海上自卫队舰艇的现代化、大型化和远洋化却十分引人瞩目。2009 年 8 月，也就是在自民党麻生政权即将谢幕之际，日本防卫省公布了建造两艘标准排水量 1.95 万吨的直升机驱逐舰（22DDH）的计划。22DDH 搭载的直升飞机可达 14 架，不仅远远超过"榛名"、"白根"级直升机驱逐舰的搭载量（3 架），也让刚刚编入现役的"日向"级直升机驱逐舰（16DDH）和"伊势"级直升机驱逐舰（18DDH）各 11 架的搭载量大为逊色。其作战半径也大大扩大。这不仅意味着它在执行反潜作战任务时的覆盖范围大大超过现有的各类直升机驱逐舰，还有条件承担对陆攻击和对岸垂直兵力投送的两栖作战任务，可以作为自卫队舰队中的主力舰。日本防卫省差不多是在众议院选举结果揭晓的第二天公布其 2010 年度预算概要的。观察家们曾经怀疑，一贯主张削减政府开支的民主党新政权可能会砍掉这一耗资巨大的造舰计划。但让人始料未及的是新政权居然一路开绿灯，让日本的"国防族"如释重负。不仅如此，在菅直人内阁期间出台的 2010 年新《防卫计划大纲》及配套的《中期防卫力量整备计划》中，还决定将海上自卫队拥有的"宙斯盾"级驱逐舰由 4 艘增加到 8 艘，潜水艇由 16 艘增加到 22 艘。堪称海上自卫队历史上规模最大的一次军备扩张。值得注意的是，野田佳彦内阁在对钓鱼岛实施"国有化"后给海上保安厅紧急拨款，在 2015 年前建造 5 艘千吨级的新式巡视船以应对中国的挑战。

第二，扩大日美联合军演的规模，凸显其指向性。

日本作为美国的盟国，每年都要与美国进行各类军事演习。但近年来，日本海上自卫队和美国海军的联合军演呈现出规模扩大、时间拉长和指向性越来越明显的特点。2010 年 12 月 3 日至 10 日，日美两国在包括冲绳东部海域在内的日本周边海域和空域展开了为期 8 天的"利剑"军演。这是日美两国自 1986 年开始这一系列军演以来的第 10 次，也是规模最大的一次,总兵力达 4.5 万人,出动各类舰艇 400 余艘,其中包括美国第七舰队的核动力航母"乔治·华盛顿"号。演习期间,还专门增加了夺取离岛的项目。鉴于这次演习是在钓鱼岛撞船风波后不久,显而易见是冲着中国来的。

2. 为军事目的开发宇宙空间

在新世纪日本军事战略中,太空开发是受到重点关注的领域之一。自然,它也是民主党"新国防族"议员特别青睐的领域之一。

野田佳彦出任首相后,日本媒体普遍认为他比包括他的两位前任在内的历届首相更重视宇宙开发事业。可以说,日本历史上还从未见过如此热衷太空开发的首相。

2011 年 9 月,野田佳彦刚出任首相,就下令由内阁府组织临时班底,负责准天顶卫星系统的运行。随即又提出要在内阁府中设置"宇宙战略室",将迄今为止分散在文部科学省、经济产业省等各省厅的有关航天事业的决策权集中起来。翌年 7 月 12 日,在完成相关法律手续后,内阁府"宇宙战略室"正式问世,并成为统一协调、指挥日本太空计划的"司令部"。

如同 20 世纪 60 年代的日本首相池田勇人在海外积极推销日本电子产品被调侃为"半导体首相"一般,野田佳彦也不遗余力地到处兜售日本的人造卫星技术。2011 年 10 月 31 日,日本宣布将向越南提供 500 亿日元的政府开发援助(ODA),帮助越南发展人造卫星。其中第一颗卫星在日本制造,在鹿儿岛的种子岛宇宙中心发射。翌年 3 月 7 日,野田在与泰国首相英拉会晤时,又建议泰国引进日本研制的、名为 ASNARO 的地球观察卫星。据说,野田还向蒙古兜售这一卫星技术。

不过,野田真正的目的还是要推进日本太空计划的军事化。2012 年 1 月 13 日,野田佳彦亲任本部长的"宇宙开发战略总部"决定修改《宇宙航空研究开发机构(JAXA)设置法》,建议删除其中"仅限于和平目的"的条款,增加了可用于防卫的内容。据日本媒体透露,日本准备开发的太空项目包括旨在提高导弹防御精度的侦察卫星、预警卫星乃至攻击卫星用的导弹(Anti-Statelite,简称 ASAT),等等。6 月 25 日,参众两院一致通过了上述法律。这一举措表明日本终于摆脱了

1969年参议院有关宇宙开发只能用于"非军事目的"的限制,是日本航天政策转向的标志。

在菅直人内阁任内出台的2010年新《防卫计划大纲》及附表《中期防卫力量整备计划》明确规定,日本将在全国各地部署由海基"标准3型"反弹道导弹和陆基"爱国者3型"反弹道导弹构成的导弹防御网。此前,日本已经在2009年将"爱国者3型"导弹与自卫队新型的远距离探测雷达EPS—5对接。这标志着日本的导弹防御计划在实战部署上迈出了一大步。

在野田佳彦内阁任内,日本于2012年4月和12月,先后两次以朝鲜发射卫星为由,不仅在日本海部署了配备"标准3型"导弹的"宙斯盾"级驱逐舰,还将"爱国者3型"导弹由东京千里迢迢地运到冲绳的那霸,并由防卫大臣下达所谓的"摧毁措施令",就实际不可能坠落日本的朝鲜火箭残骸大大地"秀"了一把,其目的就是要让日本民众习惯这类的兵力调遣,营造准备打仗的氛围。

民主党执政以来,日本在军事安全领域突出的进展并不限于海洋和太空领域。还有一些比较重大的举措。例如,借口"打击海盗"在非洲之角的吉布提设置军事基地。这一占地约12公顷的基地于2010年7月正式启用。建有司令部、兵营和机库等设施,常驻2架P3C空中巡逻机。媒体透露,这一基地是按照10年以上长期使用的标准建造的,总费用达47亿日元。作为日本自卫队在海外的第一个长设据点,吉布提基地的设置具有划时代的意义。

再譬如,日本政府在2011年12月20日正式决定引进美制F35隐形战斗机作为下一代主力战斗机。原本列入选择范围的还有欧洲制造的阵风战斗机、美国的F18/A战斗机等。选择F35的最大理由是它的隐形性能好。据共同社报道,日本防卫省选定F—35很大程度上是为了对抗俄罗斯、中国正在研制的第五代战斗机。

第八章

民主党向"对美一边倒"路线的挑战与回归

战后,日本历届内阁一直重视日美关系,将日美同盟视为日本外交的基轴。民主党在执政的3年里始终将如何处理日美关系作为其外交政策的"重头戏"是不难理解的。然而,民主党的三任首相在处理包括日美关系在内的外交问题上走了一段"之"字形的曲折道路。鸠山由纪夫上任后,曾试图拉开与美国的距离,密切与亚洲各国的关系。而在菅直人、野田佳彦掌控最高权力后,却逐步向自民党时期的"对美一边倒"路线回归。其变化幅度之大在战后日本外交史上实属罕见。民主党执政后在重要的外交政策上的摇摆,一定程度上损害了日本的国际形象,也使人们对它的执政能力产生严重的怀疑。

第一节 鸠山由纪夫挑战日本传统的外交路线

民主党在野期间,对自民党的内外政策一向持严厉批评的态度。其中自然包括自民党在外交上的"对美一边倒"路线。进入21世纪后,美国在2001年和2003年接连发动阿富汗战争和伊拉克战争。时任首相的小泉纯一郎坚定地站在美国一边,导致日本国内的舆论出现了"赞成"派与"反对"派的尖锐对立。民主党为凸显与执政的自民党的区别,争取更多的中间群众,提出了要与美国建立"紧密而对等"的关系的主张,并将它写进了竞选公约。

2009年9月,鸠山由纪夫成为民主党掌控政权后的第一位首相。他上任伊始便开始将"紧密而对等"的日美关系这一竞选口号付诸实施。

一、鸠山由纪夫试图建立"对等"的日美关系

民主党从2003年起,每次国政选举前都会发表竞选公约(Manifesto)。除2003年外,几乎每次选举前发表的"Manifesto"都写上了要建立"对等的日美关系"。例如,2004年"Manifesto"中的提法是"自立和对等的日美关系",2005年"Manifesto"采用的提法是"信赖和对等的伙伴关系",2007年"Manifesto"则是"基于相互信赖基础上的、牢固而对等的日美关系"[①]。2009年7月,在民主党针对即将到来的众议院选举而发表的竞选公约"Manifesto2009"中专门有一节的题目就是"构筑紧密而对等的日美关系"。其中提到,"日美同盟关系是日本外交的基础,为构筑紧密而对等的日美同盟关系,必须确立主体的外交战略,与美国分担责任,积极发挥日本的作用。……"[②]

鸠山由纪夫是日本政坛为数不多的几位主张与美国保持距离的政治家之一。他有关追求"对等的"日美关系的政治理念,很大程度上是源于其祖父鸠山一郎。

鸠山家族是日本有名的政治世家。鸠山一郎由于在二战期间对东条

[①] (日)浅野一弘:"菅直人首相考虑的日美关系",载《民主党政权下的日本政治》,同文馆,2011年4月版,第10页。

[②] (日)民主党:"民主党 政权政策 Manifesto",2009年7月27日,见民主党网站:http://www.dpj.or.jp/global/downloads/manifesto2009.txt。

第八章 民主党向"对美一边倒"路线的挑战与回归

英机内阁的战争政策持批评态度,长期遭到冷遇。战后,鸠山一郎组建了自由党,并在 1946 年 4 月战后首次众议院选举中使自由党成为获得议席最多的第一大党。但是,就在担任总裁的鸠山一郎准备领衔组阁时,盟军最高司令官总司令部(General Headguarters,简称 GHQ)突然宣布解除了鸠山一郎的公职。原因是战后鸠山一郎曾投书《朝日新闻》批评美国向日本投掷原子弹是重大的战争犯罪,美国必须为日本战后复兴承担责任以向日本人民赎罪。鸠山一郎被解除公职后,吉田茂成为自由党党魁并出任首相。鸠山一郎恢复政治地位后,创建了民主党并在 1954 年 12 月 10 日领衔组阁,这才夺回了他 8 年前失之交臂的首相位置。鸠山一郎出任首相后,不顾美国的反对,于 1956 年 10 月与苏联实现了邦交正常化。他本来还准备与中国实现邦交正常化,由于日本右翼势力的阻扰,最终未能如愿。但追求对等的日美关系,由此成了鸠山家族血液中的一部分[①]。

鸠山由纪夫踏上从政道路后一直将他祖父倡导的"友爱"哲学奉为圭臬。他对日美关系的立场也有别于一般的政治家。鸠山最有名的主张之一就是"不需要美国驻军的日美安保"。2009 年 8 月,鸠山由纪夫在《Voice》月刊上发表了《我的政治哲学》一文。其中强调日美同盟过去、现在、将来都是日本外交的基轴。但是,"日本不能忘记自己作为亚洲国家的主体性"。美国《纽约时报》网络版摘要发表了这篇文章。有几段文字让人们读来感觉很出挑。鸠山如此写道:"在后冷战时期,日本受美国所主导的市场原教旨主义不断冲击。这种奉资本为圭臬的原教旨主义,我们通常将其称为全球化。在这里,人由'目的'异化为'手段',人之为人的尊严荡然无存。""《日美安保条约》将仍然是日本对外政策的基石。但与此同时,我们必须记住日本作为亚洲国家的身份。我相信,日益迸发活力的东亚必须被视为日本的立身之本。因此,我们必须继续努力在这一区域建立合作框架,借以实现稳定的经济合作

---

① 陈言:"鸠山家族族谱中无侵华军人 欲追求日美对等关系",《瞭望东方周刊》,2009 年 8 月 31 日。

和区域安全。"①

鸠山由纪夫的政治盟友、时任民主党干事长的小泽一郎对美国的态度也比较严厉。这可能与他的恩师和保护者田中角荣的境遇有关。小泽一郎从政后一直在田中角荣麾下效力。由于他的年龄和田中早年谢世的儿子相仿，田中一直将小泽视若己出，关怀备至。这是小泽之所以在自民党内少年得志、平步青云的原因。由于田中出任首相后实行"全方位外交"，不仅抢在美国之前与中国实现了邦交正常化，还有意全面改善与发展同苏联的关系，美国最终使出"杀手锏"，用"洛克希德飞机公司贿赂案"将田中拉下了马，还让他被捕入狱，问罪判刑。据说，在田中每次出庭受审时，小泽总是端坐在旁听席。从田中涉案到去世的近20年里，小泽不仅感受到日本政坛的世态炎凉，也对美国无孔不入地控制日本了然于心。

小泽在日美关系上最脍炙人口的一句话就是"美国在远东的存在只要有第七舰队就够了"。2006年9月，小泽在竞选连任民主党代表时发表了题为《我的理念·我的基本政策》的政策主张，其中强调："日美两国要确立相互信赖关系，构筑对等的、真正的日美同盟"②。2009年2月16日，小泽在会见美国国务卿希拉里·克林顿时进一步发挥了这一思想。小泽一郎一度还曾提出"日美中等距离外交"，主张建立日美中"等边三角形"关系。毋庸置疑，这也是针对日本与美国走得太近的现状，试图稍稍拉开与美国的距离。

2009年10月26日，鸠山在就任首相后首次发表施政演说。有关新政府的外交政策是如此阐述的："日本是位于亚太地区的一个海洋国家。自古以来，在与外国的交流与贸易中，培育发展了多彩的日本文化。最重要的是不能将围绕日本的海洋变成'纷争的海洋'，而应该让它持续地成为友好与团结的'收获的海洋'。这不仅符合日本的利益，

---

① （日）鸠山由纪夫："日本的新道路"，《纽约时报》网络版，2009年8月27日。

② （日）小泽一郎："我的基本政策——建立公正社会和共生国家"，2006年9月11日，见http://www.dpj.or.jp/news/files/060912rinen（2）.pdf，第7页。

第八章 民主党向"对美一边倒"路线的挑战与回归

也符合亚太地区乃至全世界的利益。而其基础就是紧密而对等的日美同盟。这里所说的'对等的关系'是指日本方面也能就日美两国的同盟关系为世界的和平与安全发挥什么样的作用以及具体的行动方针积极地提出建议,与美国开展合作。"①

鸠山政权问世后,在处理日美关系时确实有一些不同于自民党历届内阁的、被认为是向美国"叫板"的行动。例如,他上任伊始,恰逢联合国气候变化峰会、有关核裁军的安理会成员国峰会在纽约举行。9月22日,鸠山抵达纽约后第一个会见的外国元首不是东道主美国总统奥巴马,而是中国国家主席胡锦涛。此外,鸠山冒犯美国的举措还有以下几项:

1. 停止在印度洋为美国军舰提供燃油。民主党执政后,正值《反恐活动特别措施法》期限届满,鸠山内阁拒绝延长这一法案,致使2010年1月16日,海上自卫队的舰艇在完成对巴基斯坦海军的供油任务后起航回国。这项从美国发动阿富汗战争后持续8年之久的供油活动终于画上了句号。在这8年里,日本海上自卫队总共派出26批、67艘次的舰艇到远离日本本土1万多公里的印度洋,为美国、英国等多国部队的舰艇提供燃油939次,累计达51万千公升燃油。尽管海上自卫队提供的燃油只占美国特混舰队消费量的10%,但由于是无偿提供的,等于间接地补贴美国的军费。而且,拥有相控阵雷达、可超视距监视海空目标的海上自卫队宙斯盾级护卫舰也是美军最忠实可靠的"哨兵"。美国总统布什在2007年会见安倍首相时专门向日本表示感谢,而美国国会也曾专门通过决议感谢日本在反恐战争中给予美国的帮助。日本突然终止它在印度洋的供油活动,这自然是美国所不希望见到的。

2. 彻查日美核密约问题。有关日美间在引进核武器和归还冲绳时是否私下达成密约的问题就一直是历届自民党内阁讳莫如深的秘密。随着日本前外交官员的"爆料"和美国政府外交档案的解密,日美密约问

---

① (日)鸠山由纪夫:"在第173届临时国会上的施政演说",2009年10月26日,见首相官邸网站:http://www.kantei.go.jp/jp/hatoyama/statement/200910/26syosin.html。

· 233 ·

题逐渐浮出水面①。2009年9月17日,鸠山内阁问世的第二天,外务大臣冈田克也便责成外务省事务次官薮中三十二彻查有关日本政府默认美国载核舰船进入日本港口的密约问题。同年11月,又成立了以日本前驻联合国副代表、东京大学教授北冈伸一牵头的第三方委员会同步进行调查。2010年3月9日,北冈委员会发表长达108页的调查报告,第一次承认日美间的确存在着三份密约,分别涉及到美军载核舰船进入日本港口、朝鲜半岛"有事"时驻日美军可自由出兵朝鲜半岛以及美国归还冲绳时由日政府承担美军撤退相关费用等问题。冈田外相在当天举行的记者会上表示:"(日本政府)长期不向国会和国民予以公开,令人遗憾。"② 核密约的存在对日本一直标榜的"非核三原则"无疑是极大的讽刺。北冈报告的问世也为蒙冤入狱的《每日新闻》记者西山太吉等人洗清了罪名③。

3. 用欧盟模式建立"东亚共同体"。鸠山由纪夫出任首相后首次在国际上亮相,是9月24日在64届联大发表演讲。在这篇演说中,鸠山将建立"东亚共同体"列为日本面临的五大挑战之一,声称日本将本着"友爱精神"在东方和西方间、发达国家和发展中国家以及各种文明间充当世界的"桥梁"。紧接着,鸠山在10月9日北京举行的第二次中日韩首脑会谈上明确表示:"中日韩三国是('东亚共同体'构想的)核心。首先要从强化三国的经济合作开始。"④ 也正是在这次首脑会议上,鸠山对日本过去一直态度消极的启动中日韩三国FTA协定问题表示了积极的态度。在中日韩峰会前夕,与鸠山一起与会的外相冈田克也在记者招待会上被问到是否吸收美国参加东亚经济合作的问题,他明确地说

---

① 京都产业大学教授若泉敬当年曾作为日本首相佐藤荣作的密使与美方进行谈判,他在逝世前不久出版的回忆录里首次披露了日美间存在核密约的问题。
② (日)"冈田外相 政府见解修正",《每日新闻》,2010年3月10日。
③ 1972年5月,社会党议员在国会质询时揭露美国在归还冲绳时承诺的400万美元基地补偿费实际上是根据日美间的密约由日本政府支付的。当时的佐藤内阁矢口否认,并动用司法手段将提供这一信息的《每日新闻》记者西山太吉以及与他有密切关系的外务省女职员分别以教唆罪和泄露国家机密罪予以逮捕和判刑。
④ (日)"东亚共同体是长期目标 日中韩峰会就经济合作问题达成一致",《日本经济新闻》,2009年10月10日。

第八章 民主党向"对美一边倒"路线的挑战与回归

"不",让国际社会颇感意外①。

二、鸠山对美外交在普天间基地问题上"搁浅"

鸠山由纪夫内阁成立后,美国最感头疼的是日美在普天间基地转移问题上出现龃龉。这可以说是迄今为止对日美关系最严峻的一次挑战。

普天间基地问题是美国海军陆战队在日本冲绳最重要的基地之一。冲绳县位于日本列岛南端,在第二次世界大战以后一直由美国占领,直到 1972 年 5 月才将行政管辖权归还给日本。目前,在日美军基地的 75％集中在冲绳本岛,大小数十个基地合计占到冲绳本岛总面积的 10％。其中,普天间机场是美国海军陆战队第 36 航空群的基地,它位于宜野湾市中央,周围都是民居,飞机起降时的噪音以及频频发生的坠机事件使居民不堪其扰,强烈要求美国从这一基地撤走。1996 年 4 月,日美双方达成协议,美国承诺在替代设施完成后 5 至 7 年内将这一基地归还给日本。2006 年 5 月,日美间达成协议,决定将普天间基地搬迁到冲绳名护市边野古施瓦布营地附近海滨新建的基地。可是,新建基地遭到当地民众的反对,搬迁一事被迫搁浅。

民主党为争取冲绳选民的支持,一贯主张在冲绳县以外甚至日本以外兴建普天间基地替代设施。2004 年 9 月,民主党发表了题为《有关普天间美军基地归还及在日美军基地的思考》的报告,主张立即关闭普天间基地,并制定有关归还的行动计划。一年后,在第 44 届众议院选举前发表的竞选公约里,民主党第一次主张将美国海军陆战队基地的功能分散到冲绳以外的地方。在 2009 年 8 月的第 45 届众议院选举前,民主党两任代表小泽一郎、鸠山由纪夫都信誓旦旦地表示,不能再给冲绳居民增添新的负担。鸠山由纪夫还专程在 7 月 19 日赴冲绳演讲,主张至少要将普天间基地转移到冲绳县外。这一态度得到了当地居民的热烈

---

① (日)"冈田外相说'东亚共同体'并不包括美国",时事通信社,2009 年 10 月 7 日,见时事社通信网站:http://www.jiji.com/jc/c?g=pol30& 开 0091007 00666。

拥护，并导致 2009 年众议院选举时自民党候选人在冲绳"全军覆没"。

　　2006 年 5 月，日美间曾达成协议，决定将普天间基地搬迁到冲绳县中部名护市海滨新建的机场。有鉴于此，美方对鸠山新政权试图"另起炉灶"十分恼火。10 月 20 日，美国国防部长盖茨访日时，力促日本在奥巴马访日前作出是否同意在名护市兴建普天间替代设施的决定。他警告日方说，如果日本执意要让普天间基地搬离冲绳，美国将停止实施将海军陆战队转移关岛的计划。"日美同盟将出现难以弥补的裂痕"。尽管如此，鸠山政权还是不愿意改变在普天间基地转移问题上对冲绳县民的承诺。这一态度让美国感到很不愉快。在 11 月 13 日至 14 日奥巴马的首次日本之行中，双方未能就普天间基地问题达成任何协议，奥巴马只得空手而归。

　　凡此种种，表明民主党领导人在改变对美国惟命是从的追随外交问题上是动了真格的。美国习惯了稍稍施加压力，日本当权者就后退的交涉模式，对民主党新政权如此不给面子十分恼火。美国一向视日美同盟为其亚洲政策的支柱。尤其是在奥巴马上任后高调"重返亚洲"之际，自然不能容忍日本任何一届政府向它闹独立。于是，美国便立即还以颜色，狠狠敲打鸠山内阁。

　　美国媒体将民主党新政权试图将日美有关普天间基地的协议推倒重来称为"鸠山冲击"，表现出强烈的拒绝态度。美国国防部长盖茨访日时拒绝了日本防卫大臣提出的共进晚餐的邀请，甚至拒绝自卫队仪仗队的欢迎仪式，以此对东道主施加压力。丰田汽车公司在全球销售的汽车发现存在质量问题而被迫召回后，美国政府要求丰田汽车公司董事长丰田章男出席听证会，并扬言要课以巨额罚款。日本媒体怀疑，美国此举有报复日本的意图。更有甚者，美国总统奥巴马在 2010 年 4 月华盛顿举行的核安全峰会期间，先后与中、印、德等 9 国领导人举行正式会晤，唯独"遗漏"了日本首相。这在日美关系史上是颇为罕见的。在鸠山由纪夫任内，日美关系渐趋降温。用日本媒体的话来说，从 2009 年秋到 2010 年上半年，日美关系处于"漂流期"。

三、鸠山对美外交在内外压力下被迫改弦更张

日美双方在普天间基地问题上陷入僵局后,从在野党的自民党,到学术界、传媒界的所谓舆论领袖,不约而同地指责鸠山在普天间基地问题上的摇摆是失信于美国的严重外交失败。

前首相中曾根康弘直截了当地批评中日美"等边三角形"关系论,称日美是同盟关系,日中是睦邻友好关系,三者的关系只是"等腰三角形"。"日美同盟是'世界的财产',应该更多地强调日美关系的'世界性'。"[①] 日本著名国际政治学者、曾任福田康夫外交智囊的五百头旗真强调"可靠的日美同盟"是日本"最大的资产"[②];评论家田久保忠卫更危言耸听地称日本在对华关系方面正在导致自身的"芬兰化",称"日本重视同中国的友好这点无可厚非,但削弱日美同盟,动摇防御日本的美军冲绳基地,……不得不让人怀疑最高领导人的能力。"[③] 尽管日本有识之士中不乏支持鸠山外交新政的人,但他们的声音与巨大的反对声浪相比实在太微弱了。民主党长期在野,"草根"色彩较浓,熟悉外交、安保问题的政治家本来就不多。在日本精英层几乎一致批评"疏美近华"路线的舆论氛围下,民主党领导层逐渐乱了阵脚。

首先,鸠山由纪夫和他的执政团队在普天间基地搬迁问题上的分歧日渐凸显。鸠山由纪夫虽贵为首相,但他提出的"至少要转移到县外"的主张似乎并没有为阁僚们所认可。防卫大臣北泽俊美和外务大臣冈田克也都认为鸠山的主张不切实际。北泽俊美坚持执行2006年5月自民党时期的日美协议,选择在名护市边野古施瓦布营地附近填海造地兴建替代设施,让驻扎在普天间基地的美国海军陆战队搬过去;而冈田克也

[①] (日)中曾根康弘:"要强调日美同盟的'世界性'",《日本经济新闻》,2009年12月28日。

[②] (日)五百头旗真:"唯有日美同盟才是外交的基轴",《日本经济新闻》,2010年1月6日。

[③] (日)田久保忠卫:"要确立一个加强应对突发事态的同盟关系",《产经新闻》,2010年5月19日。

则主张将普天间基地归并到嘉手纳基地。但冈田主张不仅遭到当地居民的反对，美国也不同意。因为普天间基地是属于美国海军陆战队的，而嘉手纳基地却是美国空军的"金銮宝地"，绝对不容许其他兵种染指。鸠山的"大管家"，内阁官房长官平野博文举行记者招待会，提出了他的建议：与其搬基地还不如迁居民，将普天间基地附近的居民迁到远处就可以一劳永逸地解决噪音扰民、坠机伤人的问题①。

其次，日本除冲绳外的46个都道府县没有一家愿意接纳来自普天间基地的美国海军陆战队。鸠山一度考虑将替代普天间基地的新机场放在鹿儿岛县的德之岛。德之岛是奄美群岛中的一个面积为227平方公里的离岛，居民约3万人。2006年5月，日美双方在物色可替代普天间基地的地点时，德之岛曾被列入候选地之一。2010年3月，鸠山找到德之岛出身的原众议员德田虎雄，希望他能说服当地政府接受基地的搬迁。但德田游说未果：当地政府断然拒绝，岛上居民更是频繁举行抗议集会。最大的一次集会有15000人参加，超过居民半数。鸠山内阁只得知难而退，断了这一念想。

最让人匪夷所思的是，外务省、防卫省的官僚居然私下怂恿美方拒绝向鸠山内阁让步。如前所述，时任外务省事务次官的数中三十二、防卫省防卫政策局长高见泽将林都曾秘密地向美国大使鲁斯等建议，美国不要轻易接受鸠山政权有关将普天间基地转移到冲绳县以外的主张。日本派驻联合国的三名参赞甚至对鲁斯大使如此进言："美国政府在普天间问题上不应该向民主党政权过分妥协，如果美国有意在已经达成协议的问题上让步的话，有可能造成误解。"② 日本一直以其实行的议会民主主义自诩，其高级官僚这种给内阁拆台的行为不能不说是极为出格的。

美国在普天间基地问题的立场日趋强硬，迫使鸠山由纪夫收回成

---

① （日）"普天间基地 官房长官主张美军优先 搬基地不如迁居民"，《赤旗报》，2009年12月10日。
② （日）"对民主党不信任的官僚要求美国'不要过分让步'"，《朝日新闻》，2011年5月4日。

命。2010年5月4日,鸠山首相上任后首次访问冲绳,在与仲井真弘多知事会晤时透露普天间基地将在冲绳县内寻找合适的搬迁地点。这与他在10个月前将普天间基地搬出冲绳的承诺相比,堪称180度的大转变。在会见记者时,鸠山承认自己对美国驻冲绳的海军陆战队是美国在亚洲的威慑力重要组成部分的认识"太肤浅"①。5月23日,鸠山再次访问冲绳,通告仲井真弘多知事,称日本政府已决定维持前自民党政权与美方达成的将普天间基地搬迁到名护市边野古地区的协议。仲井真弘多对鸠山内阁的决定表示极大的遗憾。5月28日,日美两国政府发表了有关普天间基地转移问题的联合声明,明确将普天间基地转移到冲绳县名护市施瓦布营地及毗邻的水域。同一天,内阁会议正式通过了这一方针。社民党党首福岛瑞穗拒绝在阁僚同意书上签字,被免去大臣职务。5月30日,社民党宣布退出与民主党、国民新党的执政联盟。3天后,鸠山由纪夫宣布辞去民主党代表和首相的职务。

鸠山由纪夫与美国围绕普天间基地的博弈以惨败告终。不过,鸠山在辞职讲话中说了一句意味深长的话:"我们必须追求由日本人自己来创造和平的那一天。我不认为继续依赖美国是好事。"美国一位评论家别具慧眼地指出:"鸠山政权虽然失败,但他短暂任期的意义或许比我们大多数人所认为的要深刻得多。几十年以后,我们可能会认为鸠山造成了日本历史上一个不可避免的转折点:循序渐进却目标坚定地重塑日美关系,同时将外交政策的重点放在亚洲新兴国家身上。"②

第二节 菅直人回归自民党时期的"对美一边倒"路线

菅直人作为民主党"三驾马车"的核心成员之一,在普天间基地问

---

① (日)"首相说,我的认识太肤浅",《日本经济新闻》,2010年5月5日。
② (美)比尔·鲍威尔:"鸠山做首相很失败,但他带领日本走上了新道路",《时代》周刊网站,2010年6月3日。

题上原本与鸠山、小泽持同样见解。他在担任鸠山内阁副首相兼财务大臣期间,亲眼目睹与他共同创建民主党的鸠山由纪夫被来自美国的强大压力弄得走投无路,身心疲惫。俗话说,"前车之辙,后车之鉴"。菅直人一旦掌控了最高权力,自然要尽力避免重犯其前任在日美关系上的错误。而且,菅直人在日美间围绕普天间基地持续较劲时一直保持低调和沉默。这也为他在鸠山辞职后在寻求日美关系转圜时提供了一定的空间。

一、菅直人上任后日美关系得到明显改善

菅直人继任首相的第二天就主动致电奥巴马,明确宣布他将切实履行日美双方在5月28日就普天间基地搬迁问题上达成的协议。他原本要出席6月12日在上海举行的世博会日本国家馆日庆典,为避免美国无端猜疑,临时决定由刚卸任首相的鸠山由纪夫作为首相特使出席。6月11日,菅直人在国会发表上任后的首次施政演说,在提及日美关系时显得格外谨慎。他说:"日美同盟不仅是为了保卫日本,它也是支撑亚太地区稳定与繁荣的国际公共财产,日本今后要扎扎实实地深化与美国的同盟关系。"他特意强调,新内阁将遵循2010年5月28日美有关普天间基地搬迁问题的协议。这显然是要让美国吃"定心丸"。当然,他在演说中也没有忘记补充一句,新内阁将尽力减轻冲绳的负担[1]。

菅直人的这一表态得到美国的赞赏。美国媒体称菅直人内阁的问世是日美关系中一个"积极的迹象"。美国亚洲问题专家迈克尔·格林称,日美关系从此"将进入令人满意的自动驾驶模式"[2]。6月27日,奥巴马在加拿大举行的8国峰会、20国峰会结束后特意安排了与菅直人的正式会晤。这与之前奥巴马拒绝与鸠山由纪夫会谈形成鲜明对比。用

---

[1] (日)菅直人:"在第174届例行国会上的施政演说",2010年6月11日,见首相官邸网站:http://www.kantei.go.jp/jp/kan/statement/201006/11syosin.html.
[2] (美)迈克尔·格林:"菅直人可以修复美日联盟关系",《华尔街日报》,2010年6月14日。

第八章 民主党向"对美一边倒"路线的挑战与回归

《日本经济新闻》社论的话来说,这次会谈标志着日美两国已站到了修复双边关系的"起跑线上"。8月29日,日本政府正式提出有关在名护市边野古海湾兴建新机场的报告。唯一与自民党时期略显不同的是,这份报告中将美国坚持的填海修"V"形跑道的方案和日方新提出的有关修建"I"字形跑道的方案一起提了出来。显然是在为自己从竞选公约的立场大幅度后退寻找借口。9月14日,菅直人在民主党代表选举中击败了竞争对手小泽一郎,继续担任民主党党首和日本首相。美国副国务卿斯坦伯格迅即对菅直人再次当选表示祝贺。

菅直人不仅在普天间基地转移问题上表现出对美国的忠诚,在其他一些问题上也尽量与美国保持一致。例如,对鸠山由纪夫热心推进、而美国深怀戒心的"东亚共同体"构想,菅直人只是在施政演说中蜻蜓点水般地带了一句,并无实际行动,倒是对美国主导的 TPP 构想在第一时间就表明了支持和考虑加入的态度;菅直人还不惜牺牲日本与伊朗的传统友好关系,牺牲日本的经济利益,宣布对伊朗实行单方面制裁,与美国保持步调一致;在朝核问题上,菅直人也一反民主党在野时坚持的对话路线,积极配合美国的对朝鲜强硬政策,除派遣海上自卫队军官观摩美韩在日本海举行的大规模军事演习外,还派遣舰艇参加韩国主导的、旨在防止大规模杀伤性武器扩散的 PSI 演习。

以菅直人为首的民主党新执政团队加快向美国靠拢的步伐,甚至不惜以恶化中日关系为代价让美国彻底消除对"中日接近"的担忧,美国自然是欢迎的。可以说,在菅直人任内,日美关系逐渐走出了鸠山时期摩擦、对立不断的阴影。美国自然投桃报李,在两大关键事件上给了菅直人内阁充分的支持。

第一,在中日钓鱼岛撞船风波中力挺日本。2010年9月7日,日本海上保安厅在钓鱼岛海域以所谓侵入日本领海和冲撞日方巡视船为由无理扣押中国正常作业的"闽晋渔5179"号渔船。在中方再三抗议下,日方虽然先后释放了 14 名船员和船只,却强行拘押船长 10 天,后又延长 10 天,并扬言按照日本的国内法进行审判。这是在自民党时期也不曾有过的严重挑衅事件,导致中日关系骤然紧张起来。中方被迫推迟两国有关东海油气资源开发的谈判,中止省部级以上干部访日,……。而恰恰是在中日关系出现严重倒退时，美国政要露骨地推行偏袒和支持日本的立场。美国国防部长盖茨、参谋长联席会议主席马伦先后举行记者招待会，宣称美国支持日本，将充分尽到盟国的责任。9月23日，菅直人赴纽约出席联合国大会期间，与奥巴马进行了他上任以来的第二次会谈。奥巴马虽没有对钓鱼岛撞船风波直接表态，但国务卿希拉里·克林顿、参谋长联席会议主席马伦等美国政要在主张中日应通过对话解决分歧的同时，异口同声地宣称日美安保条约适用于钓鱼岛，一旦钓鱼岛遭到攻击，美国将会"非常坚决地支持我国在该地区的盟友日本"。这意味着美国对民主党政权已从单纯施压转为全面撑腰。

第二，在"3·11"特大震灾后援助日本。2011年3月11日，日本东北地区发生了里氏9级的特大地震，造成极大的生命财产损失。尤其是福岛核电站在遭到海啸袭击后发生严重的核泄漏事故，其等级是与前苏联切尔诺贝利核电站事故相同的"7"级。这场被菅直人首相定位为"战后最严重的危机"对日美同盟也是一次不同寻常的考验。震灾发生后，美国总统奥巴马立即发表声明，在对日本国民表示慰问的同时，宣布美国将尽最大努力对盟国日本的救援活动予以支持。从地震翌日起，驻扎在日本的美国陆海空军和海军陆战队展开了名为"朋友作战"的救援活动。据美国国防部发表的数据，截至3月27日，陆续投入震灾区的美军官兵达1.8万人，出动了包括"罗纳德·里根"号航空母舰在内的舰艇19艘、飞机140架，总共向灾区运送饮用水和食品8000余吨、各类救灾物资650吨。此外，美国还向日本自卫队的直升飞机提供燃油，帮助运送自卫队的官兵前往灾区参加救援活动，等等。这是战后日美两国间最大规模的一次非战争军事行动。

2011年6月21日，"日美安全保障协商委员会"即日美"2+2"会谈在华盛顿举行。美国国务卿希拉里·克林顿、国防部长盖茨与日本外相松本刚明、防卫大臣北泽俊美与会。双方在会谈后发表了联合声明。声明首先肯定了日美两国在应对"3·11"特大震灾中的协作，称这些合作使两国加深了对日美同盟的信心，更加深了两国在过去50年间建立的友谊。声明强调："日美同盟对日本和美国的安全保障以及21世纪亚太地区的和平、稳定与经济继续繁荣是必不可少的。"两国与会者对2005年、2007年两次"2+2"会谈时提出的日美同盟共同战略目标进行了重新审视和调整，列出了24项目标。其中包括"敦促中国在地区稳定与繁荣方面发挥负责任的、建设性的作用，在解决全球议题时与国际社会合作并遵守国际规范"，"欢迎台海两岸在改善相互关系方面取得的进展，敦促双方通过对话解决两岸问题"等露骨干涉中国内政的内容。至于其他的目标如确保海上通道的畅通、维护网络安全、实现稀土资源来源多样化以及外层空间和网络的利用等等都可以说有针对中国的一面[1]。

二、"新国防族"根本改变了民主党的对美政策

菅直人早年投身市民运动，是日本政坛一位"草根"色彩较浓的政治家。他与"三驾马车"的另两位成员鸠山由纪夫和小泽一郎在对美关系上立场比较接近。那么，菅直人缘何会在出任首相后表现得如此亲美呢？除了前面所说美国打压鸠山由纪夫的"杀鸡儆猴"效应外，很大程度上是他起用并依赖以前原诚司为首的民主党内"新国防族"集团。

以前原诚司为首的、主要由"少壮"派议员组成的"新国防族"议员与鸠山、小泽等"元老"派议员不仅在安全保障问题上尖锐对立，在对美外交上的观点也大相径庭。正因为如此，在民主党执政初期，以鸠山、小泽为首的领导层对"新国防族"采取了一定程度的"隔离"方针，不让他们染指外交和安全保障领域的决策。出任外务大臣呼声最高的前原诚司只是给安排国土交通大臣的位置。外务大臣由行事稳健的冈田克也担任，防卫大臣则安排北泽俊美担任。小泽一度还坚决"封杀"前原派的枝野幸男入阁。

但是，"新国防族"对鸠山、小泽推行的"疏美入亚"政策是持强烈保留态度的。例如，"凌云会"大将、民主党内屈指可数的安全保障

---

[1] （日）"日美安全保障协商委员会联合声明"，2011年6月21日，见防卫省·自卫队网站：http://www.mod.go.jp/j/approach/anpo/201106_2plus2/js1_j.html。

问题专家长岛昭久就警告说,"对等的日美关系"只是一种理想而已,首先是要构筑"紧密的日美关系"。他批评民主党"Manifesto2009"有关日美关系的表述会引起美国的不安,增加美国对日本的不信任感[①]。

随着鸠山由纪夫和小泽一郎相继离开权力中枢,继任民主党代表和首相的菅直人在人事问题上推行"脱小泽化"方针,将鸠山、小泽当政时长期坐"冷板凳"的前原诚司及其追随者——委以重任。例如,菅直人在9月中旬改组内阁时,任命前原诚司接替冈田克也担任外相,遂了"新国防族"的心愿,而前原的政治盟友野田佳彦则早在菅直人内阁甫告问世时就被"扶正"为财务大臣。素有内阁"管家"之称的官房长官一职则先后由仙谷由人和枝野幸男担任,而这两人都是前原担任会长的"凌云会"的骨干。

"新国防族"掌控外交大权后迅速改变了民主党执政初期的对美政策。前原诚司出任外相还不到一星期,可谓席不暇暖,便与菅直人一起飞赴美国,出席在纽约举行的联合国第65届大会等相关会议。9月23日,前原与美国国务卿希拉里·克林顿举行了他上任后的首次日美外长会谈。前原信誓旦旦地向希拉里·克林顿保证:"从当前东亚的局势来看,日美同盟是亚太地区的公共财产,有必要通过战略对话深化日美同盟,进一步强化两国的合作关系。"在普天间基地转移问题上,日本政府将坚持不懈地争取冲绳县的理解[②]。在前原出任外相的头4个月里,日美外长会谈总共举行了4次,其频繁程度超过了自民党时期的任何一届内阁。2011年1月6日,前原诚司在华盛顿的美国战略与国际问题研究中心(CSIS)发表题为"开拓亚太地区的新地平线"的演讲。这是他时隔6年再次走上这家美国顶级智库的讲坛。前一次是作为在野的民主党代表,这一次则是现职的外务大臣。前原透露说,自己的恩师、京都大学教授高坂正尧临终前给他的遗言之一就是"不管有多大的困难

---

① (日)长岛昭久:"鸠山政权的外交和安全保障政策",载森本敏编《漂流的日美同盟——民主党政权下的日美关系》,海龙社,2010年版,第28页。

② (日)外务省:"日美外长会谈概要",2010年9月23日,见外务省网站:http://www.mofa.go.jp/mofaj/area/usa/visit/1009_gk.html。

第八章 民主党向"对美一边倒"路线的挑战与回归

都要处理好与美国的关系"。他从1993年当选国会议员后每年都坚持访美,与美国的政要交换意见。前原强调:"日美同盟确确实实是日本外交的基轴,构筑日美间的信赖关系,是为国家掌舵的日本政治家最要紧的事项。日美间尽管存在着各种具体的乃至全球规模的问题,但两国间的信赖关系是克服这些挑战最大的动力。"①

民主党的对美政策在"新国防族"主导下逐步回归到了自民党执政时期的"对美一边倒"路线。由于菅直人在处置"3·11"特大震灾过程中优柔寡断,失误频频,引起了在野党甚至民主党内非主流势力的强烈不满。为避免在野党提出的、针对菅直人内阁的不信任案在民主党内持异议者的附和下获得通过,菅直人不得不在2011年6月2日宣布,在对"3·11"特大震灾的处理告一段落后辞职。在随后的日子里,他实际上已成为"跛脚"首相。8月26日,菅直人正式宣布辞职,结束了他历时1年又两个月的首相任期。

三、美国重返亚洲战略与日本扮演的角色

日美关系之所以能迅速走出民主党执政后一度出现的"漂流"状态,不完全是民主党领导层改弦更张、刻意逢迎的结果。说到底,它也符合美国战略重返亚洲的需求,是日美双方互相借重、互相利用的结果。

在新世纪的头10年里,美国在遭受"9·11"恐怖袭击后将国际范围内的反恐斗争置于战略首位,先后发动了阿富汗战争和伊拉克战争。反恐主题可以说覆盖了小布什8年总统任期的绝大部分时间。结果,美国在这两场局部战争中消耗了巨额军费,伤亡惨重却收获甚微,国际范围内恐怖主义袭击有增无减,而伊斯兰世界的反美情绪也与日俱增。在此期间,国际格局发生了深刻变化。其一是中国、印度等亚洲新兴经济大国群体性崛起,尤其是中国一跃成为世界第二大经济体,在国际事务中的影响日益扩大;其二是以东盟和中日韩三国的"10加3"为标志,

---

① (日)前原诚司:"开拓亚太地区的新地平线",2011年1月6日,见外务省网站:http://www.mofa.go.jp/mofaj/press/enzetsu/23/emhr_0106.html。

东亚的区域经济一体化取得喜人进展，2005 年启动的东亚峰会机制覆盖了亚洲地区的主要国家。这种状况引起了美国政界、军界和学术界的深刻反思。从小布什政府后期开始，美国国内就已经出现要求从反恐战争中脱身，将战略重点转移到美国传统安全中心西太平洋地区的呼声[①]。

2009 年 1 月，奥巴马出任美国总统后决定把战略重心转移到亚太。第一个向外界传递这一信号的是担任国务卿的希拉里·克林顿。她上任伊始便打破传统，将东南亚作为首访对象。2009 年 7 月下旬，希拉里出席了在泰国普吉岛举行的东盟外长扩大会议。这是美国首次在东盟系列会议上露面。让人们颇感惊讶的是希拉里在 7 月 21 日抵达曼谷机场后当着记者的面高调宣称，"美国回来了！"翌日，希拉里还代表美国签署了《东南亚友好合作条约》。此举表明奥巴马政府决心改变其前任布什忽视亚洲的政策，将致力于扩大美国在这一地区的影响力。

两年后，希拉里在提前出版的《外交政策》2011 年 11 月号上发表了题为《美国的太平洋世纪》的论文。其中强调："随着伊拉克战争接近尾声以及美国开始从阿富汗撤军，美国现在处于一个转折点。……今后 10 年美国外交方略最重要的使命之一是大幅增加对亚太地区外交、经济、战略和其他方面的投入。"[②] 无独有偶，奥巴马总统在同年 11 月夏威夷召开的 APEC 峰会上也多次强调，"美国过去、现在和将来都是太平洋地区的重要一员"，"美国绝不会离开这一地区"。

许多迹象表明，美国战略重返亚洲的主要意图之一是制约中国的影响力。它主要由三大支柱构成：一是加强美国在亚洲的同盟体系，如日美同盟、美韩同盟、美菲同盟和美澳新同盟，并尽力将这些双边军事同盟整合为多边同盟网络，强化美国主导的亚太安全秩序；二是利用"跨太平洋伙伴关系协定"（TPP），确立美国对亚太经济秩序的主导地位；三是利用岛屿与海洋权益之争，挑拨中国与周边国家的关系，遏制中国

[①] 郑永年："中国的亚洲安全困境及其选择"，新加坡《联合早报》，2010 年 12 月 28 日。

[②] （美）希拉里·克林顿："美国的太平洋世纪"，《外交政策》，2011 年 11 月号，转引自《中国新闻周刊》，2011 年 10 月 16 日。

第八章 民主党向"对美一边倒"路线的挑战与回归

拓展海上实力的空间。其具体表现是:

1. 利用东亚地区的突发事件,强化美韩、日美军事同盟。2010年堪称亚太地区的"多事之秋"。先是在3月26日,韩国"天安"号军舰突然爆炸沉没,美韩一口咬定是朝鲜所为,掀起一股攻击朝鲜的恶浪;半年后的11月23日,朝韩双方又发生交火事件,朝鲜火炮击中有韩国军事设施的延坪岛,造成韩方人员伤亡。在朝鲜半岛的这两场危机间,日本海上保安厅的巡视船在9月7日拦截在钓鱼岛海域正常作业的中国渔船,继而发生相撞事件,日方扣押了中方船长并扬言要按照日本的国内法进行审判。这起事件导致两国严重对立,酿成了一场危机。这些突发事件对美国来说可谓是强化其双边军事同盟的天赐良机。这一年,美国同韩国、日本相继举行了一系列联合军事演习。不仅次数频繁、规模空前,还首次出现日本自卫队军官和韩国军官分别全程观摩美韩、日美联合军演的事态,以致一些媒体断言美日韩三边军事同盟已经呼之欲出。

2. 强势推进TPP,确保它对亚太地区经济秩序的主导地位。TPP是美国在战略上重返亚洲的重要布局。亚洲各国的GDP总额占世界的23%,外汇储备总额更是占到世界的半数。美国的七大贸易伙伴中,有三个在亚洲(中国、日本和韩国)。美国推进TPP的主要意图有三:一是确保它对亚太地区经济秩序的主导地位,防止这一地区形成没有美国参与的经济集团,稀释中国在这一地区日益增长的影响力;二是全面介入东亚地区的一体化进程,分享亚洲经济增长的红利;三是重塑并主导亚太区域经济整合过程,维护美国在亚太地区的战略利益。

3. 炒作海洋航行自由的伪命题,挑拨中国与周边国家的关系。这方面最典型的事例是美国国务卿希拉里·克林顿在2010年7月25日河内举行的东盟地区论坛外长会议上突然就南海问题向中国发难。希拉里·克林顿根据事先准备好的稿子,声称南海与美国国家利益息息相关,大谈"维护南海航行自由"的重要性和紧迫性,强调在南海争端中反对"胁迫",反对使用武力或以武力相威胁云云。出席会议的中国外长杨洁篪当即予以反驳。但是,美国的突然发难却使得越南、菲律宾等一些南海争端中的声索国有恃无恐,利用各种手段与中国进行缠斗,蚕食中国的领域和主权，给中国的和平发展平添了不少麻烦。

日本是美国在亚太地区最重要的盟国。美国战略重返亚洲，"日本正是这一重心转移最佳的落脚点，美国需要日本助其顺利完成新的战略部署。"① 这不仅因为美国在日本驻军最多，基地设施最齐全，且其最先进的武器如 F-22 战斗机、"鱼鹰"旋翼机和 X 波段预警雷达等也都部署在日本，而日本的自卫队早已是亚太地区一支装备精良、训练有素的武装力量；日本作为世界第三大经济体，GDP 总额占世界的 8%，对外资产总额占世界第一，如日本加入 TPP 的话将使这一跨国经济集团的分量明显增加。难怪这几年来美国政要频频到访日本，在一系列重要问题上支持和拉拢日本了。

自然，美国战略重返亚洲对日本来说也是难得的战略机遇。2010年以来，日本不仅与中国在钓鱼岛主权归属问题上屡屡发生冲突，与俄罗斯、韩国间围绕南千岛群岛（日本称北方四岛）、独岛（日本称竹岛）问题也频频出现对立。日本外交一向有"傍大腕"的传统，在仅凭一己之力已难以应对外部摩擦的情况下，更需要紧紧拉住美国这个"靠山"给自己壮胆。特别是面对中国迅速崛起的新局面，日本比任何国家都敏感和担忧。既然美国的战略重返亚洲很大程度上是冲着中国来的，日本自然就乐观其成，愿意为美国效犬马之力了。从这个意义上说，营直人内阁在对美外交上的政策调整是适应美国战略重返亚洲的重要步骤，也是日本"借船入海"、实现所谓"正常大国"战略目标的必然趋势了。

第三节　野田佳彦有关"深化日美同盟"的理念与实践

2011 年 8 月 29 日，民主党举行代表选举，时任财务大臣的野田佳

---

① 王鹏、邵丹："美国战略重返亚洲中的日本角色"，《中国青年报》，2012 年 11 月 16 日。

第八章 民主党向"对美一边倒"路线的挑战与回归

彦在第二轮与海江田万里的决胜选举中胜出,并于翌日举行的众议院全体会议上出任日本第95任、第62位首相。

一、野田佳彦"对美一边倒"路线可以媲美自民党

如前所述,野田佳彦是在军人大院中长大的,又经过松下政经塾熏陶。他是民主党内"新国防族"重要成员,在外交与安全保障问题上一贯态度强硬,其"鹰"派色彩甚至比前原诚司还要浓厚,有"民主党的小泉(纯一郎)"之称。

菅直人上任之初还曾犹豫要不要出席上海世博会日本国家馆日活动,野田佳彦却是上任伊始,就毫不迟疑地给其挚友美国财政部长盖特纳拨电话,表明了他想尽早访美、与奥巴马总统举行会谈的意图[①]。

彷佛是要与野田比赛谁更亲美一般,刚刚被任命为民主党政调会长的前原诚司赶在野田佳彦首相之前踏上了访问美国的旅途。9月7日,前原诚司在华盛顿举行的研讨会上以"'3·11'后的日美同盟"为题发表演讲,强调他作为民主党的政调会长将主导党内有关放宽日本参与联合国维持和平活动时的武器使用限制以及"武器出口三原则"。前原称,日本自卫队派往海外,目的是要和友好国家一起"填补"美国照看不过来的"空白"。日本在这方面还有改善的余地。他还表示,2010年底出台的《防卫计划大纲》未能明确写进放宽"武器出口三原则"实在"遗憾"。日本参与国际上的武器共同开发与生产,有助于深化日美同盟以及日本与美国以外的其他国家间的安全保障合作。如同他在民主党代表任内专程到美国鼓吹"中国威胁论"一样,前原这次也没有忘记拿中国说事。他断言中国是谋求改变现有国际秩序的"游戏规则挑战者",称中国与其他国家在主张和价值观上的巨大差异是一个不容忽视的问题,日美两国要联合起来,将中国这一"挑战者"吸纳进新的地区秩序机制

[①] (日)"野田新首相 表达尽早举行日美首脑会谈的意向",《产经新闻》,2011年8月31日。

中去①。

野田佳彦当然不会让前原专美于前。9月1日,他与美国总统奥巴马通了电话,商定在当年秋天联合国第66届大会期间举行日美首脑会谈。野田强调,稳固的日美关系是亚太地区的安定、和平与繁荣所必不可少的,他将与奥巴马总统携手进一步推进日美同盟的发展。对奥巴马提出的希望将普天间基地问题作为日美间最优先解决的课题,野田也作了明确的承诺②。9月13日,野田佳彦在国会发表了上任后的首次施政演说。在提及日美关系时,他以"深化与发展日美同盟"为题专门讲了一段话:"日美同盟是我国外交与安全保障的基轴,不仅对亚太地区,而且对世界来说也始终是维持稳定与繁荣的公共财产……半个多世纪以来,日美同盟关系不断深入发展,在大震灾中的'朋友作战'再一次凸显了它的意义。要在尽早构筑首脑间的相互信赖关系的同时,以安全保障、经济、文化和人才交流为中心,在各种层面上加强合作,将它深化、发展为符合21世纪要求的同盟关系。"野田表示,"关于普天间基地的转移问题,将按照日美间的协议,尽量避免普天间基地的固定化,减轻冲绳县的负担,在向冲绳各位坦诚地说明情况、征求理解的同时,全力以赴地处理好这一问题。对冲绳的振兴,也要积极地予以推进。"③在这篇9500字的演讲稿中,涉及外交政策的篇幅所占不多,有关日本对中国、韩国、朝鲜、俄罗斯的政策几乎都是一语带过,但"深化、发展日美同盟"却用了3倍于前者的篇幅。

9月21日,野田佳彦在出席联合国大会第66届大会期间,与奥巴马总统进行了长达35分钟的会谈,就继续深化日美同盟达成共识。奥巴马一开场就强调:"日本是美国重要的盟国,是在安全保障、经济等

---

① (日)"前原表示将放宽使用武器的限制,修改PKO行动的方针 自卫队将保卫别国部队",《朝日新闻》,2011年9月8日。

② (日)"与奥巴马总统举行首次电话磋商 决定下旬举行首脑会谈",《每日新闻》,2011年9月2日。

③ (日)野田佳彦:"在第178届临时国会上的施政演说",2011年9月13日,见首相官邸网站:http://www.kantei.go.jp/jp/noda/statement/201109/13syosin.html。

各种领域广泛开展合作的伙伴。"野田回应道:"震灾后更坚定了日美同盟是日本外交基轴的信念,将以安全保障、经济、文化与人员交流为三大支柱深化与发展日美同盟。"关于驻日美军普天间基地问题,野田再次向奥巴马保证,"将根据日美协议推进将普天间基地搬迁至冲绳县名护市边野古的工作",将尽全力谋求县民的理解。这次会谈中还提及日本参加美国主导的TPP谈判问题。野田表示:"日本将认真地进行检讨,并尽可能快地得出结论。"关于朝鲜核问题,双方一致同意将关注朝韩和美朝对话,同时谋求日美韩三国间的合作。此外,针对中国扩大在南海海洋权益的举动,双方还确认将努力保障这一海域的航行自由[①]。

事实上,野田佳彦在"深化日美同盟"上不仅有言论,也有行动。在2011年剩下的3个月内,野田内阁有一系列重大举措。主要是:

1. 宣布日本将加入TPP谈判

正如第6章里所介绍的,野田佳彦就任首相后在不到两个月里发表的两次施政演说中均表示日本要加入TPP。但是,日本国内围绕要不要加入TPP存在着严重的意见分歧。反对日本加入TPP的全国农业协同中央会议等团体还组织了声势浩大的游行示威,向国会递交了请愿书。执政的民主党内也有很多议员持反对立场。尽管如此,野田佳彦还是赶在2011年11月11日赴夏威夷出席APEC领导人非正式会议前夕举行记者招待会,公布了日本将参与TPP谈判的决定。同年12月13日,根据野田的指示,日本成立了跨省厅的TPP谈判架构。核心是以首相为召集人的、全体阁僚参加的"经济合作问题阁僚委员会"。担当团队分三大层次,顶端是由国家战略担当大臣、官房长官、外务大臣、经济产业大臣和农林水产大臣组成的阁僚会议,中间是由各省厅副大臣、政务官组成的干事会,低层则是由50来人组成的事务局,负责与有关各国进行交涉,同国内的业界团体和相关省厅进行沟通,并及时发布有关消息。

[①] (日)外务省:"日美首脑会谈概要",2011年9月22日,见外务省网站:http://www.mofa.go.jp/mofaj/area/usa/visit/1109_sk.html。

2. 在南海问题上搅局

2010年7月25日,美国国务卿克林顿在东盟地区论坛上炒作南海问题,试图离间中国与东盟国家的关系。对此,日本一些精英十分兴奋,以为找到了可以掐住中国的"命门",趁机起哄。2011年6月,日美举行"2+2"会谈。会后发表的联合声明中首次提到所谓的"航行自由"问题。日本真正追随美国在南海问题上搅局是在野田内阁成立之后。9月27日,菲律宾总统阿基诺三世访问日本,与野田进行了会谈。双方在会谈后发表的联合声明中宣称:"将世界与亚太地区连接起来的南海极为重要。这一海域的和平与稳定是国际社会共同关注的事项。确保航行自由、商业活动的顺畅以及遵守包括《联合国海洋法》与用和平手段解决纷争的国际准则,不仅符合两国的利益也对整个地区有所裨益。"① 日菲双方决定将现有的副部长级双边政策磋商升级为战略对话,由日本海上保安厅支援菲律宾沿岸警备队提升能力,在海上安全保障和防卫方面全面加强合作。10月14日,日本外相玄叶光一郎访问印度尼西亚,在与印尼外长马蒂·纳塔莱加瓦会晤时专门谈及南海问题,声称有必要构建多边框架解决南海主权争议问题。双方还决定11月在印尼巴厘岛举行的日本和东盟国家峰会上提出这一主张。10月23日,越南国防部长冯光清访问日本,与日本防卫大臣一川保夫签署了有关加强日越防卫合作与交流的备忘录。日本媒体报道称,这项合作主要是针对被认为有意在东海与南海扩大权益的中国的。

3. 修改"武器出口三原则"

这也是野田送给美国的一份厚礼。日本的"武器出口三原则"由来已久。1967年4月21日,时任首相的佐藤荣作在国会答辩时首次提出"武器出口三原则",内容是禁止向共产主义阵营国家、联合国决议列入武器禁运清单的国家以及国际冲突当事国或有冲突风险的国家出口武器。1976年2月21日,三木武夫首相又作了了新的限制:即不仅对上述三类地区继续实施武器禁运,即使是三类地区以外的也要按照宪法以

---

① (日)"日菲联合声明",2010年9月27日,见首相官邸网站:http://www.kantei.go.jp/jp/noda/statement/2011/0927philippines.html。

第八章　民主党向"对美一边倒"路线的挑战与回归

及《外汇与外国贸易管理法》的有关规定慎重处理武器以及武器制造设备的出口问题。这实际上意味着日本全面关闭了武器出口的大门。长期以来，美国一直通过各种方式敦促日本为"武器出口三原则""松绑"。

2011年12月27日，野田召集内阁会议，就改变迄今为止作为个案处理的方针，全面放宽"武器出口三原则"问题作出决定，并以官房长官谈话的形式，正式对外宣布。新的评估标准是：1.有助于对和平和国际合作作出贡献；2.日本与同自身在安全保障领域有共同利益的国家合作研制、生产武器[①]。虽然野田内阁再三强调，它将严格管理武器出口，以避免其用于违背初衷的其他用途，但考虑到"武器出口三原则"是44年来连历届自民党内阁都不敢越雷池半步的"禁区"，野田内阁的这一举措自然引起了日本国内外的极大关注。

4. 引进美制 F－35 战机

2011年12月20日，野田佳彦先后召开安全保障会议和内阁会议，正式决定引进42架美国洛克希德·马丁公司研发的F－35隐形战斗机，作为日本航空自卫队下一代主力战机（FX）。先期购买4架F－35的费用将被计入2012年度预算，力争在2016年度起交付使用。与F－35一起列入备选名单的还有美国波音公司开发的F/A－18、英国等欧洲四国共同研发的"台风"战斗机。比较下来，F－35战机的隐形性能最好，但也存在着价格昂贵、实际交付可能晚于2016年度等弊端。据媒体分析，日本政府和航空自卫队青睐F－35的最大理由，除了与正在研发隐形战机的中俄两国对抗外，主要还是着眼于通过引进这一机型可进一步加深美军与自卫队的一体化。

二、民主党缘何在对美关系上做出重大调整

在小泉纯一郎之后出任首相的安倍晋三开创了日本"一年一相"的时代。从2006年到2012年，日本总共诞生过6名首相。其中，野田佳

[①] （日）"正式决定放宽武器出口三原则 允许国际共同开发"，《朝日新闻》，2011年12月28日。

彦访问美国的次数最多。安倍晋三在其第一任内只是 2007 年 5 月访问过美国；福田康夫任内也只去过一次（2007 年 11 月）；麻生太郎曾两次赴美，其中一次是出席联合国大会；鸠山由纪夫也有两次，分别是 2009 年 9 月出席联合国系列会议和 2010 年 4 月出席核安全峰会；菅直人任内访美的记录是"零"；而野田佳彦任内却 5 次访美，其中两次是出席联合国大会，一次是出席在夏威夷举行的 APEC 峰会，一次是出席在华盛顿戴维营举行的八国集团峰会，还有一次是 2012 年 4 月的正式国事访问。

当然，不能单纯以访美的次数多寡来评判对日美关系的重视程度，关键还是要看内涵。如前所述，野田佳彦在他就任首相后的首次施政演说中，对中国、韩国、朝鲜、俄罗斯政策一语带过，却用 3 倍的篇幅阐述有关"深化、发展日美同盟"的内容，强调日美同盟不仅是日本外交和安全保障的基轴，还是维护亚太地区乃至世界稳定与繁荣的"共同财产"，新内阁将"深化与 21 世纪相适应的同盟关系"。

在 2012 年内，日美关系的"重头戏"是野田佳彦 4 月 29 日至 5 月 1 日的美国之行。这是自 2009 年 2 月麻生太郎访美以来日本首相再次对美国进行的正式国事访问，也是民主党出身的首相首次在白宫与美国总统进行正式会晤。4 月 30 日，野田在白宫与奥巴马总统进行了会谈，并发表了题为"面向未来的共同蓝图"的联合声明。这是 1996 年桥本龙太郎与克林顿、2006 年小泉纯一郎与小布什之后，日美首脑会谈后发表的第三份联合声明。

这项联合声明强调，日美同盟经过 60 年的岁月，"已经实实在在地发展为全面的伙伴关系，对作为世界经济增长中心的亚太地区乃至世界的和平与稳定做出了贡献"[①]。根据 NHK 评论委员岛田敏男的分析，这项联合声明由三大支柱构成。最重要的支柱是要强化安全保障领域的合作。具体包括提升 2010 年新《防卫计划大纲》中提出的"动态防卫力"

---

① （日）"日美联合声明：面向未来的共同蓝图"，2012 年 4 月 29 日，见外务省网站：http://www.mofa.go.jp/mofaj/kaidan/s_noda/usa_120429/pdfs/Joint_Statement_jp.pdf.

第八章 民主党向"对美一边倒"路线的挑战与回归

以及深化自卫队与美军的合作等。声明还提及美国重视亚太地区的新战略，凸显了日本欢迎美国战略重返亚洲的立场。第二个支柱是促进两国间的经济协调与合作，特别是就缔结"跨太平战略经济伙伴关系协定"（TPP）进行磋商，最终实现构筑亚太地区自由贸易区（FTAAP）的目标。第三个支柱是推进核能的和平利用与安全利用的合作，推进能源安全保障。岛田不无忧虑地指出："（野田内阁）在强化日美同盟方面走出的步子已经超过了自民党与公明党联合政权的时期。问题是在政府内部以及执政党内部并没有看到进行过充分议论的迹象。"[1]

在野田佳彦的这次正式访美前，日美两国于4月27日召开了由外交、防卫两部门阁僚组成的"日美安全保障协商委员会"（"2＋2"）会议。根据会后发表的公报，为提升自卫队的"动态防卫力"，日美两国将在马里亚纳群岛设置新的训练基地，由自卫队与美军进行共同训练；为遏制中国海军进入西太平洋海域，日美将调整在这一地区的兵力部署并就加强在这一地区的侦察和情报搜集活动进行合作；驻冲绳的美国海军陆战队将分批转移到关岛、夏威夷和澳大利亚等地，最终在冲绳保持1万兵力；将普天间基地转移问题与美军归还冲绳南部闲置基地问题予以切割。日本保证继续向美国提供驻冲绳海军陆战队向外转移的经费以及在马里亚纳群岛新建基地的经费。这份公报虽然一个字也没有提到中国，但从字里行间可以明显地看到日美两国欲遏制中国的海洋活动，增强日本所谓"动态防卫力"的军事合作又迈出了新的步子。

人们不禁要问：民主党在野期间一直尖锐批评自民党政权的"对美一边倒"路线，并在执政初期尝试与美国拉开距离，试图建立"对等而亲美的日美关系"，缘何到了菅直人、野田内阁任内却会回归到自民党时期，甚至比自民党时期走得更远呢？

除了前面提到的"新国防族"掌控权力的原因外，还有一些深层次的背景：

首先，应该说是日本依赖美国的战略惯性所致。日本几十年来习惯

---

[1] （日）岛田敏男："时论公论——日美同盟的深化与隐忧"，见 NHK 网站：http://www.nhk.or.jp/kaisetsu-blog/100/119190.html。

于接受美国保护、免费搭车，在日本精英层已经形成了一种"日美关系至上"的固定思维。凡事都要看美国的颜色，不敢越雷池一步。恰如美国学者理查德·塞缪尔斯所形容的，日本的精英层总是有一种矛盾的心态，想拥抱美国却担心陷入战争漩涡，想与美国拉开距离又担心被美国抛弃[①]。这种战略惰性已深深浸润到日本政界、学界、传媒界特别是官僚系统。历届内阁在对美政策上稍稍做些微调尚可，幅度略大一些就会有风险。正如前面所提到的，鸠山由纪夫上任后试图与美国拉开距离，力主将普天间基地转移到县外、国外，而小泽一郎提出中美日等边三角形关系。这些主张被视为异端，遭到日本精英界的一致抨击，陷入孤立无援地步，迫使其后任改弦更张，回到传统的对美政策的轨道上来。

其次，是日本对中国崛起的战略疑虑所致。自从 2009 年中国的 GDP 与日本持平，2010 年反超日本后，日本朝野上下对中国崛起普遍感到惊讶、恐惧和受到威胁。"世纪大逆转"这一颇为夸张的提法就反映了这种心态。长期以来，日本精英层在对待中国的态度上始终摆脱不了从甲午战争以来一直就有的那种居高临下的优越感。随着中国的综合国力迅速提升，"一山容不得二虎"之类的"零和"思维开始在日本的精英层中蔓延开来。他们既想搭上中国的经济"快车"，又不愿意面对和接受中日两强并立的事实，总想找机会凸显一下日本对中国还有某种道义上的优势，甚至试图借助外力一起遏制中国的增长势头。正如日本在明治维新后靠着与号称"日不落帝国"的英国结盟先后打败中国、俄罗斯一样，现在日本的一些当权者又开始期盼日美同盟能阻遏中国崛起，这使他们比过去任何时期都依附和依赖美国。

第三，是日本对东亚大势的战略误判所致。进入新世纪以后，中国等新兴经济体的群体性崛起是东亚国际形势中最显著也是影响最深远的变化。和平、发展、合作、共赢已成为这一地区不可阻挡的历史潮流。就连美国统治阶层中一些有影响的政要也主张正视现实，寻求与新兴经济体合作共赢的途径。2012 年 1 月，时任中国国家副主席的习近平访

---

① （美）理查德·塞缪尔斯：《日本的大战略和东亚的未来》，上海人民出版社，2010 年中译本，第 234 页。

第八章 民主党向"对美一边倒"路线的挑战与回归

问美国,中美双方一致同意建立新型的大国关系。同年6月,美国新任国防部长帕内塔提出"亚太再平衡战略",作为重返亚洲战略的进一步发展和充实。帕内塔虽然表示美国将在2020年前向亚太地区增派一批海军舰艇,其上限将达到美国战舰的60%,但同时帕内塔也强烈主张美国不应刺激中国。他在2012年9月的访华期间更明确提出"一个稳定、建设性的美中关系是我们战略的关键部分……没有一个建设性的中美关系,包括强有力的两军关系,我们不可能在21世纪获得安宁和繁荣"[①]。然而,在日本朝野政治家中却有不少人仍然坚持冷战时期的"零和博弈"思考,以为美国的政治、经济、军事和科技优势是不可动摇的。日本凭借日美同盟可以继续和美国一起主宰东亚地区的未来。这种错误的形势判断是导致民主党领导层在对美关系上严重倒退的根本原因。

三、美国对民主党执政的评价及日美关系未来走向

从2008年年底到2009年8月,美日两国几乎同步实现了政权轮替。在美国,民主党出身的奥巴马取代了共和党的小布什出任总统,而日本则是由民主党的鸠山由纪夫将自民党的麻生太郎撵出了首相官邸。

不过,虽然执政的同为民主党,美国对日本却一直很不放心。这是因为民主党在野时一直批评自民党的对美政策,党首鸠山由纪夫和干事长小泽一郎还曾提出不需要美国驻军的日美安保体系,只需要美国第七舰队留在日本等主张。民主党执政以后一度拉开与美国的距离,靠拢中韩等亚洲国家,让美国特别不舒服。尤其是民主党在普天间基地转移问题上要重起炉灶,更引起了美国的强烈反弹。鸠山内阁就是在自民党等在野势力与美国的联合打压下垮台的。

但是,自从菅直人内阁、野田佳彦内阁重新回到自民党时期的"对美一边倒"路线后,美国对民主党政权的态度发生了180度的大转变。

---

① "帕内塔访华旨在推动中美两军关系良好发展势头",2012年9月19日,见人民网:http://military.people.com.cn/n/2012/0919/c1011-19044761.html。

野田任内 5 次访美，尤其是 2012 年 4 月对美国进行正式国事访问，奥巴马在白宫与野田会晤并举行午餐会招待，这是鸠山由纪夫、菅直人所不曾享受到的礼遇，说明在美国眼里，野田已顺利通过了忠诚度的"考试"。

2012 年 12 月，日本举行第 46 届众议院选举。在选前，时任自民党总裁的安倍晋三始终将民主党的对美外交作为主攻目标，称民主党执政的 3 年是日本"外交失败"的 3 年。2013 年 2 月，安倍晋三对美国进行了他就任首相以来的首次访问。他在记者招待会上颇为自负地称这次访问表明日美关系已经恢复到正常状态。但是，美方却认为：日美关系早在民主党的野田佳彦首相任内就已经实现了正常化。日美关系并没有因为日本的政党较替而发生变化。① 这应该看作是美国对野田佳彦时代民主党对美政策的评价。

在民主党执政的 3 年里，日美关系先冷后热，经历了一段曲折。民主党的对美政策虽然总体而言回归到了自民党时期的"对美一边倒"路线，但野田佳彦与奥巴马之间的关系远不如中曾根康弘与罗纳德·里根、小泉纯一郎与乔治·布什那么亲密。最典型的事例是 2012 年 1 月，奥巴马接受媒体采访列举外国政要中的"密友"时，提到了德国总理默克尔、英国首相卡梅伦、印度总理辛格、土耳其总理埃尔多安、韩国总统李明博等人，唯独没有提到日本首相野田佳彦。奥巴马并不是在无意中漏掉了野田佳彦。因为在列举"密友"前，奥巴马专门强调说"美国和日本、韩国的同盟关系得到了强化"。日本媒体评论称，这说明奥巴马虽然看重"美日同盟"，但日本首相野田佳彦在奥巴马心目中"存在感很淡"②。

这与其说是野田佳彦缺乏魅力，还不如说是日本内阁的频繁更迭与国际地位的整体下降所致。就在前述奥巴马接受媒体采访的当天，专门负责东亚事务的美国助理国务卿坎贝尔抱怨称，"日本民主党执政以来，

---

① "美方对首脑会谈态度冷淡"，《朝日新闻》，2013 年 2 月 24 日。
② 蒋丰："野田佳彦为何难成奥巴马'密友'"，《日本新华侨报》，2012 年 1 月 23 日。

第八章 民主党向"对美一边倒"路线的挑战与回归

已经更换了三任首相","至于外务大臣更换了多少人,我都不清楚了"。他呼吁日本应"保持一定程度的政权连续性"。英国广播公司指出,这是美国第一次对日本首相更迭过于频繁公开发牢骚。在美国看来,无论谁当日本首相也只是轮流坐庄、匆匆来去的"过客"。自然难以成为奥巴马的"密友"了。而且,野田不被"看好"说到底还是与日本经济的持续低迷有关。2011年11月,美国《福布斯》杂志公布了"全球最具影响力的70人"排名。野田佳彦只排在第62位,不及时任日本央行行长的白川方明(排名第36)和软银公司社长孙正义(排名第60)。由此看来,奥巴马确实没有必要将野田首相放在心上[①]。

在民主党执政的3年里,普天间基地转移问题始终是困扰日美两国的一大难题,也是检验日美关系是否取得进展的一块"试金石"。如果说鸠山时期曾试图将这一基地迁移到冲绳县以外引起美国强烈不满的话,到菅直人、野田任内则主要是冲绳当地的激烈反对,使得在冲绳县名护市边野古地区建设替代基地的问题迟迟无法取得进展。边野古机场需要填海造地修建跑道,按规定要由冲绳县知事批准。但仲井真弘多知事坚持要求将机场搬迁至县外。从菅直人内阁到野田佳彦内阁,虽然多次派阁僚前往冲绳进行沟通,但始终未能取得突破。2012年2月8日,野田内阁正式宣布日美两国政府已决定将驻冲绳美国海军陆战队迁往关岛问题和普天间基地迁移问题分开解决,并不再就基地转移问题提出具体期限。

一波未平,一波又起。2011年6月,美国国防部宣布将用MV-22"鱼鹰"倾斜旋翼飞机替代原先部署在普天间基地的CH-46直升飞机。一年后的6月29日,美国政府正式通报日本,年内将在普天间基地先部署一个中队、共12架"鱼鹰"战机。此举不仅将导致普天间基地的转移遥遥无期,而且由于"鱼鹰"战机多次发生坠机事故,一旦完成部署,势将严重威胁当地居民的安全。冲绳县议会全票通过决议,对美军做法表示抗议;冲绳县知事及下属各市市长对日本政府和美军公开

---

① 蒋丰:"野田佳彦为何难成奥巴马'密友'",《日本新华侨报》,2012年1月23日。

表示强烈谴责；名护市市长甚至率领数百民众在普天间机场外静坐示威。但是，美国不顾当地居民的强烈反对，于同年10月分两批将12架MV—22"鱼鹰"战机转移到普天间基地。野田内阁认为，速度和行动半径超越现有CH—46直升飞机的"鱼鹰"战机部署在冲绳，有利于增强驻日美军的威慑能力，但慑于民众的强烈反对，不得不谨慎表态。结果是两面不讨好，左右为难。

  日美同盟已经延续60多年。但是，国与国之间的关系都是以利益为基础的，日美两国也不例外。长期以来，日美间在维持同盟关系同时，围绕控制与反控制的斗争一直或隐或现，持续不断。从短期来看，日美两国互相借重、互相利用，共同的战略利益促使双方不断拉近距离，而日本对美国的依赖更多一些，呈现出"对美一边倒"的态势。但是，从中长期看，日本要成为"正常的国家"，乃至改变战后国际秩序，与美国所极力维护的亚太地区的主导权是存在一定矛盾的，双方在国家利益上的差异与对立将逐渐凸显出来，导致同盟关系中的"离心倾向"越来越明显。而且，美国一向对日本颐指气使，动辄施压。即便在过去10年里美国深陷阿富汗战争、伊拉克战争，加上金融风暴的冲击，硬实力、软实力都受到了严重削弱，但它还是有意无意地把日本当小伙计来使唤。日本的有识之士和广大民众对此喷有怨言。民主党当初强调要建立"对等的日美关系"，试图推翻日美普天间基地协议，应该说是有一定民意基础的。日美关系在菅直人内阁、野田佳彦内阁的努力下暂时出现的热络局面并不能使日美间固有矛盾全部烟消云散。在可以预见的未来，不管是哪一个政党掌控日本的最高权力，"美主日从"的局面将长期延续，但在维持同盟框架的前提下，日本国内要求更多发言权和决策权的呼声将日益高涨。"对等的日美关系"和"对美一边倒"路线作为一对矛盾将长期存在。

第九章

民主党执政后中日关系的
调整与挫折

对日本政坛任何一个执政党来说，妥善处理中日关系都是一个需要慎重对待的重大政策课题。由于历史上民主党与中国交往一直比较密切，人们曾经对民主党掌权后中日关系将迈开新的步伐充满期盼。但谁也没有料到，民主党执政仅一年，中日关系就出现了一场严重的危机。到2012年12月民主党下台前夕，中日关系进一步恶化，跌至邦交正常化以来的最低点。这一切究竟是如何发生的呢？

第一节 中日关系在民主党执政后
迎来历史性机遇

在日本政坛，民主党是一个比较年轻的政党。但是，它的主要领导成员很早就与中国有往来，其支持团体也多为接近中国或是主张与亚洲邻国发展睦邻关系的工会和市民团体等。而且，民主党成立不久就与中国共产党建立了党际交流机制，一直保持着密切的交流。

一、民主党与中国的渊源及其对华政策的演变

民主党与中国的渊源可以追溯到它的创建初期。它早期的成员主要来自社会党和先驱新党。社会党作为左翼政党,与中国有长期的友好交往历史。社会党出身的议员自然对中国比较有好感。先驱新党成立较晚,担任党首的武村正义在自民党时期虽然属于"鹰"派色彩较强的三冢派,但他本人却一直倾心于前首相石桥湛三主张的"小日本主义"。在他的影响下,先驱新党的多数成员对中国也是比较友好的。此外,民主党的支持团体多为接近中国或是主张与亚洲邻国发展睦邻关系的工会和市民团体等。所以,民主党自成立起一直与中国频繁往来,并与中国保持密切沟通。

民主党创建时的两位领导人菅直人和鸠山由纪夫都是很早就与中国有往来的。

菅直人是日本政坛很少几个曾在1984年接受中国邀请、赴京参加过中日青年友好大联欢的政治家之一。在此后的二十多年里,他几乎每年都在元旦前夕邀请母校东京工业大学的中国留学生到家里举行新年联欢。中国虽然不是菅直人作为民主党代表访问的首选对象,但是,他在访问美国的翌年即1999年4月便率领民主党代表团访华,先后访问上海、西安和北京等三个大城市,并与中共中央总书记、中国国家主席江泽民进行了正式会晤。2002年5月,菅直人又以民主党干事长身份访问了上海。是时,恰值小泉纯一郎参拜靖国神社不久。菅直人旗帜鲜明地反对小泉这一严重伤害中国人民和亚洲人民感情的倒行逆施。为凸显与执政的自民党领导人在历史问题上的不同立场,菅直人还去南京参观了南京大屠杀死难同胞纪念馆,并在纪念册上挥毫题词:"以史为鉴。面向未来"[①]。

日苏邦交正常化是在鸠山由纪夫祖父鸠山一郎担任首相期间实现

[①] 吴寄南:"以史为鉴,面向未来——随菅直人参观南京大屠杀遇难同胞纪念馆",《国际展望》,2002年第10期。

第九章 民主党执政后中日关系的调整与挫折

的。据说,鸠山一郎当时已着手推动日中邦交正常化。他属意的继承人、时任通产大臣的石桥湛三也是以实现日中邦交为己任的。石桥在出任首相后首次施政演说中明确表示他将推进日中邦交正常化[①]。由于美国的强烈反对,鸠山和石桥未能完成其初衷便相继离开首相职位。鸠山由纪夫在东京工业大学担任副教授时,曾指导过多名中国留学生。他从政后一直秉承其祖父"友爱"哲学的理念,主张与包括中国在内的亚洲邻国和睦相处。鸠山由纪夫在担任民主党后第一次率团访问中国是2000年12月。在京期间,先后与中国国家主席江泽民和国务院副总理温家宝会晤。12月13日,鸠山代表在中国人民大学发表了题为"以日中建立共通议程的时代为目标——建立'同心同德'的日中关系"的演讲。两年后的2002年6月,鸠山由纪夫再次率团访问了中国。

小泽一郎作为田中角荣的嫡传弟子,在中日关系这一点上可以说是继承了他恩师的一贯方针。他在加盟民主党后将自己在1989年创立的"长城计划"也一并带来。"长城计划"成为民主党与中国全国青联联合实施的一项大型交流活动。2006年7月,小泽一郎出任民主党代表3个月还不到,便率团访问中国。同行的还有时任代理代表的菅直人和时任干事长的鸠山由纪夫。这是"三驾马车"领导核心的一次高规格的、集体亮相的中国之行。小泽一郎等与中国国家主席、中共中央总书记胡锦涛举行会晤时决定正式建立民主党与中国共产党的党际交流机构——"交流协议机构"。"交流协议机构"分别由中共中央联络部部长王家瑞、民主党代理代表菅直人担任双方协调人,每年轮流在两国举行会晤,成为民主党历史上创立较早、活动较多、机制化程度最高的涉外交流框架。

除菅直人、鸠山由纪夫和小泽一郎这"三驾马车"外,民主党内还有不少中坚议员与中国很早就有来往。特别需要指出的是,民主党内的"中国留学组"无论是绝对数还是占议员总数的比例,都超过了日本政坛的任何一个政党。例如,以事业甄别而遐迩闻名的两位民主党议员莲

[①] (日)若宫启文:《和解与民族主义》,吴寄南译,上海译文出版社,2007年版,第128页。

舫和菊田真纪子都曾在中国留学过。莲舫在北京大学汉语中心进修,菊田真纪子在黑龙江大学留学,近藤昭一在北京语言学院进修中文,而手冢仁雄在南京大学留学,武正公一拥有在山西大学留学的经历,高邑勉则一直以自己在北京大学获得国际关系学硕士学位自诩。这些"中国留学组"在民主党执政后陆续出任高官,是民主党与中国间的重要"桥梁"[①]。

此外,在菅直人内阁任经济产业大臣的海江田万里在庆应大学读书时选择中文作为第三外语。毕业后他一边撰写经济评论,一边继续学习中文。在担任参议员野末陳平秘书期间,还在市谷的一家语言学校花3年时间练就了一口流畅的汉语。海江田万里对汉诗的造诣也很深。他的个人网页上还有自己撰写的汉诗专栏,显示了他相当深的中文底蕴和诗歌造诣。

这些知华派、友华派在推动民主党对华交流、合作方面发挥了重要的作用:

1. 民主党领导层与中国频繁交流。民主党在1998年实现大联合不久,接待来访的第一位外国政要是1998年4月22日访日的中国国家副主席胡锦涛。这是胡锦涛主席当选中国国家副主席后的首次东瀛之行。时任民主党代表的菅直人14年前曾作为3000名日本青年访华团成员之一去了北京,而中方的接待总指挥就是时任共青团中央书记胡锦涛。菅直人这次在民主党本部接待胡锦涛,宾主间自然格外融洽。翌年,菅直人率民主党代表团正式访问中国。第二任代表鸠山由纪夫则在2000年、2002年两次率团访问,除会见中国党政领导人外,还分别在中国人民大学和中共中央党校发表演讲。历任民主党代表以及民主党代表团访华时,总能得到中方的高规格接待,体现了中方对"后自民时代"可望担纲政权的民主党的前瞻性期许。

[①] 例如,莲舫在菅直人内阁、野田佳彦内阁曾出任行政刷新大臣;近藤昭一在野田内阁任环境副大臣;手冢仁雄是野田首相负责内政事务的首席助理,也是唯一能坐在首相办公室处理公务的首相助理;武正公一曾在菅直人内阁任外务副大臣。

2. 民主党与中国共产党建立党际交流机制。民主党最早建立的党际交流机制是与中国共产党中央联络部共同建立的"日中交流协议机构"。民主党每年应中国共产党邀请，组团访华或接待中共中央联络部访日团，举行高层论坛，就东亚地区和世界形势广泛交流意见。此外，小泽一郎加盟民主党以后，有近百名民主党议员参加过"长城计划"的访华活动，除会见高层领导外，还游览长城、参观工厂与农村，与中国有关团体和各界人士进行交流。这在日本政坛是很少见的。浏览民主党的官方网页，在"动向"一栏中赫然可见的是与中国共产党之间的频繁交流。

3. 民主党在一系列重大问题上支持中国。长期以来，历史认识问题和台湾问题一直是影响中日关系发展的两大障碍。民主党在这两个问题上采取了有别于自民党的鲜明态度，是中日关系的"护盘者"。进入新世纪后，时任首相的小泉纯一郎不顾中方一再规劝，持续参拜供奉有东条英机等甲级战犯的靖国神社，致使中日关系风波迭起，陷入低谷。在这种情况下，民主党领导层以其鲜明的反对首相参拜靖国神社的姿态，赢得了中方的信任与支持。此外，在"台独"最嚣张的时候，曾任民主党代表的冈田克也在接待台湾驻日代表许世楷时明确表示反对"台独"的立场，让许世楷十分尴尬。

从民主党历年的竞选公约来看，虽然很少单独提及中日关系，但强调促进日本与中国、韩国等亚洲邻国的交流与合作始终被列为对外关系的首要任务。

不过，由于民主党成分复杂，观点多元，涵盖有左中右各种思潮，其对华观大体有三种类型：第一种是认为中国的发展对日本是机遇而不是挑战，重视发展与中国的关系，认为日本应将中日关系和日美关系放在同等重要的位置，日本有必要对过去侵略亚洲的历史进行反省。但同时又在尊重人权、弘扬民主等问题上对中国颇有微词。第二种对中国的迅速发展感到困惑与担忧，在如何对待中国的问题上往往跟着日本社会的主流意见走，随大流，在许多场合对中国持批评态度，但在特定情况下又能说出一些体谅中国、愿意与中国和睦相处的观点。这部分人的摇摆性很强，很难简单地贴上一个"亲华"、"反华"的标签。第三种是认为中国国力增长太快,已经是日本面临的最大威胁,日本应强化与美国的双边军事同盟,并与韩国、澳大利亚和印度等价值观相同的国家共同遏制中国。他们有时口头上也作一些愿意与中国和睦相处的表态,但多数场合还是逢中必反。最典型的事例是前原诚司在 2005 年 9 月出任民主党代表后,于同年 12 月 9 日在美国战略与国际关系研究中心(CSIS)发表演讲,公然声称中国是日本的"现实威胁"。这是民主党成立以来该党领袖第一次对中国抹黑。不仅如此,前原在访美后又对中国进行了访问。他在外交学院演讲中居然再一次侈谈"中国威胁论"。前原诚司这种冲撞式的政治风格备遭批评,在翌年 4 月的"假邮件"事件后被迫辞去了代表的职务。

总体而言,民主党在执政前积极开展对华在野党外交,一方面是对自民党错误的对华政策的有力牵制,另一方面也确保了中日双方在政府间外交渠道不很顺畅的情况下,两国间还能有所沟通,促进正常的经贸活动和民间往来。从这个意义上说,人们对民主党执政后中日关系迈开新的步伐充满期盼应该说是有充分理由的。

二、民主党执政给中日关系带来历史性机遇

进入新世纪以后,中日关系呈现出前所未有的复杂态势:一方面,两国在经贸领域的交流无论在广度上还是深度上都超过了历史上任何一个时期,相互依存关系日益加深,两国为推动东亚区域合作的努力更酝酿着中日关系新的突破;但另一方面,随着内外环境的急剧变化,两国间围绕历史认识问题、台湾问题的对立、对抗逐渐趋于激化。特别是围绕日本首相参拜靖国神社问题,中日两国首脑互访在新世纪的头 10 年里竟然中止了 5 年之久,这不仅是邦交正常化以来绝无仅有的,也与近年来主要大国关系显著改善和日益密切的世界潮流背道而驰。

中日两国在靖国神社问题上的对立引起了两国有识之士和民众的严重忧虑,也受到国际社会的普遍瞩目。新加坡《海峡时报》甚至断言:

第九章 民主党执政后中日关系的调整与挫折

"对亚洲真正的威胁是日本和中国之间正在酝酿的冷战"[①]。在国内外各种因素的共同推动下,从2006年10月起,中日双边关系出现了转圜的迹象。两国高层进行了名为"破冰之旅"、"融冰之旅"、"迎春之旅"和"暖春之旅"的一系列互访,一致同意推进战略互惠关系,并就加强两国在能源、环保、金融等领域的合作取得了一系列具体成果。

但是,由于两国间一方面有过去那场侵略战争造成的历史恩怨,另一方面又存在着现实利益对立,加上两国在政治、经济转型过程中都面临一些矛盾和困难,出现内政问题外向化、国际问题国内化的趋势,致使中日关系在趋向回暖过程中不时受到各种寒流和"冷气旋"的侵袭,总体上仍比较脆弱。自民党下野前的末代首相麻生太郎一边呼吁中日两国加强合作,共同将"蛋糕"做大做好,一边却执着地推行所谓的"价值观外交",用"自由与繁荣之弧"来包围中国。这种自相矛盾的对华政策自然引起中方的强烈警惕,使中日关系在"暖春之旅"后出现踏步不前的状态。

历史经验证明,一国的内政外交在陷入死胡同后常常需要靠领导人的更迭甚至政权轮替来寻求突破。这是因为新的掌舵人没有历史的包袱,不会执着于过时的执政理念和思路,也比较容易通过政策创新、改弦更张从而找到摆脱困境的出路。就中日关系而言,差不多每一次新的突破都是如此。例如,在佐藤内阁任内,日本一味追随美国,推行"两个中国"和"一中一台"路线,"尼克松冲击"导致佐藤内阁的对华政策彻底破产。继任首相的田中角荣审时度势,果断决策,一气呵成地实现了中日邦交正常化。同样,在三木武夫担任首相期间,两国围绕缔结《中日和平条约》的磋商由于要不要写上"反霸"条款而搁浅,福田赳夫上任一年半后就让这项条约瓜熟蒂落,顺利问世。事后,他不无夸耀地说,《中日联合声明》在中日两国间架起了一座"水泥桥",而《中日和平友好条约》则将它变成了一座"铁桥"。

战后,日本历届首相中对中日关系定位最高的是1993年8月掌权的

[①] 迈克尔·瓦蒂基奥蒂斯:《日本和中国即将发生冲突》,载《海峡时报》2005年11月10日。

第一位非自民党首相细川护熙。他在8月26日接受记者采访时明确提出："对我国来说,日中关系是与日美关系同等重要的双边关系"[①]。这是迄今为止日本领导人公开讲话中对中日关系定位最高的一次。细川护熙领衔的七党一派联合政权维持了不到一年就宣告垮台,但他有关上次战争是侵略战争的表态,不仅拉近了日本与中韩等亚洲邻国的距离,为推进中日关系的发展加了一把力,也促成了日本政界对上次战争的反思,为1995年8月15日村山富市谈话的出台铺平了道路。

在新世纪即将进入第二个10年之际,由于广大选民对自民党长期执政带来的制度性疲劳越来越难以忍受,民主党在2009年8月举行的第45届众议院选举中以摧枯拉朽之势将自民党赶下了台,成为"日本丸"的新掌舵人。日本媒体纷纷用"载入史册的政权更迭"、"渴求变革的民意"以及日本"正站在新时代的入口"之类的醒目标题和夸张字眼来概括这场政权轮替。

毫无疑问,民主党执政不仅给日本的政治经济转型也给日本的外交包括中日关系带来了前所未有的历史性机遇。主要表现在三方面:

第一,走出历史问题的阴影。在自民党时代,虽然两国间先后缔结了4个政治文件,日本对过去那场战争给中国人民带来的苦难表示深刻反省,但依然有不少身居要职的政治家千方百计地翻历史的案,美化侵略战争,为一小撮军国主义分子涂脂抹粉。小泉纯一郎任内执意参拜供奉东条英机等甲级战犯的靖国神社导致中日关系持续处于僵冷状态就是例证。民主党从成立后,领导层在对待过去那场战争历史的问题上态度一向十分鲜明。菅直人认为历史问题是无法绕开的,鸠山由纪夫则表示民主党有勇气正视历史,要在历史和解的基础上构建"东亚共同体"。用日本评论家的话来说,"这在自民党政权时代是无法想象和实现的"[②]。时任民主党干事长的冈田克也明确宣布,只要靖国神社里还供

[①] 细川护熙在接见《人民日报》记者和中国国际广播电台记者联合采访时的发言,据新华社东京1993年8月26日电。
[②] (日)高桥哲哉:"2010年的战后责任——对应的失败",《世界》月刊,2010年1月号,第185页。

第九章 民主党执政后中日关系的调整与挫折

奉着二战甲级战犯,日本的首相就不应该前往参拜①。可以肯定,民主党执政后中日关系将不会受到参拜靖国神社问题的负面影响,从而为中日关系的进一步发展提供了广阔的空间。

第二,超越意识形态的分歧。中日是亚洲的两个拥有不同社会制度和意识形态的大国。两国实现邦交正常化,应该说是树立了一个和平共处的典范。两国老一辈政治家在邦交正常化时就提出"求同存异"的方针来弥合彼此间的分歧。在中日邦交正常化以后最初一二十年里,两国意识形态和社会制度的差异问题并不突出。但近年来日本一些政要越来越热衷于批评中国实行"一党专制"、缺乏"自由、民主、人权"等等,刻意凸显和放大两国间在价值观领域的"异",推动建立"民主国家联盟"、"自由与繁荣之弧",蓄意构筑排斥并围堵中国的包围圈。其结果,自然是导致两国的战略猜疑与对峙日益加深,影响中日关系的健康稳定发展。民主党在鸠山由纪夫掌权时期,一直对安倍晋三和麻生太郎等推行的价值观外交持批评态度,强调要摒弃意识形态和价值观的分歧,在自立、共存、协作与相互尊重的"友爱"哲学基础上建立新型的国际关系。2009年9月,鸠山由纪夫在出任首相后第一次与中国国家主席胡锦涛会晤时更是明确提出,"双方要超越立场差异,建立友爱的外交关系"。姑且不谈"友爱外交"的现实可行性,单就摒弃意识形态差异这一点而言,对中日关系的进一步发展是具有积极意义的。

第三,推进"东亚共同体"的构建。民主党在野期间就非常重视与中韩朝等亚洲邻国开展交往与合作。而建立"东亚共同体"更是鸠山由纪夫等民主党创始人一贯的执政理念。2009年7月,民主党为众议院选举发表的竞选公约《Manifesto 2009》中,明确写进了有关"东亚共同体"的主张。强调它将致力于"构筑与中国、韩国等亚洲各国的信赖关系"、"在贸易、金融、能源、环境、救灾和防治传染病等领域,建立亚太地区的区域合作机制"、"积极推进与以亚太地区各国为首的世界各国就缔结涉及投资、劳动和知识产权等广泛领域的经济合作协定

---

① 严圣和:"外交:能否实现既亲美又入亚",载《日本变天——民主党政权近距离观察》,新世界出版社,2009年10月版,第204页。

(EPA)、自由贸易协定（FTA）谈判"，等等[①]。鸠山由纪夫在2009年10月10日北京举行的第二届中日韩峰会上，呼吁中日韩三国要为建立"东亚共同体"问题携手合作，发挥核心作用。在自民党执政时期，日本在外交和安全保障问题上"对美一边倒"，在经济上也是唯美国马首是瞻。它只是想从亚洲新兴经济体群体性崛起中最大限度地攫取好处，却很少考虑如何为推进区域经济一体化作出应有的贡献。应该说，鸠山由纪夫热心推进"东亚共同体"的构建，意味着日本外交发生战略性的转折，具有深远的历史意义。如果日本真能寻找到发展日美关系与日中关系、日韩关系的平衡点，以"东亚共同体"作为亚洲外交战略的核心，对日本进一步发展与中韩等国的互利共赢是利好消息。这也是日本国内也包括亚洲各国对民主党走上执政道路普遍抱有期盼的原因。

第二节　民主党执政后在处理对华关系上的大起大落

从中日邦交正常化以来，日本还没有哪一个执政党像民主党这样在处理对华关系上出现了大起大落的局面。在鸠山由纪夫任内，中日关系出现良好发展势头。随着菅直人担任首相，中日关系以2010年9月的撞船风波为标志一度跌入低谷。在野田佳彦上任的最初半年里，中日关系似乎出现回升势头，但很快便由于东京都前知事石原慎太郎策划"购买"钓鱼岛的闹剧而急趋紧张，而野田佳彦在2012年9月10日宣布对钓鱼岛实行所谓的"国有化"更是让中日关系出现邦交正常化40年来最严重的危机。

[①]（日）民主党：《Manifesto 2009》，2009年7月27日发行，第22、23页。

第九章 民主党执政后中日关系的调整与挫折

一、鸠山由纪夫致力于推进中日关系

2009年9月16日,由鸠山由纪夫担任首相的民主党、社民党和国民新党联合内阁问世。

鸠山由纪夫内阁推行的"外交新政",其要点是努力构筑"紧密而对等的日美关系",在此基础上加大对"东亚共同体"建设的投入,改善与发展同中国、韩国的关系,将中日韩合作作为"东亚共同体"的核心。

鸠山在担任首相后席不暇暖,于9月21日赴美国出席联合国气候变化峰会等重要国际会议。中国国家主席胡锦涛是他抵达纽约后会见的第一个外国元首。会谈一开始,鸠山就向胡锦涛表示了对中华人民共和国建国60周年的祝贺,强调日本政府和人民希望同中国发展友好关系,将致力于推动日中战略互惠关系向前发展,充实内涵,进一步加强高层往来,加强相互了解和信任,深化两国经贸等各领域务实合作,增进两国国民感情,加强亚洲地区合作[①]。这次首脑会谈意味着中日关系在日本政权更迭后平稳过渡,有了一个良好的开端。

10月9日,鸠山赴北京参加第二届中日韩首脑峰会。行前,鸠山在接受记者采访时阐述了新政权对发展中日关系的基本思路。他强调:"日本应该有勇气正视历史,并在此基础上发展日中面向未来的关系。日中两国不仅在经济领域的相互依赖程度不断加深,而且在气候变化问题、北朝鲜问题等地区和全球性问题上的合作也一直在深化。在这种背景下,众多日本国民都希望中日关系越来越好。……我希望今后能够通过充实日中战略互惠关系的内容,构筑日中间的信赖关系,在未来实现'东亚共同体'的目标。"[②] 鸠山在中日韩首脑峰会上的发言引起国际社

[①] 中国外交部网站:"国家主席胡锦涛会见日本首相鸠山由纪夫",2009年9月21日,见中国外交部网页:http://www.fmprc.gov.cn/chn/pds/ziliao/zt/dnzt/hjtcf090916/hjt090916zxxx/t586170.htm。

[②] "鸠山由纪夫:众多日本国民希望中日关系越来越好",《中国青年报》,2009年10月10日。

会的普遍瞩目。他是如此表白的:"日本迄今为止对美国有些过分依赖,日美同盟固然重要,但今后日本要作为亚洲一员采取更加重视亚洲的政策。"①。鸠山还在这次峰会上呼吁要以中日韩三国为核心,建设亚洲版的欧盟,推进"东亚共同体"建设。

鸠山在这次来华前访问了韩国,与李明博总统举行了会谈。他在10月26日在国会发表就任首相后首次施政演说时颇为自负地说:"这些天来,我与亚洲各国的领导人进行了坦率而真挚的意见交换。日本在与韩国、中国进而与东南亚等亚洲近邻各国间,应基于相互尊重多元价值观,积极寻找共同利益和彼此可以加强合作的领域,构筑真正的信赖关系,推动彼此的合作。"② 这可以说是鸠山对处理包括日中关系在内的亚洲近邻各国关系的基本出发点。

在鸠山由纪夫担任首相期间,中日关系出现了良好的发展势头,有两大标志性的事件:

其一是民主党向中国派遣"长城交流计划访华团"。2009年12月10日至13日,由民主党干事长小泽一郎担任名誉团长、民主党国会对策委员长山冈贤次担任团长的"长城交流计划访华团"启程访华。共有143名民主党国会议员参加,堪称日本国会历史上最大规模的一个议员出访团。其中有79人是刚当选的所谓"一年级生"。一行受到中国国家主席胡锦涛的接待,广泛地与中国各界人士交流,并参观了北京奥运会期间兴建的大型污水处理装置和京郊的新农村建设项目。尽管日本保守媒体抨击这是"朝贡外交",民主党内也有"是不是故意轻视美国"的担忧,但整个活动隆重、热烈,堪称民主党执政后中日民间交往的新高潮。

其二是中国国家副主席习近平访日。习近平作为中共十八大后新一

---

① (日)吉田好克:"日美同盟再调整15年前的教训",NHK"新闻观察",2009年10月22日,见NHK网站:http://www.nhk.or.jp/asupro/country/country_07.html。

② (日)鸠山由纪夫:"在第173届临时国会上的施政演说",2009年10月26日,见首相官邸网站:http://www.kantei.go.jp/jp/hatoyama/statement/200910/26syosin.html。

代领导集体的核心人物,这次访日具有巨大的象征意义。2009年12月14日,鸠山由纪夫会见习近平时郑重表示,日方愿同中方共同努力推动日中战略互惠关系的发展,进一步开展节能环保和气候变化等领域的合作。鸠山还重申,在台湾问题上日本尊重中方立场,西藏问题是中国内政①。习近平副主席还会见了明仁天皇。日本宫内厅一度曾表示难以安排天皇会见,因为按惯例需要在一个月前提出申请。《产经新闻》等媒体借此批评民主党政权屈服中国压力,搞特殊待遇。但鸠山和小泽顶住压力,强调这一特殊安排"对今后进一步发展日中关系具有极其重大的意义"。

鸠山执政以来,中日两国间除高层领导频繁接触外,民间交流活动也高潮迭起。日本民众的对华亲近感明显上升。根据2009年12月12日日本内阁府发表的"外交舆论调查",对中国有亲近感的比例比2008年上升了6.7个百分点,达38.5%;认为日中关系发展良好的比例也是38.5%,上升了14.8个百分点,基本上恢复到了6年前的水平②。

二、中日关系在菅直人任内风波骤起

中日关系发展的良好势头在菅直人入主首相官邸后戛然而止。

如前所述,菅直人作为市民运动出身的政治家,一向与中国比较接近。但与人们所期盼的相反,菅直人自上任伊始便小心翼翼地处理与中美两大国的关系,力图让美国人感到放心。菅直人在继任首相的第二天就主动致电奥巴马,明确宣布他将切实履行日美双方在5月28日就普天间基地搬迁问题达成的协议。同时,他取消了原定的出席6月12日上海世博会日本国家馆日的计划。

6月11日,菅直人在国会发表就任首相后的首次施政演说。乍一看,菅直人似乎沿袭了其前任既加强日美同盟又拉近与亚洲国家关系的

---

① "习近平会见日本首相鸠山由纪夫",新华社,东京2009年12月14日电。
② (日)内阁府:"外交舆论调查",2009年12月14日,见内阁府网站:http://www8.cao.go.jp/survey/h21/h21-gaiko/2-1.html。

方针。例如,他在演说中强调:"我国既是一个面向太平洋的海洋国家,也是亚洲国家的一员。要在这种两面性的基础上推进我国的外交。具体来说,就是要以日美同盟为基础,同时加强与亚洲各国的合作。"但是,在叙述的分量上显然是阐述日美关系的篇幅更多,力度更大,而且对美国关注的问题都一一作了交代。如菅直人强调:"日美同盟不仅是为了保卫日本,它也是支撑亚太地区稳定与繁荣的国际公共财产,日本今后要扎扎实实地深化与美国的同盟关系。""在普天间基地转移问题上,将在坚持上月底日美间协议的同时,尽力减轻冲绳县的负担。""要从应对国际安全环境等观点出发,调整防卫力量的应循状态,争取在年内修订防卫计划大纲,出台中期防卫力量的整备计划。"至于对华外交,则只是轻描淡写地提了一句:"要继续深化与中国的战略互惠关系。"①

6月27日,菅直人赴加拿大温哥华出席八国峰会和二十国峰会。峰会结束后,菅直人与美国总统奥巴马举行了正式会晤。用《日本经济新闻》社论的话来说,这次会谈标志着日美两国已站到了修复双边关系的"起跑线上"。

与此同时,菅直人执政团队内在中日关系上不和谐的噪音明显增多。

8月27日,菅直人政权诞生还不到3个月,首相私人咨询机构"新时代安全保障与防卫问题恳谈会"公布了一份报告。与以往相比,这份报告炒作"中国威胁论"的迹象明显,其对策中也明显加大了对中国防范和遏制的分量。例如,它强调要用"动态防御力量"的概念取代沿袭多年的"基础防卫力量"构想,批评日本现有的全国"均衡部署"的方针不靠谱,呼吁加强毗邻中国的、包括冲绳在内西南诸岛的防卫力量,等等。

如果说这份报告只代表首相私人咨询机构的观点的话,那么,9月10日内阁会议批准的2010年版《防卫白皮书》则是如假包换的政府文

---

① (日)菅直人:"在第174届例行国会上的施政演说",2010年6月11日,见首相官邸网站:http://www.kantei.go.jp/jp/kan/statement/201006//11syosin.htm。

第九章　民主党执政后中日关系的调整与挫折

件。这份白皮书关于中国的分量比以往显著增加,称中国在军事领域"不透明和军事力量的动向引起包括日本在内的地区和国际社会的担忧"。日本媒体认为这一提法比自民党时代还重①。更有甚者,菅直人还听任内阁内一些"鹰"派色彩较浓的阁僚带头向中国发难,人为地给中日关系降温。

在这种氛围下,在2010年9月份整整延续了17天之久的钓鱼岛撞船事件成为中日关系由暖转寒的标志。这起事件是由9月7日日本海上保安厅在钓鱼岛海域以所谓"侵犯领海"和冲撞日方巡视船为由扣押中国渔船"闽晋渔5179"号引起的。嗣后,日方虽先后释放了14名船员和船只,却由检察当局强行拘押船长并扬言要按照日本的国内法进行审讯,并一味孤行,对中方一再的交涉和抗议置之不理。这是在自民党时期也不曾有过的严重挑衅事件。

中方在交涉无果、忍无可忍的情况下被迫采取了一系列反制措施,诸如推迟两国有关东海油气资源开发和增加民航航班的谈判、中止省部级以上干部的对日交流,等等。恰好在这一时期,4名日本人擅闯中国军事禁区遭到扣押,中国输日稀土矿石在海关通关时出现迟滞现象,引起日本有关人士产生对中国是否对日禁运的猜测。9月23日,中国总理温家宝在联合国大会期间要求日方尽快遣返中国渔船船长。美国担心中日交恶引起更严重的后果,遂一面就钓鱼岛适用日美安保条约表态,一面压日本尽早放人。翌日,日方在所谓"保留处分"条件下释放了中国船长。然而,这一风波给中日战略互信、经贸合作和国民感情造成的损害是无法估量的。

钓鱼岛撞船事件以后,民主党内部在如何处理对华关系问题上出现了严重分歧:

一方面,以前原诚司为首的"新国防族"继续坚持对华强硬立场。前原诚司扬言说,在钓鱼岛问题上日本连1毫米都不会退让。他甚至用"歇斯底里"一词抨击中国,这是近几十年来日本政治家更不要说是现

---

① （日）"民主党政权首次发表白皮书 中国军队的行动值得担忧",《朝日新闻》,2010年9月11日。

职外务大臣针对中国的最无礼的指责;时任民主党干事长的枝野幸男更声称中国是日本的"恶邻",日本与中国不可能建立战略互惠关系[①]。

另一方面,民主党内一些原社会党出身或"草根"色彩较浓的议员对中日关系的现状普遍感到忧虑。迫切要求菅直人执政团队尽快拿出有力对策,寻求转圜的机会。正是在这种背景下,与民主党前代表小泽一郎较接近的代理干事长细野豪志于9月29日秘密访问北京,希望尽快实现中日两国首脑的直接接触。菅直人在媒体报道细野行踪后否认他是自己派遣的特使,但对细野从北京带回来的信息十分重视。

通过中日两国外交当局的交涉,2010年10月5日,在布鲁塞尔举行欧亚首脑会议期间,菅直人与中国总理温家宝在走廊里"不期而遇",进行了一场为时20分钟的短暂会谈,菅直人向温家宝总理保证,他将继续推进中日战略互惠关系。然而,两国的互信关系依然脆弱。同年11月28—30日,在河内举行的东亚峰会期间,虽然中日两国外交进行了会晤,但首脑会晤最终还是未能实现。一直到11月13—14日在横滨举行的APEC非正式领导人会议期间,菅直人首相才与胡锦涛主席坐下来,进行了一场短暂但较为正式的对话。外界普遍认为这是中日关系转圜的开始。

但是,事情远没有人们想象的那么简单。正如前文所提到的,2010年12月17日,菅直人内阁批准了日本新的《防卫计划大纲》。这份大纲提出了日本防卫力量建设和部署的新方针。虽然从文字上看,涉及中国的篇幅不多,但极力渲染"中国在周边海域加强了与主权权利相关的单方面要求","中国海军在日本周边海域的活动频繁、军事实力剧增且不透明",是"地区和国际社会的担忧事项"。大纲还要求加强西南诸岛的防卫态势,在不设防的离岛配置部队,并强化日本周边海空领域的警戒能力[②]。日本媒体在解读这份大纲时一针见血地指出了其目的是要应

---

① (日)"民主党枝野幸男说,'战略互惠关系是不可能的'",《朝日新闻》,2009年10月3日。

② (日)防卫省:"平成23年度以后的防卫计划大纲",2010年12月17日,见防卫省网站:http://www.mod.go.jp/j/approch/agenda/guideline/2011/taikou.html。

第九章 民主党执政后中日关系的调整与挫折

对包括中国军力扩张在内的各种事态①。2010年12月,日本内阁府发表的"外交舆论调查"表明,被调查者中对中国有亲近感的比例降到20.0%,掉了18.5个百分点;认为中日关系良好的比例更跌掉30.2个百分点,仅有8.3%,为历史最低水平②。

进入2011年以后,中日关系出现若干回升的迹象。3月11日,日本东北地区发生里氏9.0级的特大地震和海啸。中国政府和人民不计前嫌,迅速伸出援手,除提供救灾物资外,还在第一时间派出专业队伍前往灾区参加救援活动。温家宝总理在出席在东京举行的第四届中日韩峰会前专程前往宫城县的灾区慰问受灾民众,表达了中国政府和人民对日本灾区民众社会深切的同情和灾后重建的大力支持。这一年12月内阁府发表的"日本外交调查",对华亲近感和认为中日关系良好的比例都有较大幅度的回升,分别从20.0%上升为26.3%,从8.3%上升为18.8%③。

三、中日关系在野田佳彦任内进入严冬

野田佳彦是民主党"新国防族"集团的头面人物之一,政治立场一向偏右。他就任首相前还曾撰文称靖国神社里供奉的甲级战犯并不是战争罪犯,强调日本应该制定《安全保障法》、《紧急事态法》以应对不测事态。也许是意识到包括中国在内的亚洲邻国的担心,野田在就任首相后,立即表态说自己和本届内阁阁僚都不会去参拜靖国神社④。这当然让日本的右翼感到失望,但是,包括中国在内的亚洲各国却多少放下了

---

① (日)"新防卫计划大纲通过 中国被定为'担忧事项'",《读卖新闻》2010年12月17日。
② (日)内阁府:"外交舆论调查",2010年12月20日,见内阁府网站:http://www8.cao.go.jp/survey/h22/h22-gaiko/index.html.
③ (日)内阁府:"外交舆论调查",2011年12月16日,见内阁府网站:http://www8.cao.go.jp/survey/h23/h23-gaiko/index.html.
④ (日)"野田首相表示不会正式参拜靖国神社",《产经新闻》,2011年9月2日。

心头的一块石头。

野田上任后，破例地在一个半月里接连两次在国会发表施政演说。第一次是9月13日，在外交这一章里专门有一段是论述中日关系的。野田说："关于日中关系，考虑到明年是日中邦交正常化40周年，要在广泛的领域展开具体的合作。日本将要求中国努力成为国际社会负责任的一员，进一步提高透明度，发挥适当的作用，在此基础上推进两国的战略互惠关系。"① 第二次是10月28日。野田没有专门就日中关系展开论述，但提到了"日中韩谈判"一词。"今后还将推进日澳谈判，并力求尽快开启日本欧盟谈判和日中韩谈判，并就是否加入跨太平洋战略经济伙伴关系协定，即所谓的TPP协定继续深入探讨，尽早做出结论。"②

2011年12月25日至26日，野田对中国进行了正式国事访问。他也是继鸠山由纪夫2009年10月出席北京举行的中日韩峰会后第二位访华的民主党籍首相。访华前夕，野田在接受《中国青年报》等媒体书面采访时表示，自己曾是1984年3000名日本青年访华团的一员，是"日中交流之子"，希望能与中国增进多层次的相互理解和相互信赖。

野田在访华期间先后与温家宝总理、吴邦国委员长和胡锦涛主席进行了会谈。他表示：很高兴能在日中两国即将迎来邦交正常化40周年之际实现访华愿望，希望这次访问对深化日中战略互惠关系发挥重要作用。增进日中政治互信是发展两国关系的重要基础，中国的发展对包括日本在内的国际社会是机遇。

野田的这次访华有三大"亮点"：一是双方决定进一步加强两国在金融领域的合作，如日本准备购买中国国债，两国同意在双边贸易中鼓励使用本币，实现人民币和日元的直接兑换，发展使用本币的债券市

---

① （日）野田佳彦："在第178届临时国会上的施政演说"，2011年9月13日，见首相官邸网站：http://www.kantei.go.jp/jp/noda/statement/201109/13syosin.html.

② （日）野田佳彦："在第179届临时国会上的施政演说"，2011年10月28日，见首相官邸网站：http://www.kantei.go.jp/foreign/noda/statement/201110/28syosin_ch.pdf.

场，等等；二是同意建立海上磋商机制，落实让东海成为"和平合作与友好之海"的协议；三是同意促进中日韩三国尽快缔结自由贸易协定和投资协定等。

中日关系在野田佳彦这样的"鹰"派色彩较浓的政治家上任后没有出现明显倒退。这既是双方保持高度克制的结果，也是欧债危机、美债危机不断深化而日本也面临"3·11"震灾后续处理等复杂难题的形势使然。但是，这并不等于中日关系已经开始企稳回升。事实上，由于政策惯性的缘故，加上野田本人的政治理念与价值观取向，在中日关系相对平静的同时也不时出现一些不和谐的噪音，受到一些不该有的干扰：

1. 通过启动加入TPP的谈判牵制中国。野田决定就加入TPP协定而与有关国家进行谈判。这首先是出于稳定日美关系的考虑，同时，也有通过全面开放国内市场促进结构改革的设想。正如日本一些政家和媒体所披露的，其中也暗藏着借助美国的力量牵制中国的意图。如前所述，野田任命的负责外交、安保问题的首相助理长岛昭久就公开表示，TPP向全世界传递的一个强烈信号就是亚太地区的秩序必须由日美两国制定而不是由中美两国主宰。

2. 炒作南海问题以配合美国的战略意图。如前一章所述，野田内阁问世后，明显加大了炒作南海问题的力度。在菲律宾总统阿基诺三世、越南国防部长及国家主席、印度外长与国防部长访问日本，以及玄叶光一郎外相访问东南亚三国、野田佳彦首相访问印度期间，无一例外地提出要确保南海的"航行自由"问题，并就加强日本与这些国家的安全保障合作达成协议。日本还别有用心地在东亚峰会上倡议设立"海上安全论坛"。这显然是要给中国出难题，配合美国遏制中国的战略意图，拉东盟和印度一起在南海问题上牵制中国。从一定意义上说，这也是麻生时代流产的"自由与繁荣之弧"的旧调重弹。

3. 在西藏问题上给中国制造麻烦。2011年11月7日，达赖窜访日本，与朝野两党的十多位议员会见。首相助理长岛昭久、防卫副大臣佐藤周先后与达赖晤面。据日本媒体报道，官房长官藤村修提醒长岛昭久，达赖此次访日前是承诺过不从事政治活动和不会见政界人士的，长岛却辩称自己只是以一名议员的身份会见达赖，并无任何不妥。佐藤则强调他是就达赖为"3·11"震灾做法事表示感谢而已①。

野田佳彦任内,对中日关系损害最大的要数他对钓鱼岛实施的所谓"国有化"举措。2012年4月16日,时任东京都知事的石原慎太郎在华盛顿发表演讲,声称东京都已与钓鱼岛及北小岛、南小岛的所有人达成协议,待都议会批准后将在年内完成购买手续。这是对中国领土主权的赤裸裸挑衅。蹊跷的是,野田内阁的官房长官藤村修在石原宣布"购岛"的第二天召开记者招待会宣布,如果有必要的话,政府愿意与东京都交换意见,在这一构想基础上作进一步的推进②。4月18日,野田佳彦在众议院预算委员会表示,政府正在确认土地所有者的意图,对所有的可能性进行探讨。日本媒体认为这实际是暗示政府将对钓鱼岛实行"国有化"。

5月13日,野田佳彦再次赴北京出席中日韩第五次峰会。这次峰会的主题是讨论如何加快中日韩经济一体化进程。但围绕钓鱼岛问题,从会议一开始就传出了不和谐的声音。温家宝总理敦促日方"尊重中方核心利益和重大关切",野田却声称钓鱼岛是日本领土不可分割的部分,中国在钓鱼岛周边等海域活动频繁,刺激了日本国民的感情,甚至无理地要求中国在这一问题上"冷静处理"③。

野田决心"一条道上走到底"了,他在7月6日派遣首相助理长岛昭久向石原慎太郎转达了由国家购买钓鱼岛及北小岛、南小岛的意向。中国立即作出了反应,规劝野田悬崖勒马,停止挑衅。9月9日,胡锦涛主席在符拉迪沃斯托克出席APEC首脑会议期间与野田进行了非正式会谈,强调中日关系因钓鱼岛问题面临严峻局面;日方必须充分认识事态的严重性,不要作出错误的决定,应同中方一道,维护中日关系发展大局。然而,就在会谈的第二天,野田便召开内阁会议,通过了用20.5亿日元"购买"钓鱼岛的决议。翌日,又同所谓的土地所有者签署了购岛合同。

---

① (日)"官房长官提醒 长岛称只是作为一名议员行动而已",《朝日新闻》,2011年11月9日。

② (日)"官房长官表示国有化'很有可能'",《朝日新闻》,2012年4月18日。

③ "野田狂言钓鱼岛是日本领土",香港《太阳报》,2012年5月14日。

第九章　民主党执政后中日关系的调整与挫折

中方在忍无可忍的情况下，采取了一系列反制措施。中国政府在提出强烈抗议的同时，于9月10日向全世界公告钓鱼岛及其附属岛屿的领海基线17个地理坐标，9月13日中国驻联合国代表将上述钓鱼岛及其附属岛屿的地理坐标表和相关海图给联合国秘书长交存，9月14日起，中国海监、渔政等公务船开始对钓鱼岛海域实施常态化监测巡航。长期以来，日方对钓鱼岛海域单方面的、非法控制局面被彻底打破。中国一些大城市还出现了激烈的涉日游行示威。

在此后的3个月里，野田佳彦始终拒绝正视历史，承认现实，在钓鱼岛问题上改正错误，致使中日关系持续恶化，跌到了邦交正常化以来的最低点。2012年11月26日，日本内阁府发表了"外交舆论调查"。被调查者中对中国有亲近感的比例从2011年的26.3%降到18.0%，掉了8.3个百分点；认为中日关系良好的比例则由2011年的18.8%跌至4.8%，跌幅达14个百分点，双双创下了历史新低[①]。

第三节　民主党处理钓鱼岛问题失策使中日关系严重倒退

在菅直人、野田佳彦担任首相期间，中日两国围绕钓鱼岛的主权归属问题，先后两次发生尖锐对立。民主党政权在处理这一敏感问题时执意打破两国老一辈政治家达成的默契，导致两国关系骤然恶化，陷入邦交正常化以来的最低点。这恐怕是民主党创始人始料未及的。

一、民主党在处理钓鱼岛问题上的严重失策

围绕钓鱼岛的主权归属问题一向是中日关系中最敏感的问题。

---

① （日）内阁府："外交舆论调查"，2012年11月26日，见内阁府网站：http://www8.cao.go.jp/survey/h24/h24-gaiko/index.html。

钓鱼岛位于东海大陆架上,总面积约 6.3 平方公里,由钓鱼屿、黄尾屿、赤尾屿、南小岛、北小岛等 8 个岛礁构成。从地质构造来看,它位于从中国大陆向西延伸的东海大陆架上,属于台湾东北部的大屯山火山带,是台湾宜兰县的附属岛屿。

钓鱼岛是中国人首先发现、命名和实际使用的。中国古代文献中最早有钓鱼岛记载的可以追溯到明朝永乐元年(1403 年)问世的《顺风相送》。明、清两代中国皇帝派往琉球的册封使共有 24 批。在这些册封使的述职报告中多次提到钓鱼岛,它是由中国福建前往琉球的海上航路的必经之地和航标。从明代中叶起,钓鱼岛被纳入中国近海防御体系。嘉靖年间,浙江总督胡宗宪受命剿灭倭寇。在其幕僚郑若曾编撰的《筹海图编》,钓鱼岛群岛的钓鱼屿和赤屿等岛屿分别列入福建罗源县定海所和宁德县两大防区。清代文献中也有福建水师定期巡航钓鱼岛的记录。

日本在 1878 年吞并琉球后即企图将钓鱼岛据为已有。1884 年,一个名叫古贺辰四郎的日本商人自称"发现"了钓鱼岛,要求日本当局批准开发,但日本政府慑于清王朝的严正立场,始终不敢贸然造次。直到日本在甲午战争中稳操胜券后才于 1895 年 1 月 14 日由内阁作出秘密决议,将钓鱼岛纳入冲绳县版图。同年 4 月 17 日中日双方签订马关条约,明确将台湾全岛及所有附属各岛屿"永远让于日本"。

1943 年 12 月,中美英三国首脑聚会埃及首都开罗讨论战后处理问题。会后发表的《开罗宣言》明确规定,"日本所窃取于中国之领土,例如东北四省、台湾、澎湖群岛等,归还中华民国。其他日本以武力或贪欲所攫取之土地,亦务将日本驱逐出境"[①]。1945 年 7 月,美英苏三国领导人在德国波茨坦磋商对日作战问题。会后发表的《波茨坦公告》第八条规定:"《开罗宣言》之条件必将实施,而日本之主权必将限于本州、北海道、九州、四国及吾人所决定之其他小岛。"[②] 这一宣示具有

[①] 《国际条约集(1934—1944)》,世界知识出版社,1961 年,第 407 页。
[②] 田恒主编:《战后中日关系文献集》(1945—1970),中国社会科学院出版社,1996 年版,第 1、2 页。

第九章 民主党执政后中日关系的调整与挫折

非常重要的意义。日本于 1945 年 8 月 10 日宣布接受《波茨坦公告》，向反法西斯盟国无条件投降。

按照《开罗宣言》和《波茨坦公告》的规定，钓鱼岛确定无疑是要归还给中国的。然而，1951 年 9 月 8 日，美国等一些国家在排除中国的情况下与日本缔结了"旧金山和约"，其中规定北纬 29 度以南的西南诸岛交由联合国托管。而 1953 年 12 月 25 日，琉球的美国"民政府"发布第 27 号令，擅自扩大托管范围，将战胜国中国的领土钓鱼岛也划入其中。中国政府从一开始就明确表态，排除中国参加的《旧金山和约》是非法的、无效的，这项条约对中国没有任何约束力。自然，作为琉球托管国的美国也无权拿中国的领土私相授受。

1968 年底，联合国的一份调查报告透露了钓鱼岛周围海域蕴藏有大量的石油天然气资源，其规模堪与伊拉克相匹敌。这一发现使得钓鱼岛主权归属问题骤然上升为东亚地区的热点。1972 年 5 月，美国将琉球连同钓鱼岛的行政权一并移交给日本时，台海两岸同时表示谴责。中华人民共和国驻联合国代表黄华专门致信联合国秘书长瓦尔德海姆，强调美日两国政府拿中国的领土钓鱼岛私相授受完全是非法和无效的。而美国则辩解说，它对钓鱼岛的主权归属不持立场。这一问题应该由当事国磋商解决。近 40 年来，台海两岸始终没有松动有关钓鱼岛问题的立场，分别通过立法将钓鱼岛列入领海范围或明确其行政隶属。

1972 年夏秋之交，中日两国围绕邦交正常化进行最后交涉。7 月 28 日，国务院总理周恩来会见了为日本首相田中角荣访华打前站的公明党委员长竹入义胜。周总理明确告诉日方，田中这次来访可以不谈钓鱼岛问题。但在 9 月 27 日中日领导人举行第三次会谈时，田中角荣还是向周恩来提出了这个问题。据参加邦交正常化谈判的张香山回忆，田中首相当时是这样说的：借这个机会我想问一下贵方对尖阁列岛（即我钓鱼岛）的态度。周恩来表示，这个问题我这次不想谈。田中首相说，既然我到了北京，这问题一点也不提，回去后会遇到一些困难，现在我提了一下，就可以向他们交代了。周恩来总理说：对！就因为那里海底发现了石油，台湾拿它大做文章，现在美国也要做这个文章，把这个问题搞得很大。田中首相表示：好，不需要再谈了，以后再说。周恩来总理说，这次我们把解决的基本问题，比如两国关系正常化问题先解决。这是最迫切的问题。不是说别的问题不大，但目前急迫的是两国关系正常化问题，有些问题要等待时间的转移来谈。田中说：一旦邦交正常化，我相信其他问题是能够解决的①。

1978年10月，时任中国副总理的邓小平赴东京出席《中日和平友好条约》的换文仪式。在10月25日举行的记者招待会上，有记者提出了"尖阁群岛"（即我钓鱼岛）问题，邓小平回答说："'尖阁列岛'，我们叫钓鱼岛，这个名字我们叫法不同，双方有着不同的看法。实现中日邦交正常化时，我们双方约定不涉及这个问题。这次谈中日和平友好条约的时候，双方也约定不涉及这个问题。倒是有些人想在这个问题上挑一些刺，来障碍中日关系的发展。我们认为两国政府避开这个问题是明智的。这样的问题放一下不要紧，等十年也没有关系。我们这一代人缺少智慧，谈这个问题达不成一致意见。下一代人肯定比我们聪明，一定会找到彼此都能接受的方法。"邓小平讲话博得全场热烈的掌声②。

1978年10月的这次记者招待会以后，邓小平曾经不止一次地强调这一立场。"搁置争议"的共识成为中日双方处理钓鱼岛争端的基本方针。1979年5月，日本海上保安厅曾派船到钓鱼岛设置直升飞机机场，但在中方交涉后很快予以撤除。1990年10月，由于日本右翼团体非法在钓鱼岛修建灯塔，招致全球华人强烈谴责。随后，日本又出动巡视船拦截前往钓鱼岛海域的台湾船舶。中国外交部就此对日本进行了严正交涉。为平息事态，海部首相谴责了右翼团体的举措，内阁官房长官阪本三十次则在记者招待会上表态说他赞成中国领导人邓小平在1978年所做的阐述，钓鱼岛主权问题应该留给后代去决定③。1996年1月，桥本龙太郎出任首相后，中日双方再次就"搁置钓鱼岛争端、互不谋求改变

---

① 张香山：《中日复交谈判回顾》，《日本学刊》，1998年第1期，第47页。
② 田桓主编：《战后中日关系文献集（1971—1995）》，中国社会科学出版社，1997年版，第249页。
③ "Spokesman Favors Leaving Senkaku Island", *Kyodo News International*, 23 October 1990。转引自菅沼龙：《中日关系与领土问题》，日本侨报社，2007年2月版，第182页。

第九章 民主党执政后中日关系的调整与挫折

现状"交换了意见。1997年签署、2000年生效的《中日渔业协议》规定双方在这一海域分别对本国的渔船实施管辖。

长期以来,尽管日本右翼团体一直没有停止过在钓鱼岛问题上挑衅中国核心利益的小动作,诸如在岛上非法兴建灯塔、太阳旗标志等。但日本政府在钓鱼岛问题上始终采取比较低调的做法,约束日方人员上岛和兴建设施,以避免影响中日关系大局。2004年3月,香港和大陆的"保钓"人士登岛宣示主权,小泉内阁将他们拘留后只是强制遣送出境。

民主党执政后却执意打破中日两国间的这一默契,先后两次挑起了有关钓鱼岛主权归属的争端。

第一次是在2009年9月7日,中国大陆渔船"闽晋渔"5179号在钓鱼岛海域与试图拦截它的日本海上保安厅巡逻船发生碰撞事件。时任国土交通大臣、负责指挥海上保安厅的前原诚司力排众议,将大陆船长拘留了17天之久,声称要按照日本国内法进行审判。前原将在野党时期那种一味冲撞、肆意蛮干的做法拿到国与国之间的双边外交上。如果中方采取默认态度的话,日本显然就能在钓鱼岛归属争端上开创一个对日本有利的司法案例。

但是,前原显然低估了中国的反应。在事关国家领土主权的核心利益问题上,中国绝对不会给日方嚣张的气焰所压倒。从"闽晋渔"5179号船长被拘留起,中国对日喊话、抗议的层级从外交部发言人、部长助理、副部长、部长正逐步升级到国务委员甚至国家总理,采取了停止部长级交流等措施,并且在包括联合国大会在内的国际社会严厉谴责日方的挑衅行为。最终,美国也不得不规劝日本迅速和无条件地释放被扣中国船长。在内外压力下,日本政府不得不在9月24日以"保留处分"的形式释放了中方船长。然而,这一事件对中日关系造成的损害却是十分巨大的。

两年后,中日两国围绕钓鱼岛主权归属问题再次"摊牌"。这一次日本的主角是前原的政治盟友、时任首相的野田佳彦。如前所述,野田佳彦和东京都知事石原慎太郎合演了一场"双簧戏"。先是石原在2012年4月16日抛出"购买"钓鱼岛的主张并大肆炒作,进行舆论动员。继而野田内阁在同年9月10日作出对钓鱼岛实施所谓"国有化"的决定。他还声称将"举全国之力强化对岛屿及其附近海域的警备"。这种赤裸裸地挑衅中国核心利益的行径，把中方逼到了不得不出手反击的地步。中日关系还没有走出2010年撞船事件的阴影，又遭到钓鱼岛"国有化"的冲击，严重地损害了两国间的战略互信、经贸合作和国民感情。

从2012年9月以后，中日两国的首脑会晤陷于中止，省部级的互访"停摆"；双边贸易在2012年萎缩3.9%后，2013年1至7月又锐降8.8%；中国内地有好几十个城市爆发了大规模的抗议示威，一部分地区的民众还出现了自发的抵制日货的现象；中日两国国民对对方国家的亲近感迅速跌至历史最低水平。这即便在自民党政权时期都是极为罕见的。

民主党领导层在处理钓鱼岛问题时主要有三大失误：

第一是错误判断客观形势，试图改变游戏规则。无论是撞船事件后扣押中国渔船船长，企图按照日本国内法进行审判也罢，还是用买卖方式对钓鱼岛实施所谓"国有化"也罢，其最终意图就是要形成日本法理占有钓鱼岛的"司法案例"。而民主党领导层之所以敢于冒险一搏，主要是基于如下判断：（1）中国领导人忙于处理国内经济难题及10年一遇的权力交接，无暇应对钓鱼岛的复杂局势；（2）中国经济虽有一定发展，但在技术上资金上仍然对日本有很大的依赖，不敢冒中日关系破裂的风险；（3）日本对钓鱼岛及其周边海域实施单方面的控制已有数十年，中国最多提提抗议而已，根本无力改变现状。正是在这些错误判断的基础上，民主党内"少壮"派集团才产生了这种冒险犯难、以求一逞的外交冲动。

第二是采取冲撞式的外交手段，拒绝任何沟通与斡旋。这两次围绕钓鱼岛主权归属的中日博弈，无论是在撞船事件发生后，还是在采取"国有化"举措前，中方都通过各种层级与日方交涉，希望能从中日关系大局出发，相向而行，妥善应对。然而，民主党领导层却摆出一副不妥协、不理会的姿态，声称在中日间不存在需要谈判解决的领土问题，恣意妄为，一味孤行。甚至威胁要动用自卫队来维护日本对钓鱼岛的所谓领土主权。这种超级强硬的态度不仅是中日邦交正常化以来所未曾有

第九章 民主党执政后中日关系的调整与挫折

过的现象,就是在主要大国的纷争中也极为罕见。

第三是拉大旗作虎皮,借用美国力量压服中国。民主党领导层在两次围绕钓鱼岛的争端中都试图将美国拉进中日间的对立中来,用美国超强的政治军事力量为自己壮胆撑腰,迫使中方知难而退,委曲求全。美国也需要中日间出现适度的紧张,为它战略重返亚洲寻求发力点和支撑点。正因为如此,美国一方面声称对钓鱼岛主权归属问题不持立场,另一方面则表示日本拥有钓鱼岛的施政权,钓鱼岛争端适用于日美安保条约,明显地采取了拉偏架的立场。日本的这种将第三方牵扯进钓鱼岛问题的做法是中国绝对不能接受的。中国一贯坚持独立自主的和平外交,不信邪、不怕压。日本越是这样做,越是证明它心虚理亏,同时也使钓鱼岛问题成了难以解开的"死结",它给中日关系带来的负面影响更大也更持久。

正如一些评论家所指出的,民主党新生代政治家在钓鱼岛问题上无视两国老一辈政治家默契的所作所为,恰似打开了中日间尘封已久的"潘多拉"魔盒。

二、民主党执政后对华外交出现摇摆的深层原因

人们不禁要问,原本应该在推进中日关系上迈开新步伐的民主党政权反倒使中日关系跌至邦交正常化以来的最低点,民主党执政后的对华外交缘何会有这么大的摇摆,这究竟是什么原因呢?

第一,中日两国处于力量对比发生"世纪逆转"后的心理调适期,日本国内日渐抬头的对华嫉妒、警惕和怀疑的思潮导致民主党领导层在处理对华关系时逐渐偏离原有立场

冷战结束后,亚太地区国际格局转型中最引人瞩目的变化是中国、印度等新兴经济体的群体性崛起,新兴大国与传统大国间力量消长的结果势必导致围绕主导权的角逐日趋白热化。就中日两国而言,GDP总额对比出现"世纪逆转"是彼此间风波迭起、矛盾凸显的深层原因。

中国从改革、开放以来,综合国力迅速上升。1990 年中国的 GDP 只有日本的 1/9,2010 年却反超日本,2011 年、2012 年则进一步拉大

了差距。日本从1990年以来随着"泡沫经济"的解体，经济持续滑坡，政局连年动荡，在国际社会的影响也逐年下降。特别是2005年以后，日本"入常"受挫，外汇储备、外贸总额、汽车销售量等综合性指标相继被中国超过。许多习惯居高临下俯视中国的日本人越来越对中国怀有强烈的嫉妒、警惕和怀疑。他们既担心中国可能对日本过去的侵略行径进行"秋后算账"，也担心强大起来的中国重新将日本贬为自己的附庸。2012年6月20日，《中国日报》社和日本言论NPO共同实施的舆论调查结果显示，中国人中对日本印象不好的占64.5%，是开始这项调查8年来的最低点。但是，日本人中对中国印象不好的竟然高达84.3%，比中国高出近20个百分点。这一差距不能不引起人们深思[1]。

随着这股恐华、嫌华思潮的蔓延，日本国内出现了一系列怪现象：书店里畅销的热门书籍要么渲染中国危机重重、即将崩溃，要么强调中国是威胁日本和世界的"新亚洲盟主"、"超级霸权"；报刊杂志和电视报道大量充斥着有关中国的负面报道，以渲染中国的落后与失败取悦读者和观众。在这种氛围下，包括民主党议员在内，朝野两大阵营的政治家动辄对中国说硬话、狠话，将自己包装为对中国敢说敢为的"斗士"来凝聚人气和支持率。民主党的对华政策与其在野时相比，越来越强硬，也越来越缺乏弹性和宽容度。从2010年钓鱼岛撞船事件后菅直人内阁一些阁僚的激烈反应来看，这些重量级政治家在处理对华关系时已失去了原本还有的那么一点点自信和宽容，连起码的外交礼节也置之脑后。如时任外相的前原诚司指责中国在钓鱼岛撞船事件后的应对是"歇斯底里"[2]。几十年来日本外相对任何一个国家都没有说过这么重的话。而野田佳彦之所以无视中国领导人的一再规劝，抛弃前辈政治家与中国达成的默契，在钓鱼岛"国有化"问题上一条黑道走到底，导致中日关系由"盛夏"跌回"严冬"，也是出于这么一种严重扭曲的对华强硬心理。

---

[1] "2012年日中联合舆论调查"（记者招待会资料），日本言论NPO、《中国日报》，2012年6月20日，第5页、第24页。

[2] （日）"前原发言让中国气愤难平"，《朝日新闻》，2010年10月23日。

第九章 民主党执政后中日关系的调整与挫折

第二，民主党执政团队中"少壮派"集团用提振民意支持的国内政治需要绑架日本外交政策，致使日本执政当局在处理对华关系时陷入一味强硬的死胡同

民主党长期在野，缺乏执政经验，尤其是不善于驾驭庞大的官僚队伍，在执掌政权后很快就暴露了它这一先天不足的软肋。其结果，一方面是它不得不从打破"官僚主导"的立场上后退，另一方面则是让党内那些充满权力欲、支配欲的"少壮"派政治家逐渐掌控重要的权力，取得远超其人数比例的政治影响力。从菅直人内阁开始，前原诚司、野田佳彦等民主党内"新国防族"议员越来越飞扬跋扈，野田佳彦领衔组阁后，内阁中松下政经塾毕业生竟然多达8人。除野田外，外务大臣玄叶光一郎、国土交通大臣吉田治、公安委员长松原仁、文部科学大臣城井崇、首相助理本多平直和内阁官房副长官长浜博行等都是松下政经塾的毕业生。一些日本媒体干脆将野田内阁称为"松下政经塾内阁"。松下政经塾毕业生共同的特点是年少气盛，血气方刚，擅长演讲，惯于作秀，但同时又缺乏社会历练，行事莽撞而不顾后果。他们最拿手的政治伎俩就是制造若干热门议题，大肆炒作，转移视线。

小泉纯一郎以后的历届内阁，其支持率都呈现"高开低走"的局面。民主党政权也不例外。鸠山内阁问世时支持率高达72%，是战后仅次于小泉纯一郎内阁的第二高纪录，但5个月后便跌破50%，至卸任前仅有19.1%；菅直人内阁成立时有62%，而卸任前的2011年7月降为16%；野田内阁成立时的支持率只有53%，两个月后的11月降为40%，12月更跌至31%。为摆脱内阁支持率持续低迷的困境，民主党内这些"少壮"派政治家不惜制造事端，对外挑衅。野田对钓鱼岛实施所谓的"国有化"就是在这一背景下出台的。《朝日新闻》如此分析道："对野田政权来说，由于提高消费税和启动核电站等'国民无法接受的政策'造成支持率急剧下降，购买尖阁列岛就有争取国民支持的考虑。"[①] 据时事通信社调查，在将钓鱼岛"国有化"后，野田内阁的支持率为23.3%，比上月上升了3.5个百分点。而据日本雅虎的调查，

---

① （日）"野田政权被尖阁问题推着走"，《朝日新闻》，2012年7月7日。

野田内阁的支持率更令人惊异地比上月蹿升17.5个百分点,达33.2%,与野田内阁问世时持平①。可见野田等人的算计还是收到一定效果的。

第三,民主党内决策机制存在断层,无法有效制衡领导层的"暴走"

民主党是一个比较年轻的政党,其组织机构和运行机制中有一些先天不足的缺陷。这是人数上居于劣势的松下政经塾毕业生群体能裹挟整个民主党的深层原因。

关于民主党决策机制中存在的断层问题,本书在第三章第三节曾有所涉及。这里再赘述几句。民主党在其诞生之初,曾仿效自民党设立了总务会、政调会等从事内外政策调研、评估和政策决定的常设机构。但是,总务会在1999年被"影子内阁"取代。在民主党掌权后一直没有恢复。由于民主党处于在野地位,政调会很难从各省厅获得详尽而及时的信息,只能搞一些口号宣示式的、缺乏实际操作性的政策提案。2009年9月民主党执政后,按照时任干事长小泽一郎的意见,为防止出现党、政二元结构,政调会一度宣告解散。这样一来,决策中心完全集中到由首相、阁僚组成的执政团队,一般议员除了出席两院议员大会选举代表外,完全被排除在决策圈子外。菅直人出任首相后,迫于党内的压力恢复了政调会的活动。但菅直人要求政调会只提政策建议而不参与政策决定。加上民主党绝大多数议员没有执政经验,即便提一些政策建议也多半是纸上谈兵,隔靴搔痒,起不了什么作用。菅直人一直标榜其内阁是民主党全体国会议员参与的"420人内阁",但实际上党内决策还是存在着较大的断层。一些持激进主张的人甚至认为民主党已经沦为"权威社会"②。

民主党决策机制存在断层,使得领导人可以用个人的意志凌驾于全党,甚至可以随意改变其前任推行的政策。正如著名政治评论家盐田潮所尖锐指出的,很难想象鸠山由纪夫、菅直人和野田佳彦这三届内阁居

---

① (日)日本雅虎·大家的政治,见 http://seiji.yahoo.co.jp/research/。
② (日)坂井广志:"民主党政调会暗云密布"、《产经新闻》,2010年7月19日。

第九章 民主党执政后中日关系的调整与挫折

然是同一个政党所建立的[①]。决策机制存在断层派生出来的又一个弊端，就是民主党内缺乏制约领导层的纠错机制。一旦领导层作出错误决策，党内没有哪一级机构可以踩下"刹车"，予以阻止。事实上，在野田佳彦执政后期，民主党的对华政策已越来越与自民党趋同，与其2009年竞选公约相距何止十万八千里。民主党内批评声浪虽然很高，但最终还是听任野田和他的追随者将民主党这艘"巨轮"引向了激流险滩，直至给民主党3年的执政历史画上句号。这应该说是一个非常惨痛的教训。

三、民主党执政给中日关系留下负的遗产

民主党短暂的3年执政中，中日关系经历了大起大落。可以说是几度风云几度坎坷。它曾经展示了一幅辉煌的图卷，让人们看到希望看到光明，但最终却是留下了一大堆负的遗产。中日关系恐怕需要很长时间才能走出这片阴影。那么，民主党执政究竟给中日关系带来哪些负的遗产呢？

第一，让钓鱼岛争端上升为阻碍中日关系健康稳定发展的最大障碍。

在国与国的关系中，领土问题从来是最敏感、最容易引起对立的问题。正因为如此，中日两国老一辈的政治家从邦交正常化起就采取了将这一问题"放"在一边予以搁置的方针，从而保证了近40年来两国在各个领域开展交流和合作，并取得丰硕的成果。尽管日本一小撮右翼势力不时试图挑起钓鱼岛争端，破坏中日友好的气氛，但由于历届内阁基本遵守了两国间的默契，未能让这些事件干扰两国关系的大局。然而，民主党执政后，特别是在"新国防族"政治家掌控外交和国防大权后，蓄意推翻两国间的这一默契，企图将新的游戏规则强加于中国。无论是试图用日本国内法"审判"中国船长也好，对钓鱼岛实施所谓"国有

[①]（日）御厨贵、盐田潮、中岛岳志："没有先例的解散"，《朝日新闻》，2012年11月17日。

化"也罢,其实质都是用政府的公权力,制造所谓钓鱼岛属于日本的法律依据。这就迫使中国政府和人民不得不做出强烈反弹,以捍卫自身的核心利益。长期处于休眠状态的领土问题一旦被提上政治日程,当事者双方就谁都躲不了,回避不了,也无法妥协和让步了。这就好比"潘多拉魔盒"一旦被打开,就很难再把放出来的"恶魔"收回去了。在可以预见的未来,中日两国除非就承认现状、搁置争议达成新的共识,否则就会在钓鱼岛及其周边海域无休无止地对峙下去,钓鱼岛问题将成为阻碍两国关系健康稳定发展的最大障碍。这是民主党执政3年留下的最大的负的遗产。

第二,从根本上动摇中日两国间历尽艰难建立起来的战略互信。

大国间构筑战略互信是一个动态的过程。它从彼此间的承诺及有关行为规范的默契出发,并由合作共赢的利益链条加以巩固和发展。战略互信是一种双边的正向判断,是双方合作的前提,并由合作的成功得到强化;同时,也会因为一方的单边行动而遭到伤害,出现信任强度下降的逆向变化。以钓鱼岛问题为例,中日两国间在邦交正常化时决定将这一问题"放"在一边予以搁置。虽然没有任何文字记载,但确确实实是两国老一辈政治家之间的一种默契,是东方式的外交智慧。日本有多名重量级的政治家和参与中日交涉的前外交官的证言都证明了这一点[①]。然而,从2010年钓鱼岛撞船事件开始,菅直人内阁的多名阁僚却言之凿凿地声称中日两国间并没有这种默契。这种罔顾历史事实、践踏两国共识的行径,怎么不可能对两国的战略互信造成极大伤害呢?!而且,同为民主党的首相,菅直人、野田佳彦与鸠山由纪夫有关对华关系的立场相差何止十万八千里,很难想象他们是由同一个政党推举的三名领导人。这不禁让人们对民主党政策的延续性产生严重怀疑。最让中方感到痛心的是,对中日关系造成伤害最大的,恰恰是过去10多年里与中国

---

① 前自民党干事长野中广务披露说,当年他作为自民党新当选的国会议员,亲耳听到时任总裁、首相的田中角荣介绍中日间在钓鱼岛问题上有默契;日本外务省前事务次官、曾以条约课课长身份参加中日邦交正常化谈判的栗山尚一接受《朝日新闻》记者采访时承认两国在钓鱼岛问题上有过默契。

第九章 民主党执政后中日关系的调整与挫折

交往最密切、中方期盼最深的民主党。如同人与人之间一样，国与国之间要构筑高度的相互信任，必须作艰巨的努力，花费很长的时间。但它完全有可能在转瞬间崩溃甚至荡然无存。就这一点而言，民主党的罪莫大焉。

第三，造成中日两国狭隘民族主义相互刺激轮番升级的负面连锁。

民主党内"少壮"派政治家普遍缺乏驾驭复杂局势的能力，但在玩"剧场政治"、用哗众取宠的政治手段凝聚人气方面却都是行家里手。他们在挑起钓鱼岛争端时心存侥幸、冒险犯难，在事态急剧恶化后又拒绝妥协、强硬到底，致使这一敏感议题越炒越热，异常升温。由此带来的后遗症就是日本国内长期郁结的挫折感和受害者意识出现"井喷"式的大发泄，狭隘民族主义甚嚣尘上。日本著名作家村上春树对此曾有一针见血的分析。他在钓鱼岛"国有化"风波后投书《朝日新闻》，其中尖锐指出："领土问题一旦超出务实解决的范畴，涉及到'国民感情'的领域，就会难寻出口，显现危险。如同人们醉于劣质酒一般，几杯劣酒下肚，便酩酊大醉，头脑充血，言语聒噪，举止粗暴，逻辑简单，以自我为中心。而喧闹过后，一旦清晨从宿醉中醒来，剩下的就只是恼人的头疼。对那些慷慨地许以劣质酒，煽风点火的政客和名嘴不可不多加小心。上一世纪30年代，阿道夫·希特勒为巩固其政策，始终拿讨回德国在第一次世界大战中失去的领土作为其政策的中心。其结果是尽人皆知的①。"

日本的这种狭隘民族主义往往又与中国国内因为领土被非法窃占所引发的民族主义情绪相互刺激、轮番升级，造成两国间彼此敌视、激烈冲撞的局面。事实上，在两次钓鱼岛风波中，中日两国国内都曾出现了针对对方国家的示威抗议。2010年9月，中国驻日大使馆受到装有子弹的恐吓信，中国驻福冈、长崎的总领事馆还遭到烟幕弹的袭击；2012年9月，在中国的西安、长沙和青岛等城市出现了针对日资企业和日系汽车的打砸抢现象。目前，两国国民对对方国家的亲近感都下降到历史

---

① （日）村上春树："村上春树投稿 狂热于领土好比醉于劣质酒"，《朝日新闻》，2012年9月27日。

最低水平。据2013年8月公布的日本"言论NPO"和中国的英文报纸《中国日报》的共同调查，日本民众对中国没有亲近感的比例由2012年的84.3%上升为2013年的90.1%，增幅为5.8个百分点；中国民众对日本没有有亲近感的比例从2012年的64.5%增至92.8%，增幅竟高达28.3个百分点[①]。

2012年12月，民主党在第46届众议院选举中遭到历史性的败北，被迫交出执掌了3年又3个月的政权。它留给后任的是一个烂摊子。其中，尤以中日关系的紧张对峙影响最大、后果最严重。这也可以说是民主党最大的外交失败。

---

① （日）言论NPO："第九次日中联合调查的结果"，见言论NPO网站：http://www.genron-npo.net/world/genre/tokyobeijing/post-240.html。

结束语

民主党的政治失败意味着什么？

凝望夏日的夜空，时常可以瞥见一道道光的弧线在刹那间穿顶而过。它是那么璀璨夺目，让点缀在天幕上的所有星星都黯然失色。然而，它的寿命却极其短暂，几乎是瞬间即逝，很快便消失在天际……

在日本政坛，民主党也犹如这夜空中的流星，"火"了一把之后便极不情愿地退出了天空的舞台。它发出最耀眼光芒的时候是日本参众两院分别于2007年7月、2009年8月举行的两场选举。当时，民主党可谓气势如虹，所向披靡。在它的凌厉攻势下，垄断日本政坛半个多世纪的自民党节节败退，溃不成军，不得不拱手交出了政权。

2009年9月，在鸠山由纪夫领衔的民主党政权问世之初，内阁支持率高达70%多，为战后仅次于小泉纯一郎内阁的第二高纪录。民主党和它的执政伙伴社民党、国民新党在参众两院的席位数合计都超过了半数。日本的主流媒体或者是由衷地拥护民主党所推动的改革，或者是慑于新内阁的高支持率而不敢贸然发难。无论是"天时"、"地利"还是"人和"，对鸠山由纪夫和他的同事们都似乎十分眷顾。战后的日本还从来没有哪一届内阁像鸠山由纪夫内阁那样与一场成功的改革距离这么近。

事实上，在鲜花和掌声中闪亮登场的鸠山由纪夫内阁甫告问世便点燃了改革的三把"火"：第一把"火"烧向日本的官僚体制。新政权废止了沿袭123年的事务次官会议,在各省府实行大臣、副大臣和政务官的"政务三役"核心领导制度,并对官僚们视如禁脔的"天神下凡"制度开刀;第二把"火"烧向日本的预算体系。新政权果敢地将预算重点从"混凝土"转向"人",大幅度削减公共事业费用,增加用于民生的支出,扶植弱势群体,并通过"事业甄别"将一向是"黑箱操作"的预算分配过程公诸于世;第三把"火"烧向日本外交的基轴。新政权喊出了"紧密而对等的日美关系"的口号,不仅撤回了在印度洋为美国军舰提供燃料的海上自卫队舰艇,公布了历届内阁刻意隐瞒的日美密约,还推翻了自民党时代日美有关普天间基地转移问题的协定,执意将这一基地搬出冲绳县。……凡此种种,民主党政权向日本国内外展现出的是除弊兴利、重振日本的坚定理念和前所未有的改革姿态。

但是,这场深刻触动旧理念、旧体制的改革刚刚迈出一小步便遭到了传统势力特别是既得利益集团的种种抵制与掣肘。自民党等在野党自不待言,它们总是对民主党看不顺眼,极力阻扰民主党新政权提出的各项法案;中央各省府的官僚采取"明从暗顶"的态度,或以等待指示为名消极怠工,或设置种种障碍进行抵制;原先曾表示欣赏或至少保持沉默的主流媒体纷纷敲打起民主党政权来;日本的民众对民主党大幅度调整内外政策既抱有极高的期盼,又对改革的艰难以及改革中偶尔犯下的错误缺乏耐心和容忍度。民意调查显示,鸠山由纪夫内阁支持率持续走低犹如"雪崩"一般,使这位立志改革的民主党领袖处境越来越艰难。而检察当局启动的对鸠山由纪夫以及其政治盟友小泽一郎政治资金问题的调查更成为压垮民主党第一届内阁的"最后一根稻草"。

在鸠山由纪夫辞职后,民主党政权高举的改革旗帜即开始逐渐褪色。从菅直人内阁到野田佳彦内阁,民主党在各个领域所推进的各项政策调整几乎都呈现出停滞不前甚至大幅度后退的局面。一方面,有识之士纷纷警告说民主党正在向自民党时期的政策回归,有成为"第二个自民党"的危险;另一方面,诸如消费税增税、加入TPP等民主党历年的竞选公约(Manifesto)中从未提及的政策却堂而皇之地提上了议事日程。菅直人内阁和野田佳彦内阁不顾党内和民众的激烈反对,强行推进这些政策。其结果,不仅造成民主党的分裂,也让民众与民主党渐行渐远,甚至给它贴上"背信弃义"、"不堪信任"的标签。

民主党在日本政坛掀起的这场政治改革浪潮以失败告终,这是连民主党领导层也不敢予以否认的事实。它的后果是非常明显的:

首先,民主党失去国民的信任与支持,逐渐趋向"边缘化"。

民主党从1996年问世起,一直以夺取政权为己任。它白手起家,没有任何业绩,最大的也是唯一的资源就是它公开向民众宣示的政策。而这些政策与自民党沿袭多年的旧政策相比,指导思想和侧重点都大相径庭,可以说是别具特色、另树一帜的。这些政策以兴利除弊、重振日本为标榜,给人们很大的想象空间,从而赢得了民众的热烈支持。民主党在它问世后十多年来的历次国政选举中,除了2005年9月被称为"邮政选举"的那次大选外,几乎每一次选举都让它向夺取政权的目标前进一大步。在2007年7月的第21届参议院选举中,民主党席位猛增28席,达109席,取代自民党跃居参议院第一大党;在2009年8月的第45届众议院选举中,民主党更拿下了超过半数席位的308席,将议席锐降为119席的自民党赶下了台。它的声望可谓如日中天,炙手可热。然而,正如"水能载舟亦能覆舟"这句话所揭示的,当初将民主党推上执政舞台的民众最终却由于对民主党的失望达到极点而义无反顾地将它拉下了台。在2012年12月举行的第46届众议院选举中,民主党的席位从选前的231席跌至57席,仅仅比它1996年成立时多了3席,可以说是被打回到了原点。民主党在众议院的议席仅及自民党(294席)的19.4%,不得不拱手交出尚未捂热的权力。接踵而来的第23届参议院选举在2013年7月21日进行投、开票,民主党在参议院的议席又从86席萎缩为59席,只有自民党的一半。民主党籍的国会议员总数从全盛时期的418人跌至116人,已失去在参众两院与自民党分庭抗礼的资格。从各大主流媒体的民意调查来看,民主党的支持率持续徘徊在个位数,它已经没有任何翻盘的机会了。

其次,日本的新一轮改革既失去方向,也失去继续推进的动力。

民主党在它执政的这3年里对日本内外政策所进行的调整堪称一场大规模的改革尝试。其涵盖领域之广、触及制度之深,都是史无前例的。民主党为夺取政权准备了13年，它对日本内外政策的调整也摸索了13年。作为政策参照物的，不仅有自民党半个多世纪执政期内出现的"制度性疲劳"的失败教训，也有英国等发达国家在不同时期推进结构性改革扭转国家颓势的成功经验。而且，民主党成立之初，日本就有一批政治学者对它寄予极大的期望，并不断向它献计献策，提供智力支撑。人们比较熟知的就有北海道大学教授山口二郎、政策大学院大学教授饭尾润、三井物产驻美国总代表寺岛实郎、丽泽大学教授松本健一、"构想日本"代表加藤秀树等人。这些智囊人物的出身、背景和理念各不相同，但在促进日本的新一轮改革问题上立场是完全一致的。民主党执政后之所以能雷厉风行地推行各项改革，这些智囊人物的智力支撑功不可没。但是，随着时间的推移，民主党对日本内外政策的调整进展得很不顺利，它在竞选公约（Manifesto）里提出的各项主张，不是浅尝辄止、半途而废，就是跑调走样、逐渐扭曲，甚至回归到自民党时代的旧轨道。所有这些都让以往一直支持民主党的思想精英深感失望和挫折。如果说在民主党执政前，日本的新一轮改革曾经有过一套比较完整和系统的设计的话，目前，日本的政治学界却出现了集体失语的现象。理由很简单，在目前的日本政坛，无论是东山再起，急于重整旗鼓的自民党，还是正在竭尽全力防止进一步分裂的民主党，乃至于以"第三极"自诩，却渐显颓势的日本维新会，已经没有哪一个政党能够成为继续推进日本新一轮改革的中坚力量了。

第三，日本政坛的"总体保守化"趋势将维持相当长一段时间。

民主党这场不成功的改革尝试给它的老对手自民党东山再起、"咸鱼翻身"的机会。自民党作为垄断日本政坛半个多世纪的老牌政党，拥有长期执政的经验、驾驭官僚队伍和应对复杂局势的能力。但是，长期执政带来的两大弊端"金权政治"的跋扈和"世袭议员"的蔓延，使得它越来越缠绕于"权"、"钱"、"选票"相交换的利益链条而难以自拔，而漠视民生问题的施政理念也使它与民众渐行渐远。自民党在2009年8月众议院选举中的失败意味着日本选民对它说了"不"。在这次空前的惨败之后，自民党内有大批资深议员选择了离党出走、另立山头的道路，就彷佛"泰坦尼克"号沉没前夕，乘客们争相从船舱内出逃一般。

结束语 民主党的政治失败意味着什么？

如果民主党政权不犯大错的话，自民党很可能继续分裂以致最后解体。

自民党在 2012 年 12 月众议院选举中出人意料地重新夺回了政权。这与其说选民们恢复了对自民党的信任，还不如说是民众对民主党的失望所致。自民党在"泡沫经济"崩溃的 20 多年里，无意进行自我改革，以主导和推动大规模的改革。在它沦为在野党的 3 年里，并没有认真吸取教训，对早已病入膏肓的"金权政治"体质进行过任何"手术"，它也没有"不拘一格降人才"，试图对"世袭议员"现象进行任何限制。自民党重新回到政治舞台中央时并不是以焕然一新的面貌出现，相反，它表现出来的是因循守旧、故态复萌，是延续过去几十年的那套政治运作模式。

日本政坛的"总体保守化"趋势，以自民党东山再起为标志，恐怕还会持续相当长一段时间。其理由有四：一是在野党阵营已不再有任何威胁自民党统治的强劲对手，"一强多弱"的日本政党格局暂时还不会受到任何撼动；二是日本政坛和自民党内的刹车装置基本失灵，使得日本的当权者即便有严重出格的言行，也不会遭到有力的制约；三是民主党改革失败，尤其是它在执政后期的内外政策都出现向自民党时期回归的迹象，从而大大增强了自民党对其传统路线的自信；四是民主党执政后期日本与其亚洲邻国的领土争端渐趋激化，造成日本国内狭隘民族主义思潮急剧抬头，以致日本的当权者竞相以对外强硬的姿态来凝聚人气，提升知名度。日本政坛出现一轮"鹰"派政治家煽动民族主义思潮而民族主义思潮又强化"鹰"派政治家地位的恶性循环。

人们不无忧虑地看到，在民主党政权正式谢幕后，代表自民党领衔组阁的是素以"鹰"派面目出现的安倍晋三。安倍于 2006 年 9 月至 2007 年 9 月担任首相，此番算是"梅开二度"。与其前任相比，他有执政经验，有智囊团队，上任伊始就能出台一系列政策，展现"安倍 2.0 版"的执政优势。但是，安倍晋三率领的这一届内阁是自民党历史上"鹰"派政治家最多的一届内阁。17 名阁僚中有 14 人是"大家都去参拜靖国神社国会议员之会"的成员。安倍自己也多次表示，对上次首相任内未能参拜靖国神社感到"痛悔至极"。正因为如此，在 2013 年 4 月靖国神社的春季大祭中，安倍内阁中包括副首相兼财务大臣麻生太郎在内，共有 4 名阁僚，参拜了供奉着东条英机等 14 名甲级战犯的这座神社。同时，集体参拜靖国神社的国会议员也达 168 名之多，创 1987 年以来的最高纪录。在"8·15"终战纪念日和秋季大祭中，安倍内阁又有多名阁僚和众多国会议员参拜了靖国神社。安倍还在国会预算委员会宣称，不能原封不动地继承"村山谈话"，称侵略的定义在学术界以至国际上都没有定论。更令人愤慨的是，安倍于 2013 年 12 月 26 日悍然参拜了靖国神社。这是 2006 年"8·15"以来日本现任首相再次踏进靖国神社大门。这一践踏人类良知和公理正义的挑衅行为激起了国际社会特别是中韩等亚洲邻国的强烈愤慨。

安倍从不讳言他最崇拜的政治家是曾任首相的外祖父岸信介。岸信介隔代遗传给他的是国家主义思想和向战前回归的复古主义的政治 DNA。安倍的政治夙愿是要修改和平宪法，摆脱战后体制，最终使日本成为"正常"国家。他在第一次首相任内曾挑战这一目标但没有成功。安倍复出后将修改宪法定位为"亟须解决的重大议题"，甚至称之为"改变日本的原动力"。由于日本民众对修宪的认同程度还不高，安倍便将近期的施政重点放在修改宪法解释，突破日本不得行使集体自卫权的"禁区"。安倍在第一任首相任内试图修改宪法解释，遭到当时的内阁法制局官员以"集体辞职"相威胁的抵制而被迫放弃，他遂于 2013 年 8 月 7 日任命与内阁法制局毫无渊源的前驻法国大使小松一郎担任内阁法制局长官。日本媒体透露，这一异乎寻常的任命表明安倍准备强行推进修改宪法解释。

此外，安倍内阁在 2013 年内先后通过了《国家安全保障战略》、《防卫计划大纲》和《中期防卫力量整备计划》等文件，明显加大了对军事力量的投入。安倍内阁成立了"国家安全保障局"，作为协调安全防卫政策的"司令塔"。还准备彻底放弃"武器出口三原则"，与美国等国共同研制和生产武器；酝酿引进"战斧"式巡航导弹，使自卫队具备对所谓敌方基地进行"先发制人"的打击能力，等等。据日本媒体透露，防卫省已决定撤销由文职人员组成的"企划运用局"，今后将由自卫队统合幕僚长统一指挥自卫队三军的训练与作战事宜，这是强化自卫队作战能力的重要举措。安倍政府在走向军事大国方面比历届内阁走得

结束语　民主党的政治失败意味着什么？

更远。

安倍晋三的这些所作所为，与鸠山由纪夫在民主党执政初期推行的内外政策堪称天壤之别。但是，让人们感到蹊跷的是在"安倍2.0时代"启动的2013年内，其内阁的支持率始终保持在50%左右的高位，完全颠覆了过去6年里历届内阁支持率"高开低走"、不到半年就跌至30%"警戒线"的"常识"。这是不是表明日本"鹰"派政治家比"鸽"派政治家更受选民青睐呢？是不是意味着安倍所推行的这条路线是将"日本丸"从困境中引领出来的"灵丹妙药"呢？回答显然是否定的。其理由主要是：

第一，安倍第二任内阁的高支持率主要来自于对"安倍经济学"（Abenomics）的期盼，而"安倍经济学"效应已渐呈强弩之末态势。

安倍内阁的支持率能维持在较高水平上主要得益于安倍经济新政所催生的短期市场效应。"安倍经济学"由大胆的金融政策、积极的财政政策和新的产业战略这三大支柱构成。安倍强势要求日本中央银行（日本银行）实行无限量货币宽松政策，打压困扰日本多年的通货紧缩，并在日本政府债务接近1000万亿日元高危水准后依然超额发行国债以扩大公共投资。这些措施与其说是对症下药，不如说是注射强心针的一场"豪赌"。但恰恰是这些显示执政团队不惜代价刺激经济的决心，拉高了市场对未来经济向好的预期，导致日本股价在2013年内猛涨了57%，日元贬值了25%。问题是这段时期日本大企业虽大多转亏为盈，但中小企业却依然陷于困境，扩大雇佣、提高平均收入的效果并不明显。作为"安倍经济学"第三波的新产业战略基本上是"新瓶装旧酒"，很难在日本国内诱发出新一轮的投资热潮。而且，日本将从2014年4月起将消费税税率提高到8%，2015年更增至10%。这对占日本GDP60%的个人消费是极大的制约因素。据日本智库测算，消费税增税有可能将2014年度的GDP压低1至1.8个百分点，2015年增税后GDP还将继续低迷，日本经济景气下行压力极大。

第二，日本当前最紧迫的课题并不是修改宪法或突破不准行使集体自卫权的"禁区"，安倍及其执政团队误读民意必将招致民众的强烈反弹。

从上一世纪 90 年代起,日本经济明显滑坡,政局持续动荡,国民中弥漫着强烈的挫折感和失落感。日本人民和任何国家的人民一样,期盼着明天比今天更美好,也渴望赢得国际社会的尊重。这也是过去那么多年,民众对高调倡言改革、矢志兴利除弊的民主党抱有好感的根本原因。在民主党发起的这场改革失败后,安倍内阁却打出了修改宪法的旗帜,将修宪定位为"亟须解决的重大议题",宣称这是"改变日本的原动力"。这既是要扭转日本战后发展方向的危险动向,也是对日本民意最大的误读。

日本的现行宪法是 1947 年开始施行的,一直被誉为"和平宪法"。其中第九条规定,"日本国民衷心谋求基于正义与秩序的国际和平,永远放弃以国权发动的战争,不以武力威胁或武力行使作为解决国际争端的手段。为达到前项目的,不保持陆海空军及其他战争力量,不承认国家的交战权。"这反映了日本对上次大战的反省,是战后日本坚持和平道路的法律依据。但是,长期以来日本国内一再有人主张修改宪法,特别是取消宪法第九条的规定。修宪和护宪成为日本政坛长期角逐的焦点之一。经过最近两次国政选举后,参众两院议员中赞成修宪的议员分别占到 89% 和 75%。这自然使安倍试图修宪或至少突破"集体自卫权""禁区"的底气大大增加。可是,修改宪法既不可能解决目前日本面临的各种难题,也不可能提升日本的国际地位。而更重要的是,由于和平、民主思潮在国民中拥有广泛的支持,修宪要突破民意这一关谈何容易。从《朝日新闻》等全国性报纸进行的民意调查来看,反对修宪者的比例远远高出赞成修宪者的比例。安倍如果执意修宪,他的第二任期很可能是以一场空前的政治豪赌开始,以激烈的朝野对立结束。

第三,日本需要尽快改善与中韩等亚洲近邻的关系,一味推行"以邻为敌"、"以邻为壑"的冲撞式外交路线,最终只会使日本更加孤立。

无论是从全球化潮流势不可挡的发展趋势来看,还是从日本与周边国家日趋密切的相互依存关系来看,日本都需要尽快克服障碍,使它与中国、韩国等亚洲邻国的关系回到健康、稳定发展的轨道上来。"安倍 2.0"时代的外交有两个鲜明的特色:一是外交日程密集,二是在传统的"经济外交"基础上更加凸显"价值观外交"。安倍上任半年里，先后访问了越南、泰国、印度尼西亚、美国、蒙古、俄罗斯、沙特阿拉伯、阿联酋、土耳其、缅甸、波兰、英国和爱尔兰等13个国家。参议院选举后，安倍又在7月下旬第三次访问东南亚，与马来西亚、新加坡、菲律宾3国领导人会晤。加上他在8月份访问的巴林、科威特、吉布提和卡塔尔4国，9月份访问的俄罗斯、阿根廷、加拿大和美国，10月份访问的印度尼西亚、文莱和土耳其，11月份访问的柬埔寨和老挝。在2013年内总共出访了29次共25国，其密集程度可以说超过了历任日本首相[①]。人们注意到，在安倍访问过的这20多个国家中一半以上是中国的周边国家，其"围堵中国"的意图十分明显。例如，安倍在访问越南期间承诺增加对越经济援助，并提供潜艇乘员培训。在访菲期间，安倍还最终敲定由日本向菲律宾援助10艘全新巡视船的计划。而越南、菲律宾都是与中国存在海洋权益争端的国家。不过，中国周围的绝大多数国家都是希望与中国和睦相处，互利共赢的。安倍"包围中国"的路线既是其战略误判的产物，也是外交失败的死穴。

站在历史拐点上的日本正在经历一场深刻的政治、经济和社会大变革，其影响堪与明治维新和战后的民主化改革相比。但其深度、广度和难度却是前两次大变革所无法比拟的。如果从上一世纪80年代算起，这场改革已经延续了30年，至今还没有到尘埃落定的程度。日本朝野两大阵营的政党都希望成为这场改革的推动者和主导者，希冀在这场改革中能留下自己的烙印。

在过去3年里，民主党处在执政的位置上，它试图用自己十多年来为改变日本而精心设计的内外政策来引领日本走出"失去的二十年"的阴影，励精图治，再铸辉煌。它也确实这样努力去做的。但遗憾的是，由于主客观条件的局限，民主党在这3年里犯下的错误也许要比其政绩更多。它答应民众的许多美好的承诺都没有实现。内部纷争却愈演愈烈，以致昔日的战友如今反目成仇，分道扬镳。民主党在2012年底的

[①] 其中，印度尼西亚、美国、俄罗斯和土耳其分别访问了2次。

第 46 届众议院选举以及 2013 年 7 月第 23 届参议院选举中的失利意味着日本民众给他们打了一个"不及格"的分数。

那么，人们自然会问，正在永田町的首相官邸发号施令的安倍晋三及其追随者能不能从他们的错误中汲取教训呢，能不能排除干扰，把正航轮，将陷入激流险滩的"日本丸"引领到正确的方向上来呢？应该说，"前车之辙，后车之鉴。"后来者总是可以从前任的错误和失败中获得很多教益，不至于重蹈覆辙。但是，如果安倍之类的政客误读了最近两次国政选举所传递出来的信息，抱残守缺，拒绝改革，甚至倒退到狭隘民族主义和新国家主义的立场上去，等待他们的必将是比民主党更惨重的失败。

参考文献

日文

著作

鸠山由纪夫、菅直人：《民益論》，PHP 研究所，1997 年 3 月

冈田克也：《政権交代——この国を変える》，讲谈社，2008 年 6 月

野田佳彦：《民主の敵 政権交代に大義あり》，新潮社新书，2009 年 7 月

前原诚司：《日本を元気にする地域主権》，PHP 研究所，2008 年 8 月

樽床伸二：《わが師、松下幸之助》，PHP 研究所，2003 年 3 月

长岛昭久：《日米同盟の新しい設計図》，日本评论社，2002 年 3 月

细野豪志：《パラシューター――国会をめざした落下傘候補、疾風怒涛の全記録》，五月书房，2003 年 4 月

枝野幸男：《「事業仕分け」の力》，集英社新书，2010 年 4 月

莲舫：《一番ジャナキャダメですか?》，PHP 研究所，2010 年 6 月

川又三智彦：《2017 年 日本システムの終焉》，光文社，2006 年 8 月

田村重信：《民主党はなぜ頼りないのか》，成甲书房，2007 年 4 月

饭尾润：《日本の統治構造 官僚内閣制から議院内閣制》，中公新书，2007 年 7 月

野中尚人：《自民党政治の終焉》，筑摩书房，2008 年 6 月

橘民义：《民主党 10 年史》，第一书林，2008 年 7 月

田原总一郎等：《政界大再編はこうなる》，洋泉社，2008 年 7 月

板垣英宪：《民主党派閥闘争史》，共荣书房，2008 年 9 月

白川胜彦：《自公連立解体論》，花传社，2008 年 10 月

宇田川敬介：《民主党の闇》，成甲社，2009 年 7 月

神保哲生：《民主党が約束する99の政策》，钻石出版社，2009年8月

大下英治：《民主党政権》，KKベストセラーズ，2009年9月

田中爱治等：《2009年、なぜ政権交代だったのか》，劲草书房，2009年10月

上杉隆：《政権交代の内幕》，PHP研究所，2009年10月

渡边治：《新自由主義か新福祉国家化 民主党政権下日本の行方》，旬報社。2009年12月

山口二郎：《民主党政権は何をなすべきか——政治学からの提言》，岩波书店，2010年1月

屋山太郎：《立ち直れるか日本の政治》，海龙社，2010年6月

小林吉弥：《民主党政権誕生何がどう変わるのか》，イストプレス，2009年8月

前田和男：《民主党政権への伏流》，ポット出版，2010年9月

东京自治问题研究所：《逆走する民主党政権——新自由主義構造改革の新段階》，东京自治问题研究所，2010年12月

小泽隆一等：《民主党政権下の日米安保》，花传社，2011年2月

浅野一弘：《民主党政権下の日本政治》，同问馆，2011年4月

佐佐木毅、清水真人：《現代日本政治》，日本经济新闻出版社，2011年5月

古贺茂明：《日本中枢の崩壊》，讲谈社，2011年5月

筒井清忠：《政治的リーダーと文化》，千仓书房，2011年6月

上神贵佳等：《民主党の組織と政策》，东洋经济新闻社，2011年9月

御厨贵：《「政治主導」の教訓》，劲草书房，2012年3月

藤本一美：《民主党政権論》，学文社，2012年8月

药师寺克行：《証言 民主党政権》，讲谈社，2012年10月

日本重建计划基金会：《民主党政权失败的检证》，中公新书，2013年9月

读卖新闻政治部：《自公崩壊の300日》，新潮社，2009年9月

读卖新闻政治部：《民主党迷走と裏切りの300日》，新潮社，2010年6月

读卖新闻采访组：《背信政権》，中央公论社，2011年5月

读卖新闻政治部：《亡国の首相 官邸機能停止の180日》，新潮社，2011年10月

读卖新闻政治部：《民主瓦解》，新潮社，2012年10月

产经新闻政治部：《民主党解剖》，产经新闻出版社，2009年7月

《全議員版ミンシュラン 民主党人物ガイド》，第三书馆，2009年9月

《政官要覧》（平成 23 年秋季号），（平成 23 年秋季号）（平成 23 年秋季号）（平成 23 年秋季号）（平成 23 年秋季号）（平成 23 年秋季号）（平成 23 年秋季号）政官要覧社

论文

小泽一郎：《外交途上国ニッポン　表面的な現象だけで》,《论座》,2006 年 6 月号

鸠山由纪夫：《私の政治哲学》,《Voice》,2009 年 8 月号

野田佳彦：《私の政治哲学》,《Voice》,2011 年 10 月号

前原诚司、山内昌之：《幕末維新志士たちに学ぶ政治家の行き方》,《中央公论》,2012 年 7 月号

长岛昭久：《日米同盟に設計図はあるか》,《论座》,2001 年 8 月号

辻元清美：《今こそ政治の質を変える時》,《世界》,2012 年 2 月号

丹羽宇一郎：《鳩山さん　経済無策では国が危ない》,《文艺春秋》,2010 年 4 月号

奥野修司：《岡田と菅「新権力者の肖像」》,《文艺春秋》,2009 年 10 月号

佐藤优：《岡田「密約開示」が暴く外務省の恥部》,《文艺春秋》,2010 年 1 月号

八幡和郎：《野田、前原…松下政経塾出身者　七つの欠点》,《中央公论》,2012 年 9 月号

北冈伸一：《野田内閣は踏みとどまれるか》,《中央公论》,2011 年 11 月号

金子一也：《野田総理と松下幸之助、知らざる秘話》,《Voice》,2012 年 1 月号

竹中平藏：《野田増税が日本社会を壊す》,《Voice》,2012 年 3 月号

柿崎明二：《「不言」の野田政権にふりかかる内外の難題》,《世界》,2011 年 11 月号

片山善博：《民主党の「政治主導」を点検する》,《世界》,2012 年 9 月号

二木哲孝、松本正生：《私たちは「世論調査」という社会資産を生かせるか》,《世界》,2010 年 11 月号

辻井乔：《いま、政権交代の意味を改めて問う》,《世界》,2010 年 10 月号

山口二郎：《民主党の「失敗」——政党政治の危機をどう乗り越えるか》,《世界》,2011 年 3 月号

梶山慧司：《政治主導はなぜ進めれないのか》，《世界》，2012年2月号

野中郁次郎：《リアリズムなき政治家が国を壊す》，《Voice》，2012年2月号

自民党：《民主党政権の検証——迷走三年の総括》，2012年8月，见自民党网站：http://www.jimin.jp/policy/policy_topics/recapture/117907.html

中文

著作

刘江永：《彷徨中的日本》，天津人民出版社，2000年

吴寄南：《日本新生代政治家》，时事出版社，2002年8月

包霞琴、臧志军主编：《变革中的日本政治与外交》，时事出版社，2004年）

武心波：《"一元"与"二元"的历史变奏——对日本"国家主义"的再认识》，上海三联书店，2008年11月

金嬴：《密室与剧场——现当代日本政治社会结构变迁》，人民出版社，2009年8月

朱建荣等：《日本变"天"——民主党政权诞生近距离观察》，新世界出版社，2009年10月

刘迪：《鸠山由纪夫——百本民主党政治的开幕》，东方出版社，2009年12月

李薇主编：《日本发展报告2010》，社会科学文献出版社，2010年5月

李秀石：《日本新保守主义战略研究》，时事出版社，2010年8月

吴寄南：《新世纪日本对外战略研究》，时事出版社，2010年8月

王锦思、王宇慧：《超越日本》，青岛出版社，2011年5月

吴寄南：《日本民主党新生代政治家》，时事出版社，2013年5月

李薇主编：《日本发展报告2011》，社会科学文献出版社，2011年4月

（日）山本一太编：《如果我是日本首相：日本新生代政治家宣言》，当代世界出版社，2004年7月

（日）辻清明：《日本官僚制研究》，商务印书馆，2008年5月

（日）小岛明：《日本的选择》，东方出版社，2010年6月

（日）安世舟：《漂流的日本政治》，社会科学文献出版社，2011年3月

论文

胡继平：《日本政坛新星——民主党》，《世界知识》，1996年第22期

参考文献

高洪：《日本民主党初探》，《日本学刊》，1997年第1期

高洪：《日本民主党党首更迭与保守政党关系新变化》，《日本学刊》，2006年第3期

冯昭奎：《民主党"改变"日本任重道远》，《当代世界》，2009年第11期

胡令远、艾菁：《鸠山由纪夫的"友爱"理念及其源流》，《日本学刊》，2009年第6期

廉德瑰：《政治文化与日本内阁"短命"的特性》，《日本学刊》，2009年第2期

李素华：《日本民主党兴起的政治社会基础》，《当代亚太》，2007年第10期

徐万胜：《论政官关系与民主党政权》，《日本学刊》，2010年第4期

吴寄南：《民主党执政后的政官关系》，《日本学刊》，2011年第5期

徐万胜：《论利益集团与民主党政权》，《日本学刊》，2011年第2期

张伯玉：《浅析民主党政府的政治改革》，《日本学刊》，2012年第4期

孙承：《试析鸠山内阁的政治与政策》，《国际问题研究》，2010年第2期

陈刚：《"去小泽化"与日本民主党派阀整合关系的研究》，《国际问题研究》，2011年第2期

李明权、韩春花：《民主党政府的"农户收入补偿制度"评析》，《日本学刊》，2010年第1期，刘昌黎：《"鸠山构想"与中日共同推进东亚共同体》，《日本学刊》，2010年第1期

刘昌黎：《日本参加TPP谈判的动因、制约因素与政策措施》，《日本学刊》，2011年第1期

贺平：《日本参加TPP谈判的战略意图与政策论争》，《日本学刊》，2012年第4期

吴太行、周永生：《野田内阁关于日本参加TPP谈判的政略》，《日本学刊》，2012年第4期

吴寄南：《浅析民主党外交安保团队及其政策构想》，《日本学刊》，2009年第3期

杨伯江：《民主党安全战略走向初析》，《日本学刊》，2011年第2期

吴怀中：《新"防卫计划大纲"与日本安全政策走向》，《日本学刊》，2011年第1期

王泰平：《日本民主党政权的外交政策取向》，《中日关系史研究》，2010年第1期

高海宽：《民主党执政以来的日本对华外交评述》，《亚非纵横》，2011 年第 2 期

杨伯江：《日本民主党对外战略方向评析》，《现代国际关系》，2012 年第 2 期

刘江永：《民主党执政后的日本政治与外交》，《国际展望》，2009 年第 3 期

刘江永：《日本民主党执政后的鸠山外交》，《亚非纵横》，2009 年第 5 期

孙承：《鸠山内阁外交的基本特征》，《日本学刊》，2010 年第 2 期

孙承：《菅直人内阁对外政策调整浅析》，《日本学刊》，2011 年第 2 期

黄大慧：《从"对等"到"协调"——日本民主党政府对美外交走向的探析》，《教育与研究》，2012 年第 3 期

吴寄南：《日本民主党外交政策调整的动因及其展望》，《国际观察》，2010 年第 5 期

瞿新：《日本民主党政府应对钓鱼岛事件的异常性问题》，《国际问题研究》，2011 年第 3 期

刘强：《日本民主党内阁的内外政策及中日关系》，《国际展望》，2009 年第 3 期

瞿新：《日本民主党对华政策走向探析》，《国际问题研究》，2009 年第 6 期

刘江永：《钓鱼岛争议与中日关系》，《日本学刊》，2012 年第 6 期

徐万胜：《日本野田佳彦内阁初探》，《东北亚学刊》，2012 年第 2 期

瞿新：《日本民主党政权"国有化"钓鱼岛动因》，《国际问题研究》，2012 年第 5 期

王屏：《日本民主党政权本质分析》，《当代世界》，2011 年第 9 期

马俊威：《从民主党更换首相看日本政局走向》，《亚非纵横》，2010 年第 4 期

晋林波：《民主党政权下的美日关系》，《国际问题研究》，2012 年第 5 期

刘江永：《日本武力介入钓鱼岛的图谋与法律制约》，《国际问题研究》，2012 年第 5 期

孟晓旭：《"前原外交"与中日关系》，《国际关系学院学报》，2011 年第 4 期

图书在版编目（CIP）数据

日本民主党内外政策研究/吴寄南著. —北京：时事出版社，2014.5

ISBN 978-7-80232-671-2

Ⅰ.①日… Ⅱ.①吴… Ⅲ.①政党—政策—研究—日本 Ⅳ.①D731.364

中国版本图书馆 CIP 数据核字（2013）第 279899 号

出 版 发 行：时事出版社
地　　　　址：北京市海淀区巨山村 375 号
邮　　　　编：100093
发 行 热 线：(010) 82546061　82546062
读者服务部：(010) 61157595
传　　　　真：(010) 82546050
电 子 邮 箱：shishichubanshe@sina.com
网　　　　址：www.shishishe.com
印　　　　刷：北京百善印刷厂

开本：787×1092　1/16　印张：20　字数：310 千字
2014 年 5 月第 1 版　2014 年 5 月第 1 次印刷
定价：65.00 元

（如有印装质量问题，请与本社发行部联系调换）